北京科技大学
学科发展口述史

宋 琳 著

北 京

冶 金 工 业 出 版 社

2023

内 容 提 要

本书通过对北京科技大学（原北京钢铁学院）建校早期参与各系所及专业创建的老教授们的访谈，介绍了该校几个重要系所的重点专业，包括机械系的冶金机械专业、采矿系的采矿专业、冶金系的冶金炉专业、材料物理与化学系的金属物理专业、特种冶金系的特种冶金专业，以及冶金与材料史研究所的科学技术史专业的创建及发展情况。受访者包括前校长王润教授、建校元老高澜庆教授和徐业鹏教授、工程院院士胡正寰教授等 13 位教授。本书从亲历者视角还原历史，厘清北京科技大学主要学科发展的历史概貌，剖析影响学科发展的社会因素，阐明学科文化内涵，彰显北科人的精神风骨。

本书基于口述史的方法研究校史、学科发展史，是该领域研究的一种积极探索，是对传统基于史料研究校史、学科发展史的有益补充与丰富。

本书可供从事口述史、校史、学科发展史的研究人员阅读，也可供科技史爱好者参考。

图书在版编目（CIP）数据

北京科技大学学科发展口述史／宋琳著 . —北京：冶金工业出版社，2023. 8

ISBN 978-7-5024-9592-3

Ⅰ. ①北…　Ⅱ. ①宋…　Ⅲ. ①北京科技大学—学科发展—概况　Ⅳ. ①G649. 281

中国国家版本馆 CIP 数据核字（2023）第 137786 号

北京科技大学学科发展口述史

出版发行	冶金工业出版社		电　话	（010）64027926
地　址	北京市东城区嵩祝院北巷 39 号		邮　编	100009
网　址	www.mip1953.com		电子信箱	service@ mip1953.com

责任编辑　王　颖　美术编辑　吕欣童　版式设计　郑小利
责任校对　葛新霞　责任印制　窦　唯
北京建宏印刷有限公司印刷
2023 年 8 月第 1 版，2023 年 8 月第 1 次印刷
710mm×1000mm　1/16；12.75 印张；248 千字；194 页
定价 99. 90 元

投稿电话　（010）64027932　投稿信箱　tougao@cnmip. com. cn
营销中心电话　（010）64044283
冶金工业出版社天猫旗舰店　yjgycbs. tmall. com
（本书如有印装质量问题，本社营销中心负责退换）

前　　言

　　新中国成立伊始，我国高等教育体系顺应社会变革进行了一场深度调整与改革，即全国院系大调整，组建了一批为满足国家建设迫切需要的专门院校和系科专业，力度之大、范围之广是中国高等教育史上前所未有的。北京钢铁学院（现北京科技大学）就是在这次大变革中孕育而生的。

　　学科专业是一所大学区别于其他大学的重要标识。北京钢铁学院创建时的定位是以钢铁冶金类系科为核心，以培养钢铁冶金方面的专业人才为目标的"单科性"大学。组建之时，系科主要来源于六所大学的矿和冶两类系科：冶金系科是由来自当时的天津大学、山西大学、唐山铁道学院的冶金系，北京工业学院部分冶金系，西北工学院矿冶系冶金组组成；采矿系科是由来自当时的北京工业学院采矿系、天津大学采矿系金属矿组、清华大学采矿系金属组组成。以此为基础，组建了由采矿系、冶金系、金相及热处理系、钢铁机械系（简称机械系）4 个系和数学教研组、物理教研组 2 个教研组构成的发展格局。

　　学院各系专业设置以苏联模式为样板，当时苏联钢铁冶金类院校专业是按照冶金生产过程、生产部门、工艺流程进行设置的，因此北京钢铁学院早期设置的专业有炼铁、炼钢、电冶金、冶金炉、采矿、选矿、物理检测、金相热处理、冶金机械等。这些专业有的是延续与继承了组建院校已有基础后稍加改造建立的，如炼钢、采矿等；有的则是在整合已有资源的基础上依据苏联模式创建的，如冶金机械、冶金炉等。筚路蓝缕、以启山林，北京钢铁学院由此开启了我国矿冶专科高等教育的先河，初建时期的系科与专业构成了现今北京科技大学学科发展的基础。这类专门人才的培养极大地缓解了国家对钢铁冶金方面人才的需求，为国家钢铁工业事业的建设作出了重要贡献。但是，在后续教学实践及生产实践中，专业设置过于狭窄的问题越来越突出，学科之间的内在联系被人为割裂的问题越来越明显，以致成为制约学校发展的瓶颈。如何适应时代发展与社会发展的需要，与时俱进地培养适应我国钢铁工业快速发展的新型人才；如何适应科技发展与学科发展的要求，与时偕行地在突出优势学科的基础上培育新的学科生长点，成为今天北科人的不懈追求。

70 余年来，北京科技大学立足于已有的学科优势、瞄准现代科技发展趋势、面向国家战略需要，经过不懈求索，目前已建设成为以工科为主，包括工、理、管、文、经、法的多科性研究型大学，形成了由基础学科、主干学科、支撑学科和新兴交叉学科组成的学科体系。其中冶金工程、材料科学与工程、矿业工程、科学技术史 4 个学科已纳入国家世界一流学科建设，学术水平享誉中外，安全科学与工程、环境科学与工程、动力工程与工程热物理、机械工程等一批学科具有雄厚实力和竞争力。这些北科人引以为傲的学科都是在原有专业基础上通过不断地探索、革新、整合、培育而发展起来的，已成为今天北京科技大学的新标识。

学科文化是学科的根与魂，是学科共同体在学科发展实践中塑造出来的。追索学科发展的脉络，不仅是探寻知识增长的逻辑，更重要的是阐明蕴涵于学科发展中的学科文化。进入不同学术专业的人，实际上就进入了不同的文化宫，在那里他们分享有关理论、方法、技术和信念。矿冶学科具有历史悠久、实践性强、综合性强、工作场所艰苦等特点，这也使北科人在追索学科发展实践中，形成了践履笃行，不畏艰险的学科文化和精神特质。因此追溯北京科技大学学科发展史就是探寻一代代北科人如何报国图强、踔厉奋发，如何逐步形成崇尚实践、革故鼎新的钢铁文化和钢铁精神。

学科文化具体是通过躬身于学科发展实践中的人所体现的，本书所访谈的老教授们可以说是推动学校各学科发展、引领学科文化建设的"大先生"代表。北京科技大学前校长王润教授顺应时代改革，投身于建设世界高水平大学的洪流中；胡正寰院士为解决"卡脖子"技术难题，60多年来一直致力于零件轧制技术创新与研发；建校元老高澜庆教授、徐业鹏教授在"满井"之上开疆拓土，书写了北科人的智慧与勇气，以及学校重点专业金属物理、科学技术史的缔造者和传承者的积基树本与接续奋进，采矿系、机械系创建及发展过程中改革者们的不断求索与创新，等等。老教授们将论文写在祖国钢铁教育事业上、写在钢铁建设生产线上，他们矢志报国、终身不悔的崇高信仰，敢为人先、求索创新的学术理想，勤奋严谨、甘为人梯的师道风范，是北科人精神品格的生动诠释与写照。

本书以口述史的方法，通过对参与北京科技大学系所创立与建设的亲历者访谈，呈现系所创建样貌、厘清学科发展脉络、剖析影响学科发展因素、诠释学科文化内涵、展现北科人的精神风骨。由于新中国成立初期我国学科建制与专业划分还不十分完善，因此本书在章节编排上仍以系所为线索进行划分。本书访谈人包括来自机械系、采矿系、冶金系、材料物理与化学系、特种冶金系、冶金与材料史研究所的13位老教授，期望通过该项工作能够反映出学校学科发展的历程和特色，讲好北京科技大学学科发展史、讲好钢铁故事。

追索历史是为了谋划未来。21世纪以来，新一轮科技革命、产业革命迅猛发展、交互影响，社会形态变化引发的新的需求超过了知识系统化过程，学科调整与发展面临着体系优化与体制创新的双重任务。目前，我国大学正在大力推进"双一流"建设，学科是大学组织的根基，学科建设是一流大学建设的核心，学科实力的凝练与培育是我国"双一流"建设的焦点。北京科技大学庆祝70年华诞之际，习近平总书记在给老教授们的回信中为北科大的发展指明了方向，北科人将遵循习总书记的指示，"坚持特色、争创一流"，以已有的特色学科、优势学科为基础，强化内涵建设，打造一流学科，推进学校"双一流"建设。

作　者

2023 年 3 月 31 日

目　　录

第一章　北京科技大学更名始末^①

20世纪80年代，我国实行改革开放政策，进入全面的社会转型时期。这一社会发展背景对中国高等教育产生了极其深远的影响，国内各大高校应对社会变化，纷纷改革谋求发展。各高校改革集中体现在"更名现象"，80年代末、90年代初，一些高校将"学院"改为"大学"，还有一些高校将带有行业特征的名词去掉。高校更名现象与中国当时所处的社会历史阶段有着怎样的关联？更名是决策层主导，还是高校在社会转型中谋求发展的结果？高校更名后对学校各方面发展产生了哪些影响？

1988年，北京钢铁学院更名为北京科技大学，当时王润教授担任北京钢铁学院院长一职，因此他也成为历史上最后一任北京钢铁学院院长和北京科技大学第一任校长。通过对这次更名事件的亲历者——王润教授的访谈，厘清学校更名始末及其意义。

对王润教授的访谈

王润(1929—2016年)，北京人。北京科技大学教授，博士生导师，材料物理学家。1952年毕业于唐山交通大学冶金系，1953—1957年在苏联莫斯科钢铁学院攻读研究生，毕业获副博士学位。1957年回国后一直在北京钢铁学院（现北京科技大学）工作。先后任副教授、教授、博士生导师；北京钢铁学院教研室主任、院长，北京科技大学校长等职务。第八、九届全国人大代表，曾任国务院学位委员会材料学科第二、三届评议组召集人，原国家教委科技委第一、二、三届委员，全国高校设置委员会第一、二、三届委员，中国仪器仪表学会常务理事及副理事长，中国金属学会常务理事及副理事长，北京高教研究会副会长等职。

---

① 原文《20世纪80~90年代中国高校更名现象——"北京科技大学"更名始末》发表于《北京科技大学学报（社会科学版）》2014年第5期，在此稍作修改。

（一）

宋琳（访谈者，以下简称宋）：王老师您好！您在北京科技大学工作了 30 余年，是北京科技大学前身北京钢铁学院的最后一任院长，也是北京科技大学第一任校长，亲历了校名更改的全过程。这段工作经历，使您成为我们了解北京科技大学更名前后的不二人选。想请您详细谈谈这段历史过程。

王润（被访谈者，以下简称王）：好的。那就先从"钢铁学院"这个名字说起吧。新中国成立前，我们国家大部分高等学校还是以北京大学、清华大学、燕京大学等这类名字命名，它们命名的特点大部分是以城市名字或者园林名字来命名，学校建设也大都走综合发展的道路，文理学科共建。新中国成立后，我国模仿苏联高等教育的发展模式，通过院系调整，新建了一批工科院校，北京钢铁学院就是在 1952 年成立的①。"钢铁学院"这个名称，在中国高等教育发展史上恐怕是"前无古人"的，在此之前在中国还没有一所大学是以一种产品的名字来命名的。这种命名法实际上是参考了苏联的模式，在苏联有一所"莫斯科钢铁学院"，全称是"以斯大林命名的莫斯科钢铁学院"。与此相仿，我国冶金工业部（以下简称冶金部）采用了"北京钢铁学院"名称。

宋：校名的背后所体现的是相应的学校建制和教育模式的确立，我国参考了苏联的命名方法，是否也采纳了它的学校管理体制？

王：是这样的。莫斯科钢铁学院归苏联冶金部管辖，是苏联冶金部直属的一个学院。苏联在计划经济体制时期，每一个部委都设立一个或多个为它提供服务的研究机构，如学校、研究院等。新中国成立后仿效苏联机构设立的模式，成立了冶金部，相应地在其下级单位建立了钢铁学院，还有钢铁研究院。我国这套模式的设立与苏联相似，北京钢铁学院与莫斯科钢铁学院的建校模式也是一样的。所以说，北京钢铁学院是学习了苏联钢铁学院的结

---

① 1952 年根据全国院系调整安排，北京钢铁工业学院由以下六所国内著名院校的相应学科组建成立，即北洋大学冶金系、采矿系金属矿组，唐山铁道学院冶金系，北京工业学院冶金、采矿和机械专业，西北工学院冶金系，山西大学冶金系，清华大学采矿系采矿金属组。根据教育部安排，学校成立之初暂在清华园办学一年。1953 年 9 月，学校迁入现北京海淀区学院路校址。1960 年，北京钢铁工业学院更名为北京钢铁学院。

果，也可以说是我国计划经济体制下高等教育发展的必然选择。

宋：当时冶金部所属的高等学校除了北京钢铁学院外，还有其他院校吗？

王：当时冶金部所属高校有三所，除北京钢铁学院之外，还有长沙的中南矿冶学院①，它的主要专业是有色金属；再有就是东北工学院②。冶金部曾称北京钢铁学院为冶金部所属高校里的排头兵，可见当时对钢院很重视。

宋：命名为"北京钢铁学院"，而"钢铁"是一种被生产出来的产品，那么学校的学科布局也是围绕生产钢铁产品而设计的吗，都包括哪些系，哪些专业？

王：可以这么说。叫"钢铁学院"这一段时间都归冶金部领导。冶金部下设了一个教育司，教育司每年都要到冶金部所属的鞍钢、武钢、首钢等这类大型企业去做调查，了解企业发展需要什么类型的人才、需要多少人才，然后根据调研结果由冶金部设置专业和制定招生计划，再将计划分配给所属的包括北京钢铁学院在内的高等学校。这种情况下，调研所反映的基本上是生产实际状况，因此专业设置基本上是按照生产过程、生产车间的设置来安排的。比如，某公司里有炼铁厂、炼铁车间，那么就有炼铁专业；有炼钢车间就有炼钢专业；有轧钢车间就有轧钢专业。在冶金厂里，有很多冶金炉，就设立了一个冶金炉专业。所以，在当时几乎是这样一种学科设置模式，厂里有什么生产车间，钢院就设有什么专业。除此之外，还设置了一些与冶金关系密切的专业，比如当时冶金需要很多机械，专业设置上就有了一个冶金机械专业，这个专业不像别的学校单叫机械专业，而是称冶金机械专业。还有矿山机械专业，当时争论矿山机械和冶金机械有什么不同：其实一个是在矿山上用的，另一个是在冶金厂用的。矿山机械是有轱辘的机械，冶金机械是没轱辘的机械③。

这种设置的一一对应关系，使人们一提到哪个专业就对应想到哪个车

① 中南矿冶学院成立于1952年，由武汉大学、中山大学、北京工业学院、广西大学、湖南大学、南昌大学六所院校的矿冶类学科组建而成，1985年更名为中南工业大学。

② 1948年以原沈阳东北大学工学院为基础成立沈阳工学院，1950年，沈阳工学院、抚顺矿专、鞍山工专合并成立东北工学院，1993年更名为东北大学。

③ 据《北京科技大学（北京钢铁学院）1952—2012纪事》（北京科技大学纪事编辑组编，2012年4月，第7页）记载：1952年北京钢铁工业学院成立时设有4个系9个专业，分别是采矿系设有采矿、选矿2个专业；冶炼系设有炼铁、炼钢、电冶3个专业；金相及热处理系设有金相热处理、物理检验2个专业；钢铁机械系设有钢铁机械设备、轧钢2个专业。

间，思路变得很狭窄，还曾经闹出个笑话。比如当年的材料系，原来叫金相热处理，因为原来工厂里有搞金相的，有搞热处理的，都有相对应的岗位，所以设立了金相热处理专业。后来学校觉得名字范围太窄就改成了材料专业，这显得学科性更强了。但是问题是，工厂里除了材料库，没有别的车间是需要材料的，这样就产生了一个误会，以为学材料专业的毕业生就应分到材料库工作。

宋：这种专业设置有什么优缺点？

王：从好的方面看，这种专业设置与工厂所需人才联系很密切，毕业生到了车间就能干。因为这种设置比较注重专业课，且强调锻炼学生实践能力，在校期间会结合课程安排学生多次下厂实习，所以学生毕业时对厂里的情况已经很熟悉了，到了厂里就能干活。咱们学校的毕业生当时几乎是各大工厂的技术骨干和技术领导。这是这种专业设置的最大优点，但是同时也有很多问题，就是专业设置比较窄，后劲儿不足，创新比较难。小改小革尚可，但是大改，提出比较新的理念很难。因为毕业生基础不够，像数理化这种课程虽然都有安排，但是学生不够重视，学生都以为实用的东西最重要。当然，学生的这种认识与当时的教育导向分不开，从决策层来看就有这种倾向。今天，人们都深刻地意识到，创新包括知识创新和技术创新，需要扎实的基础，更需要开阔的思路和广阔的视野，这种理念在当时的认识是不够的。

宋：苏联当时也是这样一套与生产实践完全结合在一起的专业设置吗？

王：我是 1953 年去的苏联，当时情况也是如此。

宋：这是否可以看成计划经济体制在高等教育中的一种具体表现。

王：的确是这样。

宋：北京钢铁学院成立以后，它在社会上的影响如何？

王：这个学院成立以后，很受关注，是当时的一个名牌学校，这与当时的社会发展背景是分不开的。1958 年"大炼钢铁"是当时我国"三面红旗"之一，这"三面红旗"分别是"大跃进""人民公社"和"大炼钢铁"。当时称"钢帅"，全国都在为咱们国家能生产 1070 万吨钢而奋斗。在大炼钢铁的时候就号召全国"以钢为纲"，所以当时"钢铁学院"这个名字非常响亮。

宋：学生报考情况怎样？

王：在当时没有所谓的高校排名的调查和统计，那时青年学生为建设新中国重工业，以能参加热火朝天的钢铁生产为荣耀，所以报考"钢铁学院"的学生还是相当踊跃的。我有一个 1962 年毕业的学生，他是北京四中的学生。他告诉我，当时他们学校的学生都想报考北京钢铁学院，能够被录取是件非常荣幸的事情。咱们学校第一届毕业生给学校立了块匾，在大理石上刻了"钢铁摇篮"四个大字①。

（二）

宋：20 世纪 80 年代末至 90 年代初，中国高等教育发展史上出现了一批高等学校纷纷更名的现象②，北京钢铁学院也在其列。正式更名为"北京科技大学"是在哪一年？

王：1988 年③。

1988 年北京科技大学挂牌仪式

（左一为王润校长）

---

① 据《北京科技大学（北京钢铁学院）1952—2012 纪事》（北京科技大学纪事编辑组编，2012 年 4 月，第 13 页）记载：1954 年首届毕业生 126 人赠送母校"钢铁摇篮"汉白玉石匾一块，镶于主楼大厅。

② 20 世纪 80 年代末 90 年代初，高等教育管理体制改革启动，许多高校纷纷更名，如大连工学院、北京地质学院、北京工业学院、中国矿业学院、北京农业大学等。

③ 据《北京科技大学（北京钢铁学院）1952—2012 纪事》（北京科技大学纪事编辑组编，2012 年 4 月，第 158 页）记载：1988 年 4 月 22 日，冶金部副部长徐大铨来校宣布：国家教育委员会（以下简称国家教委）和冶金部正式批准北京钢铁学院更名为北京科技大学。

宋："大学更名"现象的集体发生，其背后深刻的社会背景是什么？

王：党的十一届三中全会后，我国进入改革开放时期，这一社会转型背景对我国高等教育产生了深刻的影响。邓小平同志明确提出建设有中国特色的社会主义市场经济，这种社会运行体制与计划经济时期的发展思路完全不同，各行各业都面临着转型、转轨的问题。高等教育发展如何适应这种社会转型、如何适应市场经济成为教育改革的重心。原来在计划经济体制上建立起来的教育模式面临着打破、重建的现实问题。

宋：当时我国决策层对高等教育未来发展的定位是什么？

王：小平同志在当时有个很重要的讲话，谈科学技术问题，就是"科技是第一生产力"。1985年的时候，我国教育发展提出"三个面向"的战略方向，即面向现代化、面向世界、面向未来。面向世界也就意味着要与世界接轨。改革开放后，各高等学校纷纷去国外访问，看看国外著名大学的设置、学科建设、教学内容和科学研究方向等。而之前多少年来，学校几乎没有出国访问的人。

宋：北京钢铁学院也派人到国外高校进行考察了吗？

王：是的。改革开放以后，1979年，我校由张文奇院长①带队首先出国访问，同去的有魏寿昆教授②、柯俊教授③和其他一些人。他们出访了联邦德国的亚琛工业大学，并正式签订了校级合作协定，收获很大。

宋：20世纪80年代初，您在学校担任什么职务，也曾出访过国外的大学吗？

---

① 张文奇（1915—1990年），男，河南南阳人。冶金学家。1937年毕业于北洋大学矿冶系，1948年获英国帝国理工学院冶金学博士学位。回国后曾历任北洋大学、唐山工学院教授。1952年调到刚成立的北京钢铁工业学院，曾任北京钢铁学院院长、北京科技大学校长顾问。曾任中共八大代表、第三届全国人大代表。

② 魏寿昆（1907—2014年），男，天津人。冶金学、冶金物理化学家、中国冶金物理化学学科创始人之一。1929年毕业于北洋大学矿冶系，1930年考取公费留学后赴德国留学，1935年获德国累斯顿工业大学化学系工学博士，1935—1936年在德国亚琛工业大学钢铁冶金研究所从事博士后进修一年。1936年回国，先后在北洋工学院、西北工学院等校任教，1952年北京钢铁工业学院成立时被任命为第一任教务长，历任学院图书馆馆长、学院副院长。1980年当选为中国科学院学部委员。

③ 柯俊（1917—2017年），男，浙江黄岩人。冶金物理学家、科学技术史家。1938年毕业于武汉大学化学系，1944年获英国帝国化学工业公司学术奖金，在英国伯明翰大学理论金属学系、剑桥大学晶体学系学习，1948年获英国伯明翰大学自然哲学博士学位。1953年回国到北京钢铁工业学院工作，历任北京钢铁学院金物教研室主任、物理化学系主任、北京钢铁学院副院长。1980年当选为中国科学院学部委员。

王：我那时担任学院的副院长。我和章守华教授参加冶金部组织的"北京钢铁学院""东北工学院""长沙矿冶学院"三校访美代表团。在美国访问了十几所著名大学，重点访问冶金系和材料科学系。

宋：访问国外大学之后，感想如何？

王：访问代表回国以后感触良多。出国考察后发现，在国外，学院大多是专科一级的设置，真正的高等学校都叫大学。国外的一些专家有时候还误以为我们都是专科院校，所以当时各学校都想改成带有"大学"二字的学校。再有，通过国内外大学专业设置的对比发现，我国高等学校专业设置过于狭窄，不符合邓小平同志提出的"三个面向"方针，所以想通过更改校名为调整专业设置提供条件。

宋：国外也有高校是以学院命名的，如美国的麻省理工学院，但是并没有人认为它是一个专科学校。

王：据有关资料介绍，美国这所大学的中文译名应为"马萨诸塞理工大学"，是于 1861 年建校的私立大学，在我国清朝时期错译为"麻省理工学院"，沿用至今。在北美洲"institute"是指学校、学院、大学，在我国"学院"与"大学"却是两个不同概念。该校具有六大学院（School）及完善的学科设置，并且在 20 世纪前已成为世界顶级研究型大学，应译为"马萨诸塞理工大学"。

宋：在所有大学中，较早更名的是什么时间？

王：差不多是 1986 年、1987 年的时候。

宋：北京钢铁学院在众多更名学校中，时间是相对较早的吗？

王：不是，可能还算比较后期的。咱们学校在 1988 年更名时，已经有一些学校都改了。我们也正是看这个学校、那个学校都改了，才改的。

宋：在各高校中，进行更名的原则是什么？

王：有三个倾向比较突出：一是要把学院改称大学；二是把带有地方性地名去掉，改为"中国"二字；三是把体现行业特征的名字去掉，这主要指新中国成立后建立的一些工科院校。行业背景的名字去掉后，改为什么？我印象最深的是北京工学院更名为北京理工大学。因为美国有个麻省理工学院，所以当时"理工"二字很受欢迎，各学院都想借助这个名字来打响旗号。当我们与相关单位联系更名事宜时，他们告诉我们已经晚了，这个名字已由北京工学院用了。

宋：学校更名应是关乎学校发展的一件大事，当时参与讨论的都有哪些人？

王：学校更名问题曾在党委常委会上、校长办公会上和座谈会上多次讨论，大家都非常重视，也非常慎重。参加讨论较多的人有符荣书记①、魏寿昆教授、柯俊教授和我②。

宋：当时给学院再取名时，大家的建议都有哪些？

王：当时有两个大方案，一个是以"中国"冠名，比如说中国地质大学、中国航空大学、中国矿业大学，咱们就叫"中国钢铁大学"。但是，有人认为以一个钢铁这种产品命名还是欠妥。后来提议改为"科技"了，用"科技"代替"钢铁"，仍沿用"北京"二字，因为我国已经有一所"中国科学技术大学"了③，所以就变成"北京科技大学"了。英译名采用了魏寿昆教授和柯俊教授的建议，即"University of Science and Technology Beijing"，之所以把北京 Beijing 放后面，说明我们学校不是北京所属的学校，而是位于北京的一所大学。学校名称中虽然没有"中国"二字，但仍是全国性的大学。

宋：当时对于学校更名，有顾虑吗，有不同意见吗？

王：确实有顾虑。当时我们在研究改名的时候考虑了这些问题：一个是当时"北京钢铁学院"这个名字还是很受欢迎的，也有一定的知名度，所以有点舍不得改；再有就是当时的校友对改名这件事有些意见，当时的书记符荣和学生们谈过，有些学生仍希望保留"钢铁"二字；还有些人提出叫学院没有关系，像美国的麻省理工学院人家还不是叫的学院。最后经过反复讨论后认为还是改为"北京科技大学"好。

宋：当时最早提出更名的想法，是冶金部的指示，还是学校自己的主张？

王：主要是学校自己商量。那时候觉得其他学校都在着手更名这件事，咱们也得考虑考虑啊。也没有谁，比如冶金部部长也好、教育部部长也好找我们说说你们这要改名儿吧，没有这种现象。

---

① 符荣（1926—2008 年），男，四川宣汉人。1944 年毕业于四川达县师范学校，1958 年调入北京钢铁学院工作，1983—1992 年任北京科技大学党委书记。

② 当时王润教授已经担任北京钢铁学院院长一职，任职时间为 1983—1990 年。

③ 中国科学技术大学在 1958 年建校时就取为现在的校名，它也是中国第一所以"科学技术"命名的大学。

宋：当时提出更名为"北京科技大学"，上报给冶金部时，他们的态度如何，有反对意见吗？

王：当时学校在拟定完名称后，准备上报给冶金部时，还存在顾虑，怕冶金部不同意，因为你把"钢铁"名儿给去了，行业特色没了，冶金部会同意吗？结果他们没有提出反对意见，改名很顺利。

宋：从全国范围看，发生在20世纪80年代末到90年代初这段时间集中更名的高校，大都是有行业背景的。

王：是这样的。

宋：紧接着，20世纪90年代后期，中国高等教育史上又有一项重要举措，就是把原来隶属于各大部委的高校划归到教育部或者其他部门。这些事件发生的先后顺序是否说明国家早已设定好了，学校通过更名逐渐脱离行业背景，逐步将高等教育发展推向市场。

王：这不太清楚（思考），据我的经历，好像没有这么个规划，至少中央没有跟我们谈这个设想或规划问题①。

宋：那您认为高校更名事情中央并不是非常明确的。

王：我的感觉是这样。改革开放以来，高等教育顺应社会变化进行改革已经势在必行。1985年出台的《中共中央关于教育体制改革的决定》，其中涉及高等教育改革的问题，但是具体到一些细节的问题，比如先更名，给学校发展以明确定位，还没具体到这一步。

宋：那这次高校集中更名事件更像是高校自身所发起的？

王：我当时的感觉就是，不是上边的行政指令，是改革开放的方针促成的这种集体行为。

（三）

宋：由"钢铁"改为"科技"，对学校未来发展的意义何在？

王：首先，为学校专业设置提供了发展空间，不像之前局限于设置与钢铁有关的专业。钢铁材料属于工科，工科里包含一个材料专业，材料又分成

---

① 据《北京科技大学（北京钢铁学院）1952—2012纪事》（北京科技大学纪事编辑组编，2012年4月，第133页）记载：1983年1月2日，党委常委会传达冶金部教育工作会议精神，本次会议首次明确要把北京钢铁学院建成一所以工为主，理、工、管、文相结合的多学科大学的发展目标。

金属材料、有机材料、无机非金属材料，金属材料中又分钢铁和有色金属两部分。所以钢铁是材料学里的八分之一，只占很小的一部分，在工科中所占的比例更小。而"科学"与"技术"包括的范围就广了，科学包括自然科学、人文社会科学；技术则既包括冶金、材料，也包括机械、信息等，而这些专业的设置在以前"钢铁学院"名称下不便于兼容，改为科技大学之后，学校发展的空间可以拓宽了。

宋：更名为"北京科技大学"后，它的发展重心、规模相应地发生了较大的变化吗？

王：刚开始没有。开始扩大还是在划归为教育部管理以后，因为属于冶金部管理的时候都是根据冶金部的需要来招生，每年冶金部教育司指定每个学校每个专业招几个班，在刚更名后的一段时间内仍然是这样。

宋：当年更名时，是否已对学校未来的发展方向作好了宏观规划？

王：实际上，当时并没有想得很清楚。只是认为仅发展与钢铁生产有关的专业过于狭窄，这既不利于学校的长远发展，也不利于与世界接轨，但是再朝哪个方向发展和突破并不是非常清楚。

宋：那具体学科、系、学院的设置有所考虑吗？

王：也没有。只是扣了一个大帽子，以便将来想设置什么学科都可以在这个框架下设立。校名的更改可以一步到位，但是学校的升级是很难一步到位的，都是逐渐地在发展和完善的，其实这个建设过程一直在进行。

宋：北京钢铁学院时期，各专业的设置具有很强的行业背景。到北京科技大学时期，这些专业是如何慢慢调整的？您能具体谈谈吗？

王：更名前后，系里的专业慢慢就增多了。比如说那个时候建立的腐蚀专业有个问题，就是这个专业的学生毕业后到哪个工厂去，当时也没有腐蚀车间和腐蚀厂，但是腐蚀确实是一个很重要的问题，每年被腐蚀掉的材料数量相当惊人，如何防腐是一个很重要的科技课题。石油管道、轮船、发动机都有防腐问题，我们觉得很有必要设立这个专业，而不应限定对应车间。又如，冶金炉专业后来更名为热能专业了，冶金炉专业原来就是搞冶金厂里的炉子的，加热炉、高炉、平炉、转炉这些炼钢用的炉子，研究结构、设计炉子等，后来改成了热能专业，各种能源问题、节能问题都在这个范围之内。所以专业面儿就宽了，名字也就相应地改了。这都是一步一步来的，绝不是谁设计好的，而是根据社会需要来逐步地把专业扩大，名字再相应地变化。

还有把原来属于一个学科的系合并成立了院。以前有金属材料系、压力加工系、金属物理系、材料物理化学系，后来都集中起来形成材料学院，虽然各个专业分工不同但都是围绕材料进行研究的，把这几个系合在一起就成了一个院。

宋：更名为北京科技大学之后，学校其他方面发展情况如何？比如财政经费拨款、对外交流等。

王：1988年更名时，学校仍然归冶金部领导，这段时间与没有更名之前情况变化不是很大。比如，当时经费申请仍然比较难，大概有教学经费、科研经费、基建经费三大块，每年费用大概三千多万元，各年拨款的侧重点稍有不同。整体来看，当时经费下拨还是比较困难的，基本上还是受计划经济的管束。到后来归属于教育部管理的时候，资金来源的渠道和数额都明显增多，政策放开了，学校也可以去贷款了①。

改为大学以后，出去跟人家交流的面就广了。我们不仅跟设有钢铁冶金专业的学校交流，我们也开始关注其他的专业，目的是想如何来拓展我们的专业方向。我们还跟这样一些学校建立了校级关系，包括德国的亚琛工业大学，加拿大的麦克马斯特大学，还有日本的东京工业大学、神奈川大学，美

---

① 据《北京科技大学（北京钢铁学院）1952—2012纪事》（北京科技大学纪事编辑组编，2012年4月）统计：

时间/年	学院新增科研项目/万元	到位科研经费/万元
1979	167	232.1
1980	267	228.5
1982	333	652.36
1983	466	232.1
1984	530	694.13
1985	682	594.32
1986	551	774.25
1987	792	945.5
1988	853	935.5
1989	880	1172.8
1990	975	1635
1991	838	1221.2
1992	895	1441.37

国的宾州大学。我们还选派了很多老师去国外学习，学校有很多教师都曾在国际知名大学留过学。

宋：师资队伍、学生规模、专业设置是否有所扩大？

王：这个扩增的过程都是逐渐的，但是在更名以后扩增的速度的确加快了①。

宋：学校更名为"大学"，明确综合性大学的发展方向，而综合性大学在学科设置上不仅应包括理、工，还应该包括人文、社会科学，以及经济、管理类学科。学校对于这一类学科发展是如何考虑的？如何定位的？

王：当时应该考虑的还不是很清楚，因为对学校未来发展的整体定位也是在摸索中的，所以对学校文科未来的发展也是在摸索中。在学校转型过程中，我们的确思考过文科的建设，但做得还不够。

人文、社会科学发展的确很重要。一方面体现在自身的学术意义和价值；另一方面体现在对社会发展、文化建设的意义和价值；再有，在大学中发展文科对于人文精神的弘扬、对于校园文化的建设都有着其特殊的重要价值。这种人文文化的建设和对学生的熏陶，对其一生的发展都会有着"润物细无声"潜在而久远的影响。一所综合性大学，尤其是有着浓厚工科背景的大学如何来发展人文社会科学，的确应该好好想想、好好设计一下。

宋：到设置院这一层建制的时候是在哪一年？

王：那是到 1990 年之后了。

宋：其他大学更名后学校的发展也都如此吗？

王：差不多吧。

宋：通过您对北京科技大学更名前后情况的介绍，总体感觉我国社会转型时期高等教育的发展很符合我国社会当时的整体发展情况，就是"摸着石头过河"。

王：确实是这样。

---

① 据《北京科技大学（北京钢铁学院）纪事（1952—2012）年》（北京科技大学纪事编辑组编，2012 年 4 月，166 页）记载：学校从 1966 年 6 个系 13 个专业发展到 1990 年的 18 个系、26 个专业（其中工科专业 17 个、理科专业 4 个、管理专业 2 个、文科专业 3 个）、14 个博士学位授予权学科专业、35 个硕士学位授予权学科专业，已经形成了以冶金和材料为特色、以工为主、理工管文相结合的多科性大学。1990 年毕业本、专科学生 1490 人，其中本科毕业生 831 人，专科毕业生 659 人；毕业博士研究生 13 人、硕士研究生 327 人、研究生班 19 人。

宋：我国有句话，叫作"名正言顺"，您能总结一下更名为北京科技大学的意义吗？

王：谈高等教育改革的意义所在脱离不开它的社会关联性，教育是为社会服务的，它的价值在于与社会发展契合。北京科技大学经过这样一轮改革，在两个问题上是比较显著的：一是改变了过去过分专门化的限制。过去的倾向是根据生产部门的需要来制定专业，结果是学生培训面狭窄，分配工作的选择性相当有限，并且研究与创造能力不足，经过这样训练培养出来的人才是很难适应市场经济下科研生产活动的。二是由于专业的调整，尤其是脱离冶金部，划归为教育部管理之后，学校的自主权与决策权在增大。学校在专业设置、招生计划、接受生产部门与社会机构的委托及与其合作、处置基本建设投资与经费，以及开展国际学术交流在逐渐增大，学校的发展开始逐步地面向市场、面向整个社会，学校的发展由被动变主动。

宋：北京科技大学经过这一轮改革，学校发展由单科性向多科性拓展，由之前带有浓重的行业背景学校向综合型大学转变，您认为在这个过程中遇到的最大的困难和应注意的问题是什么？

王：当前，在中央全面深化改革指引下，各行各业都在转型升级，高校也必然要转型升级。我希望，我们北京科技大学也能顺利地由所谓"行业特色"高校转型为"多学科的研究型大学"，由主要面向"钢铁工业"转变为面向现代化、面向世界、面向未来，从而升级为国际一流的现代大学。我想，这样做并不妨碍我校与钢铁工业界发展密切联系，也更会促进我校具有优势的材料冶金学科的发展，这也为我校"钢铁摇篮"美称增添了新意。

宋：非常感谢！谢谢您给我们讲述了这段历史，也分享了您的治校心得。祝您身体健康！

王：也谢谢你们。对于学校更名，师生及校友都很关心，讲明更改校名的情况，是我的责任，也是我的心愿。祝愿我们北京科技大学办出特色、争创一流！

后记 本人（访谈者，宋琳）于2013年11月7日在王润教授家中对他进行了访谈，参与这次访谈的还有学报编辑部马胜利老师。访谈工作得到了王润教授的大力支持，不仅对访谈工作给出了中肯的建议，还非常细致地审阅了稿件，其严谨求实的精神令人敬佩。

第二章　机械系的创建与发展

机械系是北京钢铁学院成立之初设立的四个系之一，不同于冶金系与采矿系，机械系下设的冶金机械专业（创建之初称为冶金厂机械设备专业）为国内首创，是模仿苏联钢铁院校专业设置而创建的。此后，机械系不断拓展专业发展方向，先后又建立了机械制造工艺及设备、机械电子工程、流体传动及控制等多个专业，后建立了机械工程学院。冶金机械人缪力同心、奋楫笃行，成功研制了我国第一台弧形连铸机、最早的热连轧计算机控制系统、最早的零件轧制技术等一批重大成果，培养了中国工程院院士陈先霖、胡正寰、钟掘、关杰、刘玠、沈政昌等一批杰出人才，成为我国名副其实的"冶金机械"摇篮，也孕育了以"事业心、凝聚力、奉献精神"为核心的"冶金机械精神"。

本部分通过对机械系早期建设的重要参与者：胡正寰教授、潘毓淳教授、吴继庚教授的访谈，回顾了机械系，尤其是冶金机械专业和冶金机械教研室创建与发展的辉煌历程。

一、　对胡正寰教授的访谈

胡正寰(1934—　　)，湖北孝感人。北京科技大学教授，博士生导师，冶金机械专家。1956年从北京钢铁学院机械系毕业后留校任教，历任北京科技大学讲师、副教授、教授，"高效零件轧制技术研究推广中心"主任。是我国轴类零件轧制技术领域公认的主要开创人，他在该领域的杰出工作使我国成为世界上少数掌握这项高新技术的国家之一。获国家级有突出贡献科技专家、全国"五一"劳动奖章等奖励。1997年当选为中国工程院院士。人民政治协商会议北京市委员会第五、六、七届委员，曾任中国钢结构协会常务理事、中国锻压学会理事长等职务。现任中国机械工程学会塑性工程分会名誉理事长。

（一）

宋琳（访谈者，以下简称宋）：胡院士您好！您是北京钢铁工业学院1952年成立后招收的首届本科生，毕业留校工作后一直从事零件轧制技术的研发、应用与推广，至今仍在工作。今天想请您谈谈您在北京科技大学70年的学习和工作经历。

胡正寰（被访谈者，以下简称胡）：好的。

宋：您当时为什么选择报考北京钢铁工业学院？

胡：是这样，1952年我从湖北省立高级中学毕业。你看，最近母校还给我发了一封邀请函，是校庆120周年邀请我参加（胡院士将他桌前的一份材料递给我）。

宋：您一直感念自己母校的培养，曾多次给母校和家乡捐款。

胡：是的，饮水思源嘛。多年前母校盖了一个楼，叫正寰楼，这次我又捐了100万元，尽自己的一点绵薄之力吧。我母校在武汉还是一所很有名的学校，董必武、陈潭秋、李四光等都与这所学校有关系，要么是在此当老师，要么是从这儿毕业的。

为什么报考北京钢铁学院？主要是这两个方面的原因。1952年新中国刚成立不久，经过之前十四年的抗日战争、四年的解放战争，国家一穷二白，新中国成立首先就要搞建设。当时毛主席讲话，就是粮食和钢铁，有这两样东西就什么都好办。那个时候最缺的就是粮食和钢铁。粮食呢，就是要吃得饱，当时吃不饱；国家搞建设，就离不开钢铁。这是我选择报考钢铁学院的社会需要，就是整个国家要搞建设。还有一个原因，就是家庭影响。我父亲比较早就接受了先进教育，他是从北京俄语专科学校毕业的，跟瞿秋白①是同学。这所学校是当时北洋政府外交部办的，目的是培养俄语人才跟苏联打交道，我父亲毕业后进入中东铁路抚恤科工作。中东铁路是中苏合办的，我父亲受这方面影响，觉得学钢铁是国家很需要的。所以我当时报考钢铁学院：一个是国家的建设需求；另一个就是我父亲和家庭的影响。

---

① 瞿秋白（1899—1935年），男，江苏常州人。中国共产党早期主要领导人之一，卓越的无产阶级革命家、理论家、文学家和宣传家，中国革命文学事业的重要奠基者之一。

1952年我中学毕业时，刚好北京钢铁工业学院建校，所以我是首届学子。

宋：您被录取到北京钢铁工业学院时校舍还在建设中，第一年您是在清华园度过的吧？

胡：是的，钢院是1952年成立的，也是从那时开始搞建设，我们入校时校舍还没有建设好，第一年我们是在清华大学学习的，当时我收到的录取通知是清华大学发出的。

宋：录取通知书上具体写的是什么名字？

胡：清华大学钢铁学院。

宋：在清华大学的这一年学习、生活印象深刻吗，对您有何影响？

胡：当时我们钢院机械系和清华机械系在一起听课、学习，我觉得还是受了清华大学影响，那就是清华大学的教学还是非常有水平的，学风严谨。教我们的数学老师、政治老师都给我留下很深的印象，讲课都非常认真。给我们讲数学的老师叫李欧，讲课非常认真，板书很工整，我们当时是在一个阶梯教室里上课。

印象特别深的是清华大学提出的"为祖国健康工作50年"，这个口号那时候就提出来了。每天下午四点多钟，校长蒋南翔[①]，体育教研室主任马约翰[②]，带领老师们在操场跑步。身体是革命的本钱嘛，清华"为祖国健康工作50年"精神培养了我坚持体育锻炼的良好习惯。我还算有幸，已经健康工作60多年了。

（二）

宋：刚建校时机械系有两位教授，一位是来自北京工业学院的杨尚灼教授，还有一位是来自天津大学的刘叔仪教授。这两位教授给您上过课吗，您能谈谈吗？

胡：杨尚灼教授给我们讲过轧钢机械。杨尚灼教授担任过机械系主任，后来成立金属压力加工系，他调到那边，成为金属压力加工系第一任系主任。

---

① 蒋南翔（1913—1988年），男，江苏宜兴人。马克思主义教育家、中国青年运动的著名领导者。1952—1966年任清华大学校长、1956—1966年任清华大学党委书记。

② 马约翰（1882—1966年），男，福建厦门人。中国近代体育史上的著名体育教育家。1911年毕业于圣约翰大学。1914—1966年在清华大学任助教、教授、体育部主任等。曾任中国田径协会主席，中华全国体育总会副主席、主席，是中国体育界的一面旗帜。

刘叔仪教授印象不是很深刻，好像在钢院待的时间不长。

宋：机械系给您印象深刻的教授有哪几位？

胡：机械系当时有一些很优秀的老师，给我印象深刻的有两位：一位是徐宝陞教授[①]；另一位是陈先霖教授[②]。

徐宝陞教授印象很深刻，他是从清华大学机械系毕业的，后考入美国密执安大学，获得硕士学位。此时正值新中国成立前夕，他毅然放弃了继续攻读博士学位的计划回国。回国后在工厂、生产一线工作，实践知识非常丰富，所以徐宝陞教授的特点是既有理论，也有实践，这是很多著名教授都比不了的。他是1958年调入钢院的，任教授、机械系主任。"大炼钢铁"时学校在清河成立了附属钢厂，他担任技术副厂长。徐宝陞教授很重视教育与实践相结合，率领师生从事连续铸锭和行星轧机的研制，在学校钢厂进行试验，成功研制了弧形连铸机。我当年提出搞零件轧制技术，徐宝陞教授就很支持，这在当时是一项新技术。

陈先霖，我认为是一位很有水平的教授，在理论和实践方面都有很好的基础。他毕业于上海交大机械工程系，后进入重工业部工作，1954年调到钢院。他给我讲过"炼钢设备"等课程，确实讲得很有水平。陈先霖教授是一位教学改革家，提出专业课进行现场教学。我留校工作后曾参加他领导的教学改革小组，他带队，一共十几个人，在鞍钢待了三个月进行现场教学。我很喜欢参与陈教授组织的理论研讨、实习实践等教学改革活动。陈教授总强调，唯有工程实践才可以检验所学理论是否具有创造价值，这对我日后搞产学研结合、注重生产实践创造效益，产生了潜移默化的影响。他在连轧技术方面为我们国家作出了很大的贡献，他与武钢合作首创的"变接触长度（VCR）支持辊"应用于武钢1700mm冷连轧机、宝钢2030mm冷连轧机，以及武钢1700mm热连轧机，提高了板形质量、降低了轧辊消耗，应用效益显著，曾获国家级科技进步奖一等奖。他也几乎是最早开始搞计算机的，很有创新意识。

————————————

① 徐宝陞（1912—1989年），男，山东昌邑人。北京科技大学教授，冶金机械专家，中国连续铸钢技术的主要开拓者之一。1937年毕业于清华大学机械系，1949年毕业于美国密执安大学研究生院机械化工专业，获硕士学位。回国后，任中国兴业公司钢铁厂（现重庆钢铁公司第三钢铁厂）总工程师。1958—1966年任北京钢铁学院（现北京科技大学）机械系教授、系主任、院附属钢厂副厂长。1966—1978年任冶金部科技司、机动司主任工程师。1978年任北京钢铁学院机械系教授、系主任。

② 陈先霖（1928—2009年），男，四川遂宁人。北京科技大学教授，冶金机械专家。1949年毕业于上海交通大学机械工程系，之后进入重工业部工作。1954年调入北京钢铁学院任教，历任机械系冶金机械教研室主任、机械系副主任、研究生院副院长、图书馆馆长。1995年当选为中国工程院院士。

宋： 您能谈谈当时在钢院的学习情况吗？有哪些老师给您授过课？

胡： 我是 1952 年入学的，那年机械系招收有 70 多人。给我们上过课的有陈先霖、孙一康①、王祖城②、张雄飞③等一些年轻老师。

当时冶金机械专业完全是从零开始，专业课程还很难开出，所以我们只能先上一些基础课程和相关课程，专业课只能等苏联专家来，老师们学习完之后再给我们上。后来苏联专家来晚了，我们专业课也就开晚了，直接影响到我们的毕业时间。我们专业本来是四年学制，按原计划我们这届应该是 1956 年夏天毕业，后来因此推迟了半年，直到 1957 年 1 月才拿到毕业证。

<h1 style="text-align:center">（三）</h1>

宋： 您毕业留校后具体做什么？

胡： 我记得毕业时学校对我宣布了三件事：第一是留校，我的第一志向并不是留校，我想回老家湖北，华中工学院就是现在的华中科技大学，有冶金机械专业，还有我们国家有名的大冶钢厂，但是后来宣布我留校了；第二是宣布留在冶金机械教研组，当时机械系已有很多教研组，包括机械制图教研组、机械零件教研组、机械制造教研组等④，那届留校有 10 多个人，被分配在各个教研组，我留在了冶金机械教研组；第三是宣布留在轧钢机械组，冶金机械教研组又设有四个小组，包括炼铁机械组、炼钢机械组、轧钢机械组和安装修理组，我被分在轧钢机械组。

留校后，我的第一个工作就是带 57 届学生，就是我下一届学生，指导他们毕业设计。当时留校首先要过教学关，就是讲课。此外我还做了一年多辅导员，"大跃进"之后开始搞科研。

---

① 孙一康（1932—2019 年），男，上海人。北京科技大学教授，冶金自动化专家。1949 年考入清华大学机械系，1952 年提前毕业，分配到正在筹建的北京钢铁学院。1974 年北京钢铁学院自动化系成立，孙一康任系主任并建立计算机、仪表及液压专业，是北京科技大学自动化和计算机通信工程专业创始人，多项国家科技进步奖一等奖获得者，曾任冶金部计算机领导小组成员、冶金自动化学会副理事长。

② 王祖城（1929—2019 年），男，山东蓬莱人。1952 年毕业于山东大学机械系，后到北京钢铁学院任教。曾任冶金工业部教育司司长、冶金设备学会副理事长。

③ 张雄飞（1931—2020 年），男，北京人。北京科技大学教授。1952 年毕业于燕京大学机械系，后到北京钢铁学院机械系工作。

④ 据《钢铁摇篮 机械雄鹰——北京科技大学机械工程学院七十年历程》记载：1957 年钢铁机械系下属有机械制图、机械零件、机械设计、电工、冶金机械、机械制造、热工水利，共七个教研组。

宋：当时老师们的科研意识强吗？

胡：1957年我留校的时候，大家科研意识并不强。我当时也没有什么科研意识，主要想着如何过教学关，如何掌握知识，然后再教给学生，刚留校时不太可能有什么科研想法。所谓搞科研是从1958年开始，"大跃进"时提出要解放思想，国外没有的我们也应该有，所以在这种情况下，我提出来搞零件轧制技术。

宋：您能简单介绍一下零件轧制技术吗？

胡：零件轧制技术是用轧制方法成形机器零件的技术，该技术又称为回转成形，即零件是在回转中成形的。轧钢技术早就有了，它的优点是生产效率高、质量好，因为它是经过压力加工的，比铸造质量要好，但是传统轧钢只能轧等截面的，而零件是变截面的，这就带来一系列技术问题。所以，零件轧制是用高效的轧制方法生产零件，是轧钢的延伸，同时它又替代了传统的锻造、切削、铸造等方法生产零件，是机械零件的创新，属于冶金轧制技术与机械成形技术的交叉、延伸与发展。

宋：您能具体谈谈您是如何走上零件轧制技术研发道路的吗？

胡：1958年，国家号召大家要解放思想、敢想敢干。在这种形势下，我也提出来一个方案，就是搞零件轧制，轧钢球。这当然不是我最早提出来的，是看到苏联的材料后受到启发提出的。我的俄语还可以，看到苏联一个有关轧制钢球的材料，就是用轧制的方法生产钢球，当时我国只能通过锻压与铸造方法获得钢球。轧制钢球是当时世界上一项最新的工艺，我就提出来要斜轧钢球。我之所以选择搞零件轧制，第一个原因就是我在这方面有一定的知识积累，看了一些资料，学习了一些东西；第二个原因是上学时的一些生产实践启发了我。我上大学时提倡教育与生产相结合，到工厂进行生产实习。我在大学时一共有三次实习，包括认识实习、生产实习和毕业实习。从大学二年级开始，每年都要去工厂实习一次，这些生产实习也是学苏联的。实习使我直接接触到钢铁冶炼的实际过程，使得书本知识与生产实践较好地结合起来，对我后来走上科研道路产生了重要影响。记得我在鞍钢无缝钢管厂实习时，看到钢管在斜轧机中的运动是既旋转又前进的，这种斜轧运动给了我启发，就想可否在此基础上轧出零件？所以后来一看到苏联的材料就想到了轧制钢球。我觉得如果要搞创造，实践很重要，书本知识必须与生产实践相结合才能培养出创造力，这点对工科大学生培养尤为重要，大学时期的三次实习给我打下了这个基础。

1958年，为了响应党的号召我向学校提出了一个大胆的口号，"大干一百天，轧出钢球把礼献"，得到了党委的支持。我和几个同事开始进行实验轧机与特殊复杂的轧辊设计，用了40多天时间。接下来由学校的实习工厂组织工人加班加点依据图纸赶制机器，终于用60多天的时间制造出轧机与轧辊，我们又对机器进行了连续调试和反复生产钢球的试验，最后在实验室确实轧出了几个好钢球，当时《光明日报》《北京日报》都做了报道。那个时候搞科研完全是学校支持，不像现在可以申请科研经费，开始时非常不容易，既没有条件，也没有经费，学校给解决了工作地方。当时北京钢铁工业学院教务长兼科研处处长傅君诏①老师对这个项目的启动和落实给予了支持与鼓励。今年学校70周年校庆，我给学校捐款表达我的感激之情，也是当年学校对我的科研工作给予了大力支持。

这之后没多久，辽宁省有个企业找到我，那是个劳改工厂。他们工厂用铸造方法生产钢球，因为斜轧钢球既能提高质量和生产效率，还能改善笨重的劳动条件等问题，所以希望我们能把这个技术成果转让给他们。我就带了高年级学生在那里设计了50个钢球轧机，他们按照图纸制造出来了，效率比原来提高好多，但是发现没轧出多少钢球模具就磨损了，磨损后就出废品。所以钢球是轧出来了，但是轧辊寿命太短，等于是失败了。这次失败给我的一个体会是：实验室哪怕轧出1%的成品，就说明这个技术有希望，但是工厂生产哪怕有1%的废品率就可能不能纳入正常生产。所以，这之后又重新回到实验室，反复试验、反复研究，从1958—1974年一直干了16年，1976年正式把这个由自己设计的钢球轧机投放生产，整整走了18年时间。我们用十多年时间解决了一系列问题，包括模具的设计与加工、模具的材料与寿命、轧机设计如何满足生产工艺要求，等等。

宋：斜轧技术研发成功的意义体现在哪些方面？

胡：1958年斜轧机的试制成功不仅预示着钢球轧制新工艺实施推广的希望，也代表了中国迈出零件轧制技术研发与推广的第一步。斜轧新技术的生产效率是原来锻压生产的5倍以上，并且成本显著降低，与锻造、铸造方法相比显示了极大的优越性。

---

① 傅君诏（1921—2023年），男，云南曲靖人。1942—1943年在西南联大化工系学习。1945年赴美留学，先后在美国卡内基理工学院冶金系、宾夕法尼亚大学冶金系学习，获得硕士学位。1950年回国，先后在华北大学工学院（现北京理工大学）、哈尔滨工业大学工作。1953年到北京钢铁学院工作，历任教务长、科研部主任。

宋：经过十多年时间的探索，终于实现了从科技向生产力的转化，其中的困难有哪些？

胡：把技术变成生产力是一个很艰苦的过程，艰苦主要指两个方面。

第一个方面，就是怎么把这个技术真正变成生产力。这给我什么体会呢？就是真正把科技成果转化为生产力，包括非常多的具体问题需要解决，每一个环节出了问题都无法实现。就拿我们这个零件轧制技术来说，包括一系列具体问题要解决，像模具如何设计出来，模具采用什么材料，模具如何制作出来，等等，和普通冶金厂不一样。斜轧钢球的轧机与一般轧机不同，需要五个调整，包括方向调整、轴向调整、相位调整、角度调整、喇叭口调整，设备很特殊，工艺也不同，模具容易磨损，这些实际问题的解决都是经过十多年的艰苦探索才掌握的，才变成生产力。

第二个方面，就是工作生活条件的艰苦。当时不像现在生活条件好，过去我在厂里一待就是三个月。当年在包钢进行科技攻关时，我家老二还很小，平时我岳母帮忙照顾，那时我岳母得了眼病要到同仁医院看病，我爱人既要工作又要照顾孩子和老人，忙不过来。我当时在包头的条件也非常艰苦，那时在包头不是住在招待所，而是住在车间里面，并且不是一个人，是好几个老师在一起，还有学生，一大堆人，整天工作在现场。今天年轻人恐怕都不能理解当时的艰苦情况，吃住条件都很差，但是那时就是一心一意要把这个搞出来，能够投产。我的目的非常坚定，就是一辈子都要坚持，要把科技转化为生产力，贡献社会。

1973年胡正寰教授在北方机械厂测量斜轧机导板装置

宋：在斜轧技术取得成功后，您又继续不断探索，开始了楔横轧技术的研发之路，您能谈谈吗？

胡：20 世纪 70 年代，国内已有学校和企业合作，运用楔横轧技术进行工艺研发，但工业化投产的情况并不理想。1973 年，我们与西安华山机械厂等机构合作，在实验室运用由学校斜轧机改造而成的楔横轧机开展楔横轧滑膛弹体的研制工作。1975 年，我们跟华山机械厂、曙光机械厂合作，共同开展了有多个环槽的不对称产品的试验。经过反复试验，轧制出了合格的产品，且经各种检验均达到技术要求。

宋：这项新技术优越性体现在哪些方面呢？

胡：楔横轧技术适合于生产批量大的某些零件，像五金工具、汽车轴类零件等。它的优点是生产效率高、节省材料、模具寿命长、容易实现自动化生产、减少工艺流程、降低综合成本。我们可以拿切削与楔横轧生产电力金具球头作比较，采用楔横轧技术，综合成本平均下降大约 30%；再如，拿模锻与楔横轧生产汽车主动轴比较，采用楔横轧技术，综合成本也平均下降大约 30%。

宋：在您开发投产的众多项技术中，您能选择一项代表性技术介绍一下吗？

胡：好的。比如精密楔横轧内燃机多缸凸轮轴，这是我们开发的楔横轧典型产品，该技术在国内外首创楔横轧凸轮轴新工艺。与锻造、切削工艺比较，该项技术生产效率提高了 3 ~ 10 倍，节材 25% ~ 38%，生产环境好。在美国福特公司做台架试验质量好，并出口美国。在国内的多家著名企业，包括潍柴、玉柴、上柴等得到应用。据不完全统计，每年生产 700 多万根，仅节材一项达每年 2 万多吨。

楔横轧凸轮轴自动化生产线及产品

（左图中右一为胡正寰教授）

宋：1991 年，高效零件轧制技术研究推广中心成立，您担任该中心主任。您能谈谈该中心的主要工作与取得的成绩吗？

胡：20 世纪 80 年代末，科技部与教育部成立一批研究推广中心，"高效零件轧制技术研究推广中心"就是在这个发展趋势下获批正式成立的，1990 年被列为国家科委首批"国家科技成果重点推广计划"项目。我们主要从事轴类零件轧制，包括楔横轧和斜轧的研究、开发与推广工作。目前，我们已在国内外共推广楔横轧与斜轧生产线 300 多条，分布在全国 27 个省（直辖市、自治区），卖到国外 18 条，包括美国、日本、俄罗斯、土耳其等国家。生产零件数量为每年约 20 亿件，重量为每年约 40 万吨，总产量约 600 万吨。建成零件轧制专业化工厂 20 多家，开发并投产的零件品种 500 多种，包括汽车、拖拉机、摩托车、发动机、球磨机、轴承、五金工具、电力金具等中的轴类与球类零件。同时，我们在理论研究方面也取得了进展，对斜轧与楔横轧的变形机理、应力分布、缺陷发生、轧制力能参数、轧齐理论等问题有较深入的认识。出版了《零件轧制成形技术》等 5 本专著，其中《斜轧与楔横轧原理、工艺及设备》被国家新闻出版总署评为"全国优秀科技图书"二等奖，《零件轧制成形技术》被国家新闻出版总署评为"三个一百"原创出版工程入选图书，《楔横轧理论与应用》获得冶金工业科技进步奖三等奖。

宋：您带领科研团队一步一个台阶，您是怎样来领导的？

胡：这个成绩的取得是团队的成果，这不是一个套话。这个团队，我一直强调有四种人在发挥各自的作用。第一种是研究人员，把握整个工程的研究方法和思路，包括教授、副教授。第二种是工程人员，能够到现场去解决具体工程问题。这些人有经验，非常熟悉工程中的具体实际问题，把科技变成生产，离不开他们。第三种就是技术工人，我们团队有几个技术工人很能干，他们会动脑筋琢磨怎么把这个模具作出来。虽然现在用数控做了，但是熟练工人还是非常重要的，我的团队也离不开他们。还有一种人就是研究生，科学研究就是要寻找规律，并通过实验证明，这个工作可以指导研究生去做。在这个实践过程中，学生学到了知识、锻炼了能力、培养了创新意识，也帮助我们解决了问题，所以这是双赢。我认为成果的取得与这四种人分不开，所以我一再强调，这个成果绝不是我个人的，而是团队共同努力的结果。现在这些人有的已退休，我还很尊重他们，每年发奖金都包括退休的那些老人。

再有，我认为团队能够干得好一定要团结，在我的团队里不能说一点矛盾没有，但是基本上大家都能够一直保持齐心协力共同工作，这里面很重要的就是我自己要以身作则。我们是坐班制，自己一直以来上下班都严格遵守，什么时候上班，什么时候下班，80岁以前我都是准时到单位上下班，这是第一个。第二就是我不以权谋私，我早就有小车，但是从来不会因私事用车。再有呢，就是要严明纪律，我这个项目效益还不错，很多熟人通过关系来找，想进到我这个团队，我一律拒绝，包括我爱人也学这个专业，我也不需要她进来。

宋：除了重视人才队伍的建设，您也积极进行生产车间和生产设备等硬件条件建设，您能谈谈吗？

胡：20世纪七八十年代，在研制立辊式楔横轧机以及五金工具等零件楔横轧工艺时，大部分的实验工作在学校采矿楼北侧机械系的一个大车间里进行，条件十分简陋，办公室和实验室一共不到200m²，空间很有限。随着与企业合作的项目越来越多，需要开发的零件种类日益丰富，原有的实验空间严重限制了零件轧制技术的发展和成果转化。为了进一步缩短研发和推广的周期，加速零件轧制技术成果的转化，从20世纪80年代开始我们投入了大量的精力、经费，拿出推广技术赚到的钱投入建造实验室，同时还建立了模具制造中心，这些硬件条件的建设对于推动中心发展都是非常重要的。

宋：您在这个领域持续耕耘几十年，坚持走技术创新之路，可以说是我们国家产学研结合的一个成功典范，您认为成功的关键是什么？

胡：我认为就是坚持初心不变。我们搞工程、搞实体经济的，就是要把自己的科学技术成果转变成现实生产力。其实我们过去有很多项目都搞出了初步结果，最后遇到困难就放弃了，非常可惜。我当时在实验室里搞成功的技术，现场应用时却失败了，中间过程非常坎坷。我能坚持十几年，最终成功投产第一台设备，可以说是始终秉持着初心，就是要把科技转化为生产力对社会有所贡献，因为只有变成生产力才会更好地服务于社会。

宋：北京科技大学冶金机械专业作为国内首建专业，经过几十年的发展，培养了一批优秀人才，作出了一批杰出的成果，他们身上体现了一种什么样的精神？如果用冶金机械精神概括它，您认为它的核心是什么？

胡：这个我没有琢磨过，但是冶金机械确实出过一些优秀人才，而且出了一些成果，这个是什么原因呢？我想主要是实干精神。刚才讲的陈先霖、孙一康、朱允言等人，陈先霖是在连轧上作出很大成绩，孙一康在自动化上作出很大成绩，朱允言搞炉顶设备也不错，都是实干的人，都是为了要把科技变成生产力。

宋：今年北京科技大学迎来了 70 年校庆，校庆前夕老科学家们给习近平总书记发去了一封信，4 月 21 日，接到了习近平总书记的回信，您是写信人之一。您能谈谈这个过程和感受吗？

胡：写这封信的主要目的：一是向总书记汇报我们学校经过 70 年的建设与发展，学校所取得的成绩和为我国钢铁事业作出的贡献；二是向总书记表达我们对于继续搞好我国钢铁事业，实现碳达峰碳中和的决心。写信签名的有陈端树、徐业鹏、蔡美峰等 15 位建校元老和教授。我前面讲了，1952 年我报考钢铁学院，毛主席当时讲一个是钢铁、一个是粮食的重要性。1949 年新中国成立时钢铁产量是 15.8 万吨，世界钢铁产量是 1.6 亿吨，仅为世界产量的千分之一。2020 年我国粗钢产量超过 10 亿吨，占全球钢铁总产量的 50% 还要多。建校 70 年来，我们学校共培养了 20 多万名毕业生，他们中相当一部分是在冶金钢铁企业工作，为我国成为钢铁大国作出了重要贡献。习近平总书记的回信充分肯定了我们作出的积极贡献，同时也提出了更高的要求，就是我们还要继续努力，实现碳达峰碳中和。回信是一种鞭策，激励我们投身科研、培养更多创新人才，助力钢铁强国梦早日实现。

我仍然想要强调一下，现在航空航天是国家科技发展的重点，所以总报道他们的成绩。其实钢铁对我们国家发展的重要程度很大，像我们国家现在正在发展的汽车行业。汽车是各个国家都非常重视的一个产品，它对于拉动产业发展影响非常大，在资本主义国家汽车已经发展有几十年了，像德国、日本的汽车那都是很有水平的，但是这两年，我们国家新能源汽车总产量、销售量都在世界上排第一位。而且中国新能源汽车现在不仅出口发展中国家，连美国和欧洲一些国家，我们都打进去了，并且占有了优势。汽车是一个综合技术的结果，每一辆汽车都要用到接近两吨的钢铁，是钢铁堆成的。我查了一下，我国汽车每年用钢 5000 万~6000 万吨，所以我们国家能成为汽车大国，是离不开钢铁的贡献的。再举个例子，我国高铁在国际上也走在了前列，无论从里程，还是从高铁的数量都走在了前面。高铁也都是钢铁堆成的，无论是铁轨，还是火车，一年需要一点几亿吨铁，那都是钢铁支撑的结果。所以我认为钢铁是一个大国、强国的重要物质基础。就是因为我们国家今天钢铁发展能处于这个水平，所以我们国家成为比较强的国家。我觉得还应该继续宣传，现在宣传得还不够，认为好像钢铁过剩了，其实钢铁还需要发展，同时碳达峰碳中和要解决。还有呢，我们国家现在每年还要进口1000万~2000万吨的钢铁，有些特殊钢材，我们还解决不了，比如高铁的那个轴，现在用的材料还是进口的，目前这个难题正在攻关，我也参与了这个事情。这类的事情还有很多，还要进一步去解决、去完善。我国未来的发展，无论是建筑，还是国防、造船等很多领域都离不开钢铁，它是一个强国的重要物质基础。

宋：非常感谢您接受访谈，祝您身体健康！

胡：谢谢。

后记 本人（访谈者，宋琳）于 2022 年 10 月 26 日在胡正寰院士办公室对他进行了访谈，之后胡正寰院士又对送给他审定的访谈稿进行了逐字逐句的修改，并给予了中肯的建议。胡正寰院士奉献社会、锐意创新、严谨求实的精神令人钦佩。

二、 对潘毓淳教授的访谈

潘毓淳(1928—)，辽宁盖州人。北京科技大学教授。1954 年毕业于大连工学院（现大连理工大学）机械工程专业，毕业后分配到北京钢铁工业学院钢铁机械系任教，历任讲师、副教授、教授。

（一）

宋琳（访谈者，以下简称宋）：潘老师您好！您参与、见证了北京钢铁学院冶金机械专业的创立与建设，今天想请您谈谈它的发展历史。

潘毓淳（被访谈者，以下简称潘）：好的。我是搞教学、搞科研的，就是机械系一名普通老师，对教学工作了解得更多一些。

宋：1952 年，北京钢铁工业学院成立时设有四个系，其中包括机械系，那时就设立了冶金机械专业吗？

潘：没有，当时机械系只设有冶金厂机械设备专业。刚建校时拟定要建立冶金机械专业，但是因为没有人，就没有正式成立。我是 1954 年从大连工学院毕业分配到钢院的，那时毕业分配在 8 月份，我分配到钢院时正好学校放假，等到 9 月份开学通知我到钢院机械系冶金机械教研组去报到，这个时候冶金机械教研组才正式成立。所以说，冶金机械教研组正式成立是 1954 年 9 月。

宋：您在大连工学院学的专业是冶金机械？

潘：不是，我学的是机械工程专业，当时没有冶金机械专业。全国范围看，钢院设立这个专业属于国内首创。

宋：为什么要在刚成立的北京钢铁工业学院设立冶金机械专业？

潘：这是跟苏联学的，当时苏联冶金类院校都设有这个专业。

宋：当时西方国家的冶金类院校设有该专业吗？

潘：没有，唯独苏联有。

宋：1954 年，机械系主任是谁？

潘：系主任是杨尚灼教授①，副主任是吕桂彤老师。

宋：冶金机械教研组成立时，组织架构怎样，负责人是谁？

潘：成立时冶金机械教研组设置在机械系下面，它又下设四个小组，包括炼铁组、炼钢组、轧钢组和安装修理组。冶金机械教研组主任是孙一康。

宋：师资情况怎样？

潘：冶金机械教研组刚成立时有严允进②、刘宏才③、陈先霖、戴近渊、王祖城、孙一康、郑重一④和我，一共八位老师。我和陈先霖在炼钢组，严允进和刘宏才在炼铁组，孙一康、王祖城、戴近渊在轧钢组，郑重一在安装修理组。

宋：冶金机械教研组成立后办公地点在哪儿？

潘：就在现在办公楼四楼，四楼最北边那个大房间。那个房间比较大，作为我们的办公室。

宋：教研组成立后，老师们当时的主要工作是什么？

潘：因为大家之前都不是学冶金机械专业的，所以首先是要学习。按照当时学校的计划，安排即将到校的苏联专家给我们讲课，所以那时我们主要就是为迎接苏联专家的到来做准备。

宋：都做了哪些准备呢？

潘：主要就是学习俄文，再补充一些基础知识。那时大学老师没有坐班制，但是我们几个都自觉去坐班，大家热情都很高。我在外文书店买了一本俄文的炼钢车间机械设备书，开始自学，其他老师也是这样。我之前学过俄文，有点儿基础，先看俄文书，找一些资料，但也就是学一些皮毛，然后大家互相交流学习体会、学习经验，因为我们这些人之前对此一无所知。

---

① 杨尚灼（1904—1980 年），男，江西高安人。北京科技大学教授。1931 年毕业于上海交通大学机械系，1934 年留学美国，于 1936 年、1938 年分别获得美国里海大学硕士和博士学位。1940 年回国后，参加筹建云南钢铁厂，同时兼任云南大学教授。此后在上海交通大学、香港策文书院、华北大学工学院任教授。1952 年任教于北京钢铁学院。曾任中国金属学会理事、北京金属学会理事。

② 严允进（1929—2023 年），男，浙江金华人。北京科技大学教授。1954 年毕业于大连工学院机械系机械制造专业，毕业后分配到北京钢铁学院。

③ 刘宏才（1931— ），男，江苏镇江人。北京科技大学教授。1953 年毕业于南京工学院（现东南大学）机械系，毕业后到北京钢铁学院机械系任教，曾任系副主任。

④ 郑重一（1922—2010 年），男，浙江余姚人。北京科技大学教授。1945 年毕业于西北工学院，曾任鞍山钢铁公司工程师，后到北京钢铁学院任教。

宋：苏联专家是什么时候到的？

潘：索柯洛夫教授是 1954 年 11 月到的，来自西伯利亚冶金学院，是冶金机械方面的专家。下面这张照片就是索柯洛夫来校讲课时与学员们的合影。

宋：到来后在钢院具体做哪些工作？

潘：苏联专家给我们开设了三门课，包括炼铁机械、炼钢机械和轧钢机械。除了讲课之外，苏联专家还指导学生和老师进行毕业设计，帮助筹备冶金机械实验室，对机械系的早期建设和发展发挥了重要作用。

1955 年苏联专家索柯洛夫教授与学习班学员合影

宋：当时听课的都有哪些人？

潘：由来自不同单位、不同层次的三部分人组成：第一部分是我们学校机械系的老师；第二部分是全国冶金院校机械系派来进修的老师，因为冶金机械专业在全国冶金院校都要建立，所以派来进修的教师；第三部分是我校在读的研究生。

宋：苏联专家是用俄语授课吧，使用什么教材，您能讲讲当时的情况吗？

潘：是的。苏联专家讲授的这三门课程没有现成的教材，他从苏联带来了一些资料，更多的是在中国讲课期间手写的书稿。当时他住在西郊宾馆，有两位生活秘书，每次来钢院上课前，生活秘书将苏联专家的手写书稿交给孙一康。孙一康老师俄语比较好，1953 年被学校派往东北学习俄语，做教学翻译[①]。先由孙一康把书稿翻译成中文，然后交给我，我再把翻译好的文字和参考书里面对应的图，按照顺序、位置进行整理、校对。校对好以后，我再整理出一张表，就是按顺序编排好的图的目录。最后把孙一康整理好的中文稿、图的目录表和带有图的书，一起送到教材印刷科。当时学校都是一路绿灯，最多两天就能印刷好，拿到两摞纸：一摞是孙一康翻译的文稿，另一摞是印好的图。然后我再发给参加学习的学员，有 30 多人。所以我们上课拿的是翻译好的中文稿，自己把图剪下来贴在上面。

孙一康非常辛苦，每门课讲完之后，他都会及时把文稿整理成书，我再作一些校对，然后交给冶金工业出版社出版，所以陆续将这三门课程的教材都出版了，供其他高校老师使用。这三本教材包括《炼铁车间机械设备》《炼钢车间机械设备》和《轧钢车间机械设备》，成为冶金机械专业第一代专业教科书。这三本书是苏联专家给我们留下的很重要的一笔财富。这之前，什么叫冶金机械？我们这些年轻小伙子脑袋里一片空白，跟苏联专家学习后，才明白这就是冶金机械。

就这样，我们学习了三门课，还做了毕业设计。

宋：您也在苏联专家指导下做毕业设计吗？

潘：是的。当时苏联专家在钢院的工作非常繁忙，毕业设计的课题是我自己定的。我还记得我的毕业设计是炼钢车间铸锭机械化，陈先霖和我搞的是一个科，他做的是炼钢车间原料场机械化。我们是一起做的、一起参加的答辩。当时答辩还是非常正式、严格的，那个时候对专家都比较重视、尊重。我印象中苏联专家曾找我谈了一次话，就是在鞍钢做毕业实习时，他也去了。具体他跟我谈什么呢？记得那时鞍钢第一炼钢厂的铸锭吊车都是德国的德马克，他没见过这个东西，让我描一个简图给他，布置给我这么一个任务。

宋：苏联专家什么时候离开的？

潘：1957 年 2 月，当时学校举行了师生欢送会，欢送索柯洛夫教授。院长高芸生[②]代表周恩来总理向索柯洛夫教授赠送了"中苏友谊纪念章"。

---

① 据《北京科技大学（北京钢铁学院）纪事（1952—2012）》记载：1953 年 3 月学校抽调助教 8 人、学生 18 人赴东北学习俄文，钢铁机械系派出的助教有温金珂、孙一康、钟鸿儒。
② 高芸生（1910—1966 年），男，河北武清人。早在青年时期就献身革命，新中国成立后先后担任湖北省大冶工矿特区党委书记、黄石市委书记、市长，华中钢铁公司党委书记、经理，武汉钢铁公司副总经理，湖北省委委员，中南财经委员会委员。1956—1966 年任北京钢铁学院党委第一书记兼院长，是北京钢铁学院优良校风"学风严谨，崇尚实践"的积极倡导者和奠基人。

宋：可以说苏联专家为我国培养了第一批冶金机械专业人才，您记得钢院参加学习的都有哪些人？

潘：最初冶金机械教研室的八位老师都参加了学习，后面进来的几位老师，林鹤①、康祖立②和陈天才也参加了学习，再有几位在读的研究生，包括李立、康贵信③、陈克兴④、施东成⑤也一起学习。

宋：您刚才谈到，苏联专家来讲课时还有一些外校的老师来进修学习，都有哪些学校？

潘：印象比较深的有东北工学院的老师，此外还有鞍山钢铁学院、重庆大学等学校的老师，就是全国冶金系统、冶金院校机械系都派来了进修老师。⑥

宋：全国冶金系统、冶金院校机械系派老师学习，目的是为筹建冶金机械专业做准备吗？

潘：是的，像东北工业学院后来也成立了这个专业⑦。

宋：还有其他学校成立该专业吗？

潘：鞍山钢铁学院、武汉钢铁学院，还有上海冶金专科学校后来也成立了该专业。

宋：是否可以这样说，当年苏联专家开设的这个学习班是我国冶金机械专业发展的一个起点。

潘：我认为可以这样说吧。

---

① 林鹤（1923—2016年），男，湖南醴陵人。北京科技大学教授。1947年毕业于湖南大学。曾任教于湖南大学、中南矿冶大学、北京钢铁学院。

② 康祖立（1931— ），男，上海人。北京科技大学教授。1953年毕业于四川大学工学院机械工程系，毕业后到北京钢铁工业学院任教。曾任冶金机械教研室副主任、主任。

③ 康贵信（1931—2013年），男，辽宁沈阳人。北京科技大学教授。1956年于北京钢铁工业学院研究生毕业，后留校任教。

④ 陈克兴（1931—2020年），男，上海人。北京科技大学教授。1953年毕业于东北工学院机械制造专业，1956年于北京钢铁学院机械系冶金机械专业研究生毕业，后留校任教。

⑤ 施东成（1931—2019年），男，上海人。北京科技大学教授。1953年毕业于上海交通大学机械系机械制造专业，1956年于北京钢铁学院机械系冶金机械专业研究生毕业，后留校任教。

⑥ 根据《钢铁摇篮 机械雄鹰——北京科技大学机械工程学院七十年历程》记载：通过苏联专家索柯洛夫开设的研究生班，为外校培养的人才有徐灏、崔甫、刘崇德、肖国海、崔广椿、陈如欣、单桂兰、王林林、何光遠、李世品、蔡志鹏等，他们学成后前往东北工学院、鞍山钢铁学院、重庆大学等学校创建冶金机械专业。

⑦ 东北工业学院于1955年7月成立了冶金机械设备专业。

（二）

宋：跟苏联专家学习后，冶金机械教研组老师开始给本科生上课吗？

潘：是的。按照学校之前的教学计划，1952 年入学的本科生，1956 年夏毕业，学制四年。这样，1955 年就要开出这些专业课，但是，谁去开啊？开不出来呀！我们自己都还在学习。所以，本应该 1956 年秋毕业的学生，延长半年，读了 4 年半，到 1956 年冬他们才毕业。

宋：根据苏联专家讲稿整理出版的教材，后来就作为我国高校冶金机械专业的通用教材了吗？

潘：不是。当我们拿这些东西再来教学生时，我们发现不行。为什么不行呢？苏联教材主要介绍了基本知识，对进一步较深层次的探究几乎没有。比如，教材只介绍了这个机械是什么，那个机械是什么，但是这些不同的机械为什么是这样的，没有讲到。也就是说，教材只解决了是什么问题，没有解决为什么的问题。我想那位苏联专家可能轧钢是他的专长，但是炼铁机械、炼钢机械并不一定是他的专长。另一个问题就是教材讲到的技术比较陈旧，没有反映出最新的技术成果。那时大概是 1955 年，他讲炼钢，因为我是搞炼钢机械的，多说一点，当时我们国内搞的是平炉炼钢，但是国外 1952 年奥地利就发明了氧气顶吹转炉炼钢，淘汰了平炉炼钢。但是，苏联反其道行之，不但不搞氧气顶吹转炉炼钢，还大力发展平炉炼钢，建了 1500 吨的一个大平炉。我们国家也跟苏联学习，鞍钢成立后没几年，也建立了一个 500 吨的大平炉。所以，我们用这个教材给学生讲课时，发现它有两大缺点，因为我们同时也会不断学习国外一些新的东西。

总体来说，这两个缺点就是，第一，它解决了是什么的问题而没有解决为什么的问题；第二，教材陈旧，新技术没有收纳进来。所以我们说这样不行，我们培养的是高级技术人才，你只知道这个设备是什么而不知道为什么，特别是不了解世界这个领域最新的知识是不够的，这不是我们培养的方向和目标。

宋：您们是怎么解决的呢？

潘：苏联专家讲完课就回国了，我们发现问题后就决定自己编写教材。我们一边教、一边学、一边编，这就有了我们自己编写的第一本教材《炼钢设备》。这本教材是由陈先霖主编的，我也参加了编写，是我们自己编写的第一本冶金机械教材，我称它为第二代冶金机械教材。

宋：哪年正式出版的？

潘：第一版是 1961 年 11 月由中国工业出版社出版的。

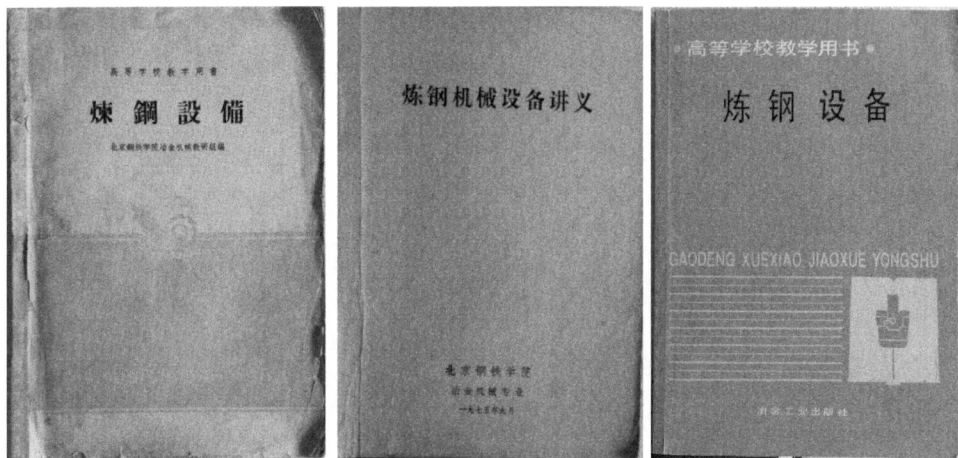

冶金机械教研组编写的不同年代
《炼钢设备》教材和讲义

宋：教材是教学之本，对于国内首创专业来说，教材之于教学和专业发展的重要性不言而喻，后来又有进一步完善和修订教材吗？

潘：有的。1971 年我们教研室又编写了《炼钢机械设备讲义》，由钢院印刷厂印刷，作为第二代教材的补充。

1991 年，我做主编编写了《炼钢设备》，由冶金工业出版社出版。这本教材获得了两个奖项，一个是学校优秀教材一等奖，另一个是冶金部优秀教材二等奖。到了 20 世纪 90 年代，冶金机械已经有了长足的发展，原来教材的内容有些陈旧了。我大刀阔斧地进行内容调整，将氧气顶吹转炉和连续铸钢作为教材的主体，引入了科研成果和计算机计算参数的应用，并将世界最先进的转炉（上海宝钢 300 吨氧气顶吹转炉）也引入这本教材，我称它为第三代炼钢机械教材。

宋：在教材的编写、修订中，教研室老师们是怎么一步步做到更好的？

潘：关于课怎么教、教材怎么编，我们总结了几点，概括起来可以称为"三大分析、四个参数"。什么叫三大分析呢？就是要把某种冶金设备讲清楚，把这个设备的内在东西讲出来，不但要讲清楚是什么，还讲清楚为什么。所以就要对四个方面进行分析，第一个是工艺分析。什么是工艺分析？就是指这些设备是干什么用的，用处是什么。比如说炼钢的转炉就是用来炼钢的，里面装的是高温铁水，要把它炼成钢，通过工艺分析了解生产过程对机械设备有什么要求，如高温、压力等方面的要求。第二个是结构分析，就是分析这个机械为什么是现在这样的形状和结构。机械是为工业服务的，因为工业发展的要求而建造成现在这样的机械，那么，这个机械原来是什么样子的？现在都有哪些不同的种类？世界范围内最先进的是哪种类型？未来的发展方向是什么？从结构上把它分析透了。第三个是参数分析，参数包括四个方面：第一个是指工艺参数，比如说转炉，它的吨数有多大，最大 300 吨还是 500 吨，还有它的高温要达到多高，等等；第二个是指运动参数，就是这个设备是怎么运动的，是高速还是低速，是平动还是转动，等等；第三个是指尺寸分析，是指它的大小、规格；第四个是指动能参数，是指它的受载荷是多大，动能包括静载荷和动载荷，静载荷多少，动载荷多少。通过运用三大分析和四个参数方法，就把设备内在问题分析清楚了，而不是仅仅停留在对机械设备的表层认知，这是我们总结出来的最大的一个经验。我们这群年轻人就是这样在摸索中走出一条路、总结出一套经验。

宋：教研室老师跟苏联专家学习后，具体开设了哪些课程？

潘：冶金机械专业当时共开设了四门课程，分别是："炼铁车间机械装备""炼钢车间机械装备""轧钢车间机械装备"和"安装修理和自动化"。其中，刘宏才和严允进讲授"炼铁车间机械设备"，我和陈先霖讲授"炼钢车间机械装备"，戴近渊、王祖城和孙一康讲授"轧钢车间机械装备"，是这么安排的。但是"安装修理和自动化"没人教，后来从科学院调来一位叫张国英的老师，讲这门课。

宋：课程的名称与钢铁生产车间的名字是呼应的（笑）。

潘：对，当时就是这样开设课程的，专业设置也是按照生产部门、工艺流程进行的。

宋：1954 年后又有哪些老师加入冶金机械教研组？

潘：除了教研室刚成立时的八位老师外，后来又不断有老师加入进来。后面加入的康祖立、陈田才老师，是从别的教研组调来的，开始是来学习，后来留下来了；林鹤是外校来进修的老师，之后把他也留下了；胡正寰是首届毕业生，留校后进入冶金机械教研室；康贵信和陈克兴是研究生毕业留下来的。

宋：除教学外，科研方面冶金机械教研室老师们做了哪些重要工作？

潘：开展科研工作主要是 1978 年后，像胡正寰领导的团队研制的零件轧制技术、陈先霖领导的团队研发的板形控制技术、朱允言领导的团队研制的高炉泥炮开口机、严允进领导的团队研制的高炉无料钟、康祖立领导的团队研发的行星轧机等。像我一直在搞连铸机研究，其中一项科研项目是武钢 1.7m 大板坯连铸机，获得了冶金部科技进步奖一等奖。据学院统计，冶金机械教研室在 1977—1999 年，这段时间共获得国家级、省部级奖项 40 余项，其中，"武钢一米七轧机系统新技术开发创新技术"获得国家科学技术进步奖特等奖，"宽带钢轧机辊型和板型研究"获得国家科学技术进步奖一等奖。

宋：冶金机械教研室有一批优秀的老师，也培养了一批优秀的学生，可以说是我国该领域人才成长和培养的摇篮。

潘：是的，它的确为我国在该领域培养了非常多的优秀人才，除了我刚才说的我们教研室的优秀老师，还有今天分布在祖国各地的杰出校友，像首届毕业生，零件轧制专家胡正寰院士；中南大学教授、机械工程专家钟掘院士[1]；连铸设备专家关杰院士[2]；冶金自动化专家刘玠院士[3]，还有管克智教授[4]、李谋谓教授等优秀人才。

宋：1954 年成立的冶金机械教研室，开创了我国冶金机械教育的先河，该教育团队取得成功的原因，您认为是什么呢？

潘：我想这几点很重要。

第一点就是敢想敢干。北京钢铁工业学院成立时，很多专业都是从其他

---

[1] 钟掘（1936— ），女，江西南昌人。中南大学教授、博士生导师、机械工程专家。1960 年毕业于北京钢铁学院机械系，后分配到中南矿冶学院任教，历任助教、讲师、副教授、教授。1995 年当选为中国工程院院士，2000 年被选为全国先进工作者，2002 年获得何梁何利基金科学与技术进步奖。

[2] 关杰（1939— ），男，福建莆田人。连铸设备专家。1963 年毕业于北京钢铁学院。曾任中国重型机械研究院股份公司副总工程师、研究员级高级工程师。1997 年当选为中国工程院院士。

[3] 刘玠（1943— ），男，安徽舒城人。冶金自动化及信息工程专家。1964 年毕业于武汉钢铁学院机械工程系获学士学位，1967 年研究生毕业于北京钢铁学院冶金机械专业。曾任武汉钢铁集团公司副总经理、第一副总经理兼总工程师，鞍山钢铁集团公司董事长、总经理、党委书记，中国科学技术协会第七、八届全国委员会副主席。1997 年当选为中国工程院院士。

[4] 管克智（1938— ），男，浙江黄岩人。北京科技大学教授。1993 年被授予"冶金部中青年有突出贡献专家"，1995 年被评为北京市先进工作者。

学校合并过来的，像炼钢、炼铁、采矿等，他们有基础、有老师，但是冶金机械这个专业不一样，之前是一张白纸，国内没有人搞冶金机械。就是这帮年轻人，接到任务没有退缩，敢冲敢干，天不怕地不怕，凭着这股闯劲儿把这个教研室、这个专业方向发展起来了。

第二点就是方向明确。当发现苏联教材不太适用，培养不出来高质量科技人才时，我们就开始琢磨，教材应该包括哪些内容，起到什么样的作用，怎样编写高质量的教材。经过多年的摸索，感觉我们做到了，就是怎么样把一个机械从它的内在把它讲清楚。比如说我讲转炉，它不一定涉及转炉，可能涉及其他机械，但是你把这个道理讲清楚，他学会了，能力就有了，不论以后涉及什么其他机械就都能弄懂了，因为方法教给你了，能力教给你了。就是我们把苏联教材教授是什么的问题改变成为什么的问题，这帮年轻人对这个方向很明确。

第三点就是重视实践。我给学生讲课，面对很多的、不同层次的学生，当时授课最少时三个班，最多时十一个班，几百个学生，老师在辅导过程中学生会提出好多问题，我有时也一时解答不了，就要去想问题。这就需要老师在教学实践、科研实践中不断地去分析、去总结，前面说的那套"三大分析、四个参数"就是我们在教学、科研实践中摸索出来的，这个从"是什么"搞到"为什么"，不是一个人能完成的，是我们的共同智慧，也是我们教研室做的很大的贡献。

第四点就是凝聚力，冶金机械教研室很有这个特点。一般在知识分子当中，会有桌上握手、桌下踢脚的情况，为了一件事互相闹得不可开交，但是在我们这儿看不到。不是没有矛盾，而是对于矛盾大家都可以开诚布公地谈、互相沟通，能够做到讲心里话、讲实话，大家伙儿都愿意在这个集体里面，觉得这个集体很温暖。我讲个具体例子，我退休比较早，退休以后关系就转到离退休干部处了。后来其他老师退休后他们的关系都还放在了机械系，都不转，我说你们快转过来啊，一个人太孤单了，你们来了热闹，结果他们还是不过来。为什么不转过来呢？不愿意走，觉得这个集体很温暖。我怎么做工作都做不来，那就算了，我再回来（笑），我又把档案转回到机械系了，这就是冶金机械的凝聚力。再比如说，每到涨工资等一些事儿，大家都很谦让。徐德宽老师，他曾担任过党支部书记，涨工资的时候，他说，我不要我不涨，都是这样的。还有刘建平老师，曾经担任学院党委书记，后来调到天津大学任党委书记，曾经做过我们教研室的支部书记，在那个"动乱"年代保护了好多学生。所以，冶金机械很团结，这就是凝聚力。

宋：非常感谢您！让我们了解了这段历史。祝您身体健康！

潘：谢谢！

后记 本人（访谈者，宋琳）于 2020 年 9 月 14 日在潘毓淳教授家中对他进行了访谈，潘教授拿出他所珍藏的原版教材和照片，详细地讲述了冶金机械教研室的创建过程，一切仿佛都历历在目。

三、 对吴继庚教授的访谈

 吴继庚（1940— ），北京人。北京科技大学教授。1959 年考入北京钢铁工业学院冶金机械专业，毕业后留校，历任北京科技大学讲师、副教授、教授，曾任机械工程学院计算机实验室主任。

宋琳（访谈者，以下简称宋）：吴老师您好！您从北京钢铁工业学院毕业后留校任教，此后一直在钢院机械系工作。想请您谈谈您在钢院学习和工作的一些事情。

吴继庚（被访谈者，以下简称吴）：好的。

宋：您上大学是哪年？

吴：我是 1959 年考入钢院机械系冶金机械专业的。我上大学那会儿，学制已经改为五年制，所以我是 1964 年毕业的。

宋：您毕业后留校，具体做什么工作？

吴：我毕业后没有直接留在钢院工作，而是去首钢实习一年。周恩来总理说，所有大学生都必须到工厂或者农村参加劳动，所以按照当时国家要求，我先到首钢劳动一年，一年劳动结束后，1965 年回钢院冶金机械教研室工作。

宋：您求学阶段及工作早期，正值钢院教学改革，即强调教育与生产劳动相结合。能谈谈当时的具体情况吗？

吴：我上大学那时特别重视生产实践。我大学 5 年，共去了 4 次工厂。第一次去工厂是 19 岁的时候去鞍钢，哗，一进钢厂就感觉害怕，不知道哪儿、什么时候会发生危险，就特别害怕，那次去就是认识实习，了解炼铁、炼钢、轧钢的生产全过程和机械设备。第二次又去了沈阳重机厂实习，熟悉机床水压机、起重机等机器。第三次实习是到太钢，进一步了解轧钢、轧辊等设备。最后是毕业设计实习。前面几次实习大家都要参加，毕业设计实习就是根据你选择的专业到不同的工厂实习。我毕业设计做的是炼铁设备，高炉炉顶，去的是马鞍山钢铁厂。

当时这种生产实践就是学苏联，这个跟欧美不同，欧美更重视基础。我记得 1964 年到首钢劳动的时候，那有一个脱锭机，简单说就是这个机器有五层，传动机构五层都是在一个中心上控制怎么转、怎么动。有一次出事了，卡住不转了，工人和技术人员都搞不定。因为我学过这方面知识，又有在钢厂多次实习的经验，我当时指挥工人按照我的命令操作，后来顺利解决了问题。所以，我的体会是，工科类知识的学习一定要与生产实践结合起来，大学时的工厂实践无论是从了解工作现场，还是从掌握知识方面来说，都很重要。

宋：您留校时，当时机械系主任是谁？

吴：徐宝陞教授。

宋：您能谈谈徐宝陞教授吗？

吴：徐宝陞教授是我们机械系的老主任，他做机械系主任的时间比较长。可能跟他的个人生产实践经历有关，徐老先生很重视教育与生产劳动的结合，带领师生从事连续铸锭和行星轧机的研制。他还曾兼任学校附属钢厂技术副厂长，在学院附属钢厂初步试验成功了弧形连铸机，这是他的一个重要贡献。铸造是这样的，甭管铁水还是钢水，往模子里一浇，就定住了。钢水浇进去，定住后模子一拔，就是大钢锭。什么是连铸呢？就是将钢水连续注入水冷结晶器，待钢水凝成外壳后从结晶器出口连续拉出或送出，经喷水冷却，全部凝固后切成坯料或直接轧制的铸造坯料，出来就是一个钢锭了，再接着连轧。连铸是 20 世纪 50 年代初才用于工业生产的一项新技术。它的优点在于把钢水连续直接铸成所需钢坯，省去了用模铸时的铸锭和初轧开坯两个工序，既缩短了生产流程，又避免了锭模消耗，还节省了初轧开坯的能耗和切头切尾的损失。徐老先生就是搞弧形连铸的。

徐宝陞是一位老工程师，他在来钢院之前，在重庆钢铁厂、四川乐山水泥厂、攀枝花钢铁厂等很多钢厂都干过，有很强的生产实践能力。他水平到什么程度呢？我们学机械的不是都要画机械图吗？我们都是要反复地计算强度、刚度等，徐宝陞就是看，这轴细了、粗了，你再一算果然如此。他的眼睛就是刻度尺，他的实践经验太丰富了。

宋：那时冶金机械研究室有多少人？

吴：冶金机械研究室是 1954 年成立的，当时有八位老师，后来不断有新人加入，等我 1965 年加入时有 30 多位教师。

宋：那时该教研室有四个组，您具体在哪个组？

吴：是的，教研室分为炼铁机械、炼钢机械、轧钢机械和机械维修四个组，这四个组一直是按教学小组分的。我劳动锻炼回来后，被分配到轧钢组。

宋：您能介绍一下这四个组的具体研究工作吗？

吴：我毕业设计做的是炼铁，在工厂劳动那年搞的是炼钢，工作是在轧钢组，所以这几个组的具体工作我都比较熟悉。钢铁生产首先是采矿、选矿，这是采矿系的事儿。选好的矿接下来要送进高炉冶炼，这就是冶金系的事儿。我们搞什么呢？我们搞炼铁炼钢所用机械设备的设计、制造等问题。像炼铁设备组，比如炼铁时，料怎么送进去？送料的入口有大钟、小钟，两层盖子，设计两层盖子的目的就是不让它漏气，这是装料设备。再有，布料送进去以后，要让料不停地旋转，让它均匀分散送下去，这是布料设备。然后，底下出铁的时候，控制铁水流出的开关怎么设计，也就是泥炮和开口机。我们冶金机械就是要分析整个高炉的机械设备。炼钢设备又是一个组。炼钢有平炉、转炉、电炉三种，平炉得有10m高，上面吹热气加热，烧完了然后伸进去，把料翻进去，再把钢水接出来，这叫平炉；电炉有三个电极，三个电极伸进去，把钢融化了，把钢炼出来；转炉像一个大茶杯似的，把氧气管插进去吹氧，将铁水炼成钢水，再把氧气管拔出来，把转炉的钢水倒出来。炼钢设备研究的就是炉子怎么转，怎么加料，吹氧管怎么拔出来，怎么更好地设计、改善炼钢设备。轧钢设备涉及的内容就更多了，包括轧机机架、压下装置、主传动装置、轧钢机辊道设计等。再有，钢材出来以后需要剪切，有各种各样的剪法，像飞剪、斜剪、边剪等好多种，都属于机械设备要解决的问题。除了这三个组之外，还有一个维修组，就是涉及冶金机械设备的维护修理问题。

宋：钢院冶金机械专业是全国最早成立的，很多老师都是从其他专业转过来的，当时老师的工作热情和工作情况如何？

吴：我们教研室老师的工作热情还是非常高的，每个老师都很努力地把自己的工作干好，也都有自己的强项，每个人都能独当一面。比如，轧薄板的时候，除了初轧还不行，还得要叠轧。就好比擀饺子皮吧，就是先一个一个擀，擀到一定大小的时候，你再五六个摞起来擀，并且还得有一定的空隙，然后它就薄了。但是还存在一个问题，就是要把它掀起来，饺子皮拿手一掀或者多搁点面就可以，怎么把那钢板分层？有的老师就专门搞掀板机技术。

有的老师专门搞剪切机。比如钢材过来以后停住，咔，一剪；再走过一阵儿，咔，一剪，这是固定剪，而飞剪就是钢板一边过一边剪，是前进过程中的剪。还有浮动剪，就是它是浮动的，支撑点的变化使得受力减小，等等。

还有搞矫直机的。矫直是什么意思？我们轧出的钢板都不是很平的，怎么把它矫直成特别平。还有轧钢的机架怎么计算，轧辊怎么计算，轴承怎么计算，电动功率有多大，这都要计算。我们几个组，不叫专业，我们这几个组各有强项，每个人都有自己的强项。专门有搞矫直机的，有搞飞剪的，也有搞轧辊的，还有搞运输轨道的，等等。

宋： 您留校后，分到轧钢组，这个组有哪几位老师？哪位老师具体指导您工作？

吴： 当时轧钢组有孙一康、王祖城、戴近渊等几位老师，主要是孙一康老师指导我。

宋： 您能谈谈孙一康老师吗？

吴： 孙一康老师属于钢院的建校元老，但恐怕也是建校元老中最年轻的，因为钢院筹建时他正在读大学，1952 年他提前毕业来到钢院参与筹建。他是 1949 年考入清华大学机械系的，1952 年在新中国第一个五年计划实施时期，刚 20 岁的孙一康受命筹建机械系冶金机械教研室，所以，可以说孙一康老师是冶金机械教研室的奠基人。1954 年冶金机械教研室正式成立时，孙一康任教研室主任，1960 年担任系副主任，他的能力非常强。

我留校后跟孙一康老师干。孙老师曾在五六十年代搞电阻应变片，研制出"电阻应变仪"。电阻片是什么呢？就是指甲盖这么大的小片片，上面有电阻丝，把薄薄的电阻片贴到一个受力变形体上，我们管它叫压头，压头受力后就有变形，电阻就有变化，然后测出电流的变化，就知道压力是多大。孙老师就是搞这个的，当时搞得非常有名。1958 年在鞍钢搞测试，后来陆续在各个钢厂进行测试，1965 年我分到轧钢组就跟他搞测试。电阻片测试分为测压、测厚、称重。怎么测钢材的压力呢？钢从轧辊出来时产生一个压力，在电阻片的压头上就可以测出压力大小，孙老师就搞了一个负荷指示仪，测出它的压力大小。测厚是什么意思呢？也是根据力的变化，计算出它的厚度。我呢，是搞称重的。我当时去了四次包头白云鄂博矿山专门搞称重，开始时是测货车停止状态的，后来搞行进中的称重。这个能测试轧机动能参数的新仪器在冶金生产现场投入使用后，为提高全国轧钢产量和质量立了大功。

宋：20 世纪 60 年代中后期，孙一康教授开始了轧制自动化研究。您能谈谈他的工作吗？

吴：1965 年，我国要上一套国产热连轧机，而其核心技术之一就是要对计算机轧制系统制定轧制控制数学模型。孙一康投入对轧制理论、数学模型方面的理论准备工作，通过阅读大量的专业文献，制定了一整套轧钢控制数学模型。这段时期，孙老师联络了中科院数学所、天津传动研究所、武钢、北京钢铁研究总院的科技人员，到鞍钢搞热连轧自动化，研制热连轧控制数学模型。1972 年，在孙一康教授的带领下，在钢院建成了一套四机架热连轧，并进行计算机控制实验，获得成功。它标志着从建立轧制数学模型到编程、调试及整套计算机控制的热连轧在国内首次实现。1974 年，钢院自动化系成立，孙一康任系主任并建立计算机、仪表及液压专业，所以，孙老师被誉为轧钢自动化的"黄埔教官"。

宋：钢院机械系有多位蜚声国内外的知名教授，您跟这几位教授都有过合作。下面您能谈谈陈先霖教授吗？

吴：1976 年以后，我就跟陈先霖老师合作。陈老师早年毕业于上海交通大学机械工程专业，1954 年到我校任教。陈先霖老师非常聪明，但是他的聪明跟孙一康老师不太一样。孙一康是总指挥，可以调动每一个人；陈先霖是十八般武器我都会，可能我刀比不过你、枪比不了你，但是他会很快掌握。陈先霖老师学习能力非常强，也很有个性。我是搞计算机的，20 世纪 80 年代末、90 年代初，我给研究生开了一门课，讲 Fortran 语言。当时我讲 Fortran 语言时，别说屋子里坐满了，连窗户外、平房外边都坐满了人。陈老师跟我说，小吴，你花半天时间把 Fortran 语言给我讲明白。我就真只花了半天时间，他就把 Fortran 语言给弄明白了。他之前有一定基础，讲了半天就行，他就聪明到这种程度。

陈先霖当年在攀枝花项目中贡献非常大。20 世纪 70 年代初，攀枝花钢铁公司安装了我国自行设计制造的 3 座 120t 大型转炉。正是这组当时十分先进的设备，成了陈先霖走向科学研究与企业生产结合之路的开端。1972 年，攀钢 2 号转炉直径 800mm 的合金钢主轴突然发生断裂。由于当时科技界对于断裂知识的匮乏和特殊的年代背景，很多人怀疑这是"阶级敌人"在搞破坏。人心惶惶之际，陈先霖率课题组从主轴的断裂特征入手，对转炉主轴的动应力进行了系统测试，运用断裂力学理论，对主轴断裂的现象给予了科学解释：在大幅交变应力的持续作用下，存在于主轴沟槽根部的裂纹缺陷失稳扩展而导致断裂。但是，在当时特殊的时代背景下，这个结论一出立即遭到众多质疑：同样的转炉攀钢有3座，为何独有2号转炉主轴发生意外？陈先霖也因此背负着无形的舆论压力。不过，仅5年之后，1号转炉主轴也发生了同样的断裂现象，这一事实最终成为陈先霖结论正确的有力证明。陈先霖对攀钢120t转炉主轴的失效分析，成为当时将动力学及断裂力学理论成功用于实际工程的典范，他成功破解了实际生产中重大零件断裂事故的发生机理，其研究报告也被多次转载，引起了业内的广泛关注。

1978年，攀钢3座转炉的托圈上也发现与主轴类似的裂纹。转炉托圈是支承和带动总重近千吨的转炉炉体倾动的要害部件，用厚度80~100mm的钢板焊成，直径8470mm、自重180t的托圈一旦断裂，800t炉体将会从十多米的高处轰然坠落，炉体内百余吨、千余摄氏度沸腾的钢水将立刻化为洪水猛兽，将现场的一切吞噬殆尽。面临如此重大的安全隐患，原设计单位提请冶金工业部组织专家对转炉托圈的可靠性进行评估，专家的结论将决定托圈是否继续使用。这次任务的艰巨性不言而喻：如果结论是"托圈不可用"，那厂方将被迫停产更换托圈，专家可以不承担任何意外事故的责任；但如果结论是"托圈可用"，虽能避免造成经济损失，可一旦结论不准确，出现事故而造成的后果将不堪设想，专家也将难辞其咎。面临这样十分棘手的问题，陈先霖怀揣着对国家经济利益和人员安全的强烈责任感，再次接受任务。受命于危难之际，陈先霖顶着巨大压力，带领课题小组从北京赶赴四川，连续两个月在炉温高达千度的炼钢炉前进行转炉托圈工作应力及工艺参数的实测工作。他还将当时在国内刚刚起步的有限元仿真技术用于托圈三维应力场的分析，终于在1979年作出明确结论：由于托圈上的裂纹不具扩展的条件，3座转炉的托圈均可继续安全使用，不仅无须更换，还可将转炉扩容到150t。结论一出，闻者愕然：不仅不用更换，而且还能扩容？出了事故谁来负责？为了免除企业的后顾之忧，陈先霖冒着巨大的风险表示愿意承担一切生产责任，他的担保使得厂方避免了转炉停产造成的巨大损失。此后十几年托圈的安全工作证实了陈先霖结论的科学性。

宋：这项工作的意义十分重大。

吴： 是的，相关文件指出：这一结论所起的作用"非经济效益数字所能估算"的。陈先霖因此也获得中国机械工程学会全国机电装备失效分析预测预防优秀成果一等奖。

宋： 在攀枝花项目中，陈先生就应用了刚刚起步的有限元仿真技术，他也是国内较早进入该领域的专家。

吴： 20 世纪 70 年代末，电子计算机应用在国内刚刚起步，陈先霖敏锐地意识到新技术的应用前景，开始投入这个领域。当时，我，还有邹家祥[1]老师，一直跟陈先霖搞有限元、有限单元法、优化设计。我当时具体做的就是，把要测试的设备进行分解，画好图以后把它分解成有限的单元，平面的或者立体的，然后分析哪个是受力点、哪个是约束点，受力以后这个力怎么传递，每个地方的应力水平是多大，变形是多少。这个我们可以用弹性力学计算的方法把它算出来，也就是数学模型把它测出来。

我们除了搞电算、电测，也研究设备，不能说研究透了，但是这些设备力学参数的受力情况、变形情况，我们都做了很多。

陈先生搞的有限元仿真工作，后来在美国期刊发表了。他曾说，为什么能在美国发表？并不是我们聪明，他们不聪明，是美国人花不起这个钱。那会儿计算机很慢，连续计算十几个小时，劳动强度太大，人工费太贵。我们那时候都是不分昼夜连轴转，我就在地上铺一个被子，就在那儿睡觉。

宋： 陈先生工作非常严谨，我想您工作中肯定深有体会。

吴： 是的，我举一个具体的例子。1985 年，陈先生做研究生院院长时，我校招收了第一届工程硕士研究生，那届有 70 多人，请我给他们讲计算机数学。开课之前，陈先生就问我，你准备给他们讲什么，怎么讲？我跟他说了我的想法和课程的设计。陈先生说一定要讲计算机相关知识，要讲最新的东西，之后他又专门去听了我的试讲。等再次开课时，我问陈先生，您还去听课吗？他说，你的课不用听了，讲得很清楚。

宋： 您能谈谈胡正寰教授吗？

吴： 胡老师和陈先霖、孙一康不一样，他是钢院冶金机械专业招收的首

---

[1] 邹家祥（1936—2017 年），男，山东泰安人。北京科技大学教授、博士生导师。1960 年毕业于北京钢铁学院冶金机械专业，后留校任教。曾荣获全国优秀教师称号及奖章、北京市优秀教师称号及奖章、冶金部有突出贡献的中青年专家。

届大学生，上学时候就学的这个专业，后来搞轴类零件轧制技术，成立了一个零件轧制中心。为什么叫零件轧制中心，有什么特点呢？20 世纪 50 年代，我国生产钢球都采用铸造或锻压技术，这种方法说白了就是打铁，后来他了解到国外的轧制技术，这是一项最新技术。他在这个领域一干就是几十年，用轧制技术生产轴类、球类等回转体零件，都可以一次性轧出来，像自行车上的小钢球，特别小，类似绿豆大小，它是一个轧辊上 5 个螺旋线，一转就出 5 个球，轧钢机的转速是每分钟 800 转，一分钟能轧出 4000 个球，直接就是成品，不需要再去磨，所以效率非常高。他的工作创造了很大经济效益，节省了很多材料，贡献很大，不要说全国了，就在世界范围内都是很有竞争力的。

在 20 世纪 70 年代，我曾经跟胡老师合作过一段时间，是搞军工产品。这是胡老师接受的一项军工任务，即开发斜轧成形军工产品。这种零件结构比较复杂，精度要求很高，国内外通常需要多套机床反复加工切削打磨才能成形。一旦出现次品，就无法保证弹体发射后的走向。经过三年的攻关，终于实现了精密轧制、一次成形高精度穿甲弹芯的技术要求。投产任务完成后，通过了部级成果鉴定。这项技术首创了无切削加工弹头的新方法，其精度、同心度都达到了机床精加工的水平，与原有工艺相比只需要过去四分之一的工序和设备，生产效率提高 8 倍，节材率达 23%，成为一件轰动国内兵器界、机械加工界的大事！

宋：您在和几位教授合作中都发挥了数学计算的优势，这也是促使您转向计算机领域的原因吗？

吴：在与老教授的学习和合作中，深深体会到"计算"的重要性。因此，我下决心要学好计算机的硬件、软件技术，尤其是计算机编程，这样才能赶上世界的水平，提高学生和教师的计算机水平。为此，我全力以赴，决不落后于信息时代的发展。

宋：您能谈谈您在计算机与冶金机械交叉领域的具体工作吗？

吴：主要就是做优化设计。简单地说，优化设计就是选择最优方案，就是要把实物模型、实际生产和生产过程变成数学模型，数学模型建好后让计算机算出一个最佳方案，这就叫优化设计。我曾编了三个优化设计程序，应用在各个领域，取得了优化结果。

我们机械的核心就是强度、刚度、稳定性和可靠性。这些内容在 50 年前由于计算工作量大，没法算、没法做，现在有了计算机，就可以用计算机来算强度、算刚度、算稳定性、算可靠性。对于这些机械设备，我要算出一个优化的设备，有限元我要算出每个点的强度变化，变形、强度、应力线，用计算机来算。

宋：您曾任计算机实验室主任，机械学院什么时间成立计算机实验室的？

吴：1979 年，机械系同时成立了计算机应用教研室和计算机实验室，从各个教研室抽调了 7~8 个人，有搞教学的，有搞实验的。我是教研室副主任，兼任实验室主任。1980 年系里购置了一台大型计算机，型号是 TQ-16。该机大到装满一个小教室，有控制柜、内存柜、磁带机、纸带机、打印机等。我们当时的主要任务有两个，一个是为学生开设计算机方面的课程，如计算机语言、计算机数学、优化设计、有限单元法等；另一个是为广大教师在教学和科研中提供计算机方面的帮助。十年来，我们的成果有目共睹，大家在逐步学习和摸索中做了很多课题，在各个杂志和文献上发表了很多有水平的论文，其中很多文章获奖。但是，随着学校计算机中心的成立，1990 年，机械系计算机教研室就撤销了，我被分配到物流教研室。

宋：冶金机械专业跟钢院很多其他王牌专业有很大的不同，北京钢铁学院可以说是该专业的发祥地，在这个专业的从业者身上凝聚着怎样的精神？

吴：我认为作为首创专业，一切从零开始，到后来的不断发展壮大，需要很强的学习能力、钻研精神和创新意识。这些精神特质在冶金机械专业很多人身上都得到了充分的体现。像孙一康教授是清华大学机械系毕业的，陈先霖教授是上海交通大学机械工程系毕业的，还包括早期的王祖城教授、严允进教授等，他们都不是学冶金机械专业的，有的大学是学机械工程的，这跟冶金机械差别很大，都是转向冶金机械领域后，通过自己学习、慢慢摸索、不断创新，才将这个专业发展起来的。就拿我自己来说，20 世纪 80 年代，计算机技术兴起，它在冶金机械中应用的广阔前景已经显露，我就开始学习 Fortran 语言。那时，Fortran 语言是最前沿的领域，没有专家指导、没有课程可学，我就买了 10 本 Fortran 语言方面的书，一本一本啃，就这样学习下来，最后做到融会贯通，后来我又开设了数据库、计算机、数值计算、优化设计等课程。所以，学习能力非常重要，具体说就是发现问题、分析问题、解决问题和总结问题的能力。这一点在冶金机械系教师身上非常突出。

宋： 非常感谢您，让我们了解了冶金机械专业的发展历史，更深地感受到冶金机械人身上的精神。祝您身体健康！

吴： 谢谢。

后记 本人（访谈者，宋琳）于 2020 年 8 月 27 日对吴继庚教授进行了访谈。吴教授语言生动、手势丰富，饱含了他对自己所从事的工作以及集体的热爱。

第三章　采矿系的创建与发展

采矿系是北京钢铁学院成立之初设立的四个系之一，由天津大学采矿系金属组、清华大学采矿系金属组和北京工业大学采矿系组成，汇聚了国内该领域的精英人才，拥有刘之祥、童光煦、卢焕云、华凤谳、陈兆东六位教授，于学馥、高澜庆等一批青年才俊。与其他三个系的平稳发展不同，采矿系在成立之初就存在着是否设置的争论，并且在发展早期出现了较为"动荡"的特点，一定程度上也影响了它的早期发展。但是在老一辈教授及其接班人的共同努力下，准确把握学科优势、整合各种资源，厉兵秣马、不断创新，呈现出多学科和谐发展的局面。在采矿系基础上成立的土木与资源工程学院秉持"厚德博学、砺能善创"的院训，发扬"学风严谨、崇尚实践"的优良传统，目前已拥有2个国家一级重点学科，即矿业工程、安全科学与工程，其都可以追溯到采矿系早期所创建的专业。

本部分通过对采矿系创建与发展过程中三位重要的参与者：高澜庆教授、任天贵教授、李怀宇教授的访谈，回顾了采矿系老教授们投身于矿业学科建设、躬身于祖国矿业实践、执着于中国矿业高等教育的艰辛历程。

一、　对高澜庆教授的访谈

高澜庆（1928—　），河北唐山人。北京科技大学教授，博士生导师。1950年毕业于北洋大学（现天津大学）采矿系，并留校工作。1952年院系调整至北京钢铁学院（现北京科技大学），曾任矿山机械教研室主任、采矿系副主任、矿业研究所副所长。曾兼任中国金属学会理事、冶金设备学会副理事长、矿山设备学术委员会主任委员、冶金部机电优质产品评审委员会委员、冶金部机电标准化委员会委员，《有色金属》杂志常务编委、《冶金设备》杂志编委等社会职务。

（一）

宋琳（访谈者，以下简称宋）：高老师您好！1952 年北京钢铁学院建校时，您就到钢院了，是学校的建校元老。

高澜庆（被访谈者，以下简称高）：是的。1952 年，北京钢铁学院建校时，我随天津大学（原北洋大学）采矿系采金属组调整到钢院工作。我那时刚从北洋大学①采矿系毕业，留校任教后不久。

宋：北洋大学是我国矿冶专业教育的发祥地之一，您是哪年考入北洋大学的？学的什么专业？

高：我是 1946 年考进北洋大学的，学的是机械，那时大学没有所谓的专业，都是一个一个的系。北洋大学是 1895 年，清朝光绪年间成立的，最初设置 4 个学门，当时不叫专业，叫学门。这 4 个学门是矿务、工程、机器和律例，其中矿务内含地质和冶金，其他的都是以后才慢慢增加上来的。到我考的时候，就已经有十几个系了，其中工学院有十个系、理学院有四个系。

我那时为什么报考机械系呢？因为我是唐山人，我的小学是在开滦煤矿②子弟小学上的，当时开滦煤矿是英国人办的，小学也是英国人办的。从小就看到，唐山煤比较多，有很多人工开采的小煤窑，但是产量很低，只有唐山开滦煤矿是机械开采，它的日产量比小煤窑要高得太多，感觉到这个叫机械化的东西很重要。再有，小学老师就讲，中国没有机械，咱们的机械不行。不管是海军也好，陆军也好，咱们那时还没有空军，都需要机械装备，就感觉到学机械最好。所以才报考北洋大学机械系，并获得奖学金。

我选择报考北洋大学，也是小学时就有的概念。北洋大学毕业生在英国人办的开滦矿务局里工作得比较多，工程师大部分是北洋的，因为那时候北洋毕业的英语都比较好，又专业对口。

宋：当时奖学金也应该是学习优秀的同学才有，不是所有人都有奖学金吧？

---

① 北洋大学，即现在的天津大学，始创于 1895 年，是中国的第一所现代大学。1951 年北洋大学与河北工学院合并，更名为天津大学。

② 光绪三年（1877 年）清直隶总督李鸿章委派轮船招商局总办唐廷枢创建官督商办开平矿务局，1900 年被八国联军占领，矿务局改隶英国商会，1941 年太平洋战争爆发后被日本占领，1949 年新中国将开滦煤矿收归国有。

高：是的，都是考试的时候过了一定的考分才有奖学金，而且比例很低。

宋：当时北洋大学生活和学习条件如何？

高：我入学前不久，北洋大学刚从西北迁回来。抗战爆发时，北洋大学迁到西安，1946 年的时候才从西安迁回来，[①] 我是 1946 年 10 月份入学的，当时校舍还未恢复好。北洋那时有两个大楼，一个是南大楼，另一个是北大楼，我们就住在北大楼。我住在北大楼二楼，一屋子有二十多人，睡觉的时候都是打地铺，连床都没有，弄个草垫子铺在地上就睡觉。那阵子生活条件还是比较艰苦的。

北洋大学时期的高澜庆教授

（左图：1950 年大学毕业照；右图：北洋大学 1 斋宿舍（前排右一为高澜庆））

宋：您后来为什么转向去学采矿了？

高：在机械系学习了一年，暑假期间各个单位有招聘的，我那时候就比较关心自己就业问题。当时是国民党统治时期，叫毕业就失业，但是采矿就不失业。学采矿的学生少，招聘的地方多，实际上是大家都不愿意去矿山，但那时不懂。当时北洋大学采矿系的人数不太多，机械系人还是比较多的，机械系大概只有一两个招聘位置，采矿当时都可以包圆[②]。

---

① 1937 年抗战爆发后，北洋工学院奉令西迁，与北平大学、北平师范大学和北平研究院在陕西合并改组为西北联合大学。1946 年，战争结束后回迁。

② 方言，意思是都可以解决。

宋：为什么当时采矿单位招聘的人这么多呢？

高：这是不景气啊，矿山没人愿意去，但是矿又得开采，而且北洋大学是以矿冶出名的，机械不如矿冶出名。

宋：当时您从机械系转到采矿系，过程复杂吗？

高：大学二年级开学后有两个多星期吧，我就找到魏寿昆主任，魏先生那时也兼任采矿系主任。他说，那你还能跟上吗？你拿成绩单给我看看。北洋那时候考试比较严格，淘汰率比较高，一般都得有 1/3 不及格。他看到我各门成绩都是 80 分以上，就比较顺利转到了采矿系。当时就是为了找出路，毕业别失业，就转到了采矿系，后来就一直在采矿系学习，直到 1950 年毕业。

宋：您毕业后就留在北洋大学任教？

高：是的，我是采矿系的第一名啊。那阵子文凭是这样的，根据你四年的成绩排名，然后编号你是第几，我是采字一号，就留校了。那阵子留校，系主任有很大权力。当时采矿系系主任是刘之祥教授，他是 1947 年回国，暑假后到北洋大学任教的。刘之祥教授到北洋后，到 1948 年魏先生就把采矿系系主任的职位让给了他。

1949 年开始，华北毕业生都要集中到清华大学学习一个月后分配工作，1950 年毕业的也是。我是 1950 年 6 月底毕业的，因为一毕业就留校工作了，所以未到北京参加集中学习。

（二）

宋：1952 年院系大调整[①]时，您当时在北洋大学，大概是什么时候知道这一情况的？

高：大概是上半年吧。

宋：当时全国范围内哪些大学的矿冶系办得比较好？

高：那时候，有的大学矿和冶是放在一起的，就是矿冶系；有的大学是分开的，就是分成冶金系和采矿系。东北最好的就是东北工学院，还有北洋

---

① 根据 1952 年 8 月中央人民政府教育部颁发的两份重要文件规定的。第一份文件是 8 月 4 日颁发的《关于成立钢铁学院问题》〔（52）院调字第〇一二号〕，它规定了钢铁学院的成立基础，并指出钢铁学院暂附设在清华大学，并积极准备次年成为独立的专门学院；第二份文件是 8 月 9 日发布的《关于采矿系调整的指示》〔（52）下高矿曾字第〇〇三号〕。

大学、唐山铁道学院、焦作工学院、云南大学，真正出名的大概就是这些。

宋：北京钢铁学院成立时，设有冶炼系和采矿系，具体调整方案是怎样的？

高：当时的情况是这样：天津大学的冶金系和采矿系的金属组调整到北京钢铁学院。天津大学采矿分了三部分：一部分到中国矿业学院①搞采煤；另一部分到钢铁学院搞采金属；还有一部分到清华大学搞采石油。

唐山铁道学院的冶金系调整到北京钢铁学院，唐山也有采矿系，是搞采煤的，都被分到了中国矿业学院。

清华有采矿系，但没有冶金系，清华采矿系的金属组分到北京钢铁学院，采煤组分到中国矿业学院，当时清华的采石油不在采矿系，清华有石油工程系。1953年的时候，清华大学的石油工程系独立出来，与其他院系组建成立了北京石油学院②。

西北工学院只来了冶金系，采矿系仍保留在西北工学院。

山西大学来了冶金系，他的采矿系并到西北工学院了。

还有北京工业学院，是新中国成立后从解放区搬过来的，就是现在的北京理工大学。他们的采矿系、机械系合并到我们钢铁学院了，冶金大部分到中南矿冶学院去了，少部分到钢院了，有色和冶金已经开始分家了。

当年院系调整的时候，钢院的冶金系是由五院校的冶金系合并而成的，这五院校就是北洋大学、唐山铁道学院、西北工学院、山西大学、北京工业学院。采矿系是由三院校的采矿系合并而成的，这三院校就是天津大学、清华大学、北京工业学院。所以说，北京钢铁学院是由六所院校组建成的。

宋：北京钢铁学院矿冶学科的组建只涉及华北、西北地区的相关院校？

高：是的，东北地区的都调整到东北工学院了，调整后东北工学院的矿冶实力也很强。华北、西北、中南地区，调整后有了北京钢铁学院和中南矿冶学院，钢铁学院搞钢铁、中南搞有色，区分开了。

宋：1952年成立时，采矿系学生也随院校调整到钢院了吗？

高：是的，部分学生是来自北京工业学院采矿专业的本科生，还有选矿专业的专修科的学生。那时候工业发展急需专业人才，本科生那几年都是三年毕业。专修科两年，像现在的大专。

---

① 中国矿业学院前身是由英国福公司创办于1909年的焦作路矿学堂，之后几经调整，1950年在天津建立中国矿业学院。1952年，院系调整时，北洋大学、唐山交通大学、清华大学的采矿系调整到中国矿业学院。1953年，学校整体搬迁至北京，改称北京矿业学院。1988年更名为中国矿业大学。

② 北京石油学院于1953年成立，后迁至山东东营，更名为中国石油大学（华东）。

宋：1952 年采矿系创建时，第一任系主任是谁？

高：第一任系主任是来自清华大学的卢焕云①教授。

宋：北京钢铁学院采矿系刚建系时，师资力量如何？

高：从全国范围看，师资力量还是很雄厚的，刚成立时就有六位教授，可以说汇聚了国内该领域的顶尖级人才。另外，还有一位副教授、一位讲师和八名助教②。

宋：您能介绍一下这几位教授吗？

高：这六位教授有来自清华大学的卢焕云。还有，来自北京工业学院的童光煦③、陈兆东④和胡熙庚⑤，当时童光煦是北京工业学院采矿系的系主任，他是从武汉大学调过来的，因为要支援北京工业学院建设。刘之祥和华凤诹来自北洋大学，刘之祥教授毕业于北洋大学，毕业后就留校了，留学回国后又回到北洋大学任教，后来当了采矿系的系主任。华凤诹教授也是从北洋毕业的，毕业以后他工作辗转了很多地方，开始在天津做买办，给买办当工程师，后又到唐山水泥厂，他去过好几个矿，后来又到了武汉大学，新中国成立后从武汉大学又回到北洋大学。其实，其中四位教授都与北洋大学有着密切的关系，胡熙庚是北洋大学毕业的。陈兆东是留法的，他留法回来之后到北洋大学教课，新中国成立后到的北京工业学院，因为当时人少，就广招人才，北洋大学有一批都到北京工业学院了。

---

① 卢焕云（1904—1976 年），男，河北易县人。1955 年毕业于比利时国立列日大学采矿工程科，获得采矿工程师学位。回国后，曾任云南省江新金矿公司总工程师兼经理，云南大学矿冶系教授兼系主任，华东钢铁公司总工程师兼马鞍山铁矿矿长，清华大学教授，华北大学教授，北京钢铁学院采矿系教授、系主任。

② 据高澜庆著《北京科技大学矿业学科的发展历史及沿革回顾（1952—1966）》记载：副教授有来自北京工业学院的陈茋，讲师有来自北京工业学院的于学馥，助教有来自北京工业学院的谢纯懋、韩有望、吴雨沛，来自天津大学的姚荣芝、高澜庆、熊国华，来自清华大学的马英芳、马光。

③ 童光煦（1919—2000 年），男，湖北蕲春人。北京科技大学教授，采矿工程专家、教育家。1939 年考入武汉大学（当时在四川乐山）矿系，两年后转学到南非联邦约翰内斯堡的威塔瓦特斯兰德大学采矿系。1944—1948 年在南非、美国等地从事矿山设计和地质调查工作。1946 年获美国科罗拉多矿冶学院采矿工程师学位，1947 年获美国科罗拉多矿山地质硕士学位。回国后历任北京工学院、北京钢铁学院教授。曾任国务院学位委员会学科评议组成员、中国金属学会常务理事兼采矿学会理事长、中国第一批博士生导师。

④ 陈兆东（1913—1962 年），男。北京科技大学教授。1940 年获法国里昂大学地质学硕士学位，后又毕业于法国格城大学理学院动物学系，任教于里昂大学。回国后任北洋大学教授。

⑤ 胡熙庚，男，江苏武进人。北京科技大学教授。1939 年毕业于北洋工学院矿冶系，在西康地质调查所工作。后赴美留学，1949 年美国犹他大学研究院毕业。1950 年回国任北京工业学院选矿教授。1952 年院系调整到北京钢铁学院采矿系。1953 年下半年钢院采矿系选矿专业停办，调整到中南矿业学院（现中南大学）任选矿工程学教授。

宋：那个时候教授好像很多都有兼职，是因为当时教授少吗？

高：教授少，很多都做兼职，像童光煦教授也在北洋兼职。

宋：在几位教授中，不止一位之前曾任采矿系的系主任，钢院采矿系成立时，卢焕云教授出任系主任是考虑哪些因素？

高：卢焕云是清华的教授，他并不是清华采矿系的系主任，清华采矿系的系主任是地质系的系主任兼任，因为地质系并到地质学院去了，所以那个系主任也跟着到地质学院去了。卢焕云思想上比较进步，他是河北省的政协委员，无党派人士。所以，当时任命系主任还是很重视思想政治素质的。

宋：当时成立时，采矿系下设的组织机构情况如何？

高：采矿系成立时模仿苏联高等院校的建制，系下面设置了教研组，之前是没有教研组（室）的。

钢院刚建校时不是在清华吗，清华大学专门派一些人到哈尔滨工业大学去学习，哈工大是苏联专家集中的地方，从那儿学习回来后就组建了教研组。过去没有教学大纲，也没有教学计划，这些都是从苏联学来的。1952年年底，采矿系成立了采矿教研组，包含选矿，第一任主任是童光煦教授。采矿教研组也包括了选矿、地质、矿机的人，都在采矿教研组。最开始成立的时候，实际上一个系就一个教研组，1953年又成立了地质教研组，因为1953年采矿系又招了几位教授，像谢树英①、郭楠②等。

宋：您能介绍一下这时人员和组织的变动情况吗？

高：谢树英原是北京矿业研究所的所长，后调到钢院。郭楠教授是从海南岛一个矿务局调来的，当时他是矿务局局长，是搞采矿的。此外，还有朱穗龙教授，他也是1953年调来的，到钢院以后他提出自己是从现场调来的，自动降一级为副教授。这样，地质就有两个教授，一个副教授，这时又留下几个提前毕业的学生，包括陈希廉③、赵万智、刘正杲、龙维祺④、暨朝颂、

---

① 谢树英（1901—1988年），男，陕西安康人。北京科技大学教授。1925年毕业于德国柏林大学采矿系，后回国。新中国成立后曾任重工业部矿冶研究所所长，1953年调任北京钢铁工业学院采矿系教授。主讲过"矿床学""矿床勘探"，编写过《矿床及矿床勘探》教材。

② 郭楠（1900—1962年），男，河南孟津人。北京科技大学教授。1923年在美国加尼宁工业大学、半西根矿务大学获学士、工程师学位。后在欧罗波横大学获工科硕士学位。1926年回国后曾任焦作中福煤矿公司矿长、汉北煤矿矿长等职。1953年到北京钢铁工业学院任教。

③ 陈希廉（1929— ），男，福建福州人。北京科技大学教授。1953年毕业于北京地质学院，后分配到北京钢铁工业学院任教。曾任地质教研室主任，采矿系及地质系副主任。

④ 龙维祺（1925—2014年），男，江西万载人。北京科技大学教授。毕业于中南矿冶学院，后到北京钢铁工业学院任教。曾任凿岩爆破教研室主任。

高武勋、周鹏里等毕业生，其中前五位是提前毕业的。所以1953年就成立了地质教研组，陈兆东任教研组主任，从采矿教研组分出来。

1954年年底，我提拔为讲师，提到讲师就有资格成立教研组，所以这一年又成立了矿山机械设备教研组，我被任命为该教研组主任。这时，采矿系就有了三个教研组，分别是采矿教研组、地质教研组和矿山机械设备教研组。

1956年增设凿岩爆破与井巷掘进教研组，主任为于学馥副教授。1957年后，增设通风安全教研组，主任为华凤诹教授，采矿教研组改为采矿方法教研组，主任不变，仍为童光煦教授。

宋：您能介绍一下采矿系的专业设置情况吗？

高：1952年在清华大学时，采矿系设有两个专业，即矿区开采专业和选矿专业。1953年下半年，选矿专业被撤销，选矿四年级学生调整到东北工学院，选矿专修科学生和教师调整到中南矿冶学院成立选矿系。

学校筹建时，还计划设立矿山测量专业，并计划每年招收三个班学生，也因故改到北京矿业学院设此专业，苏联矿山测量专家郭尔迪科于1953年也到了北京矿业学院。所以至1953年年底，采矿系就只剩一个专业了，即矿区开采专业，简称采矿专业。

宋：为什么要撤销选矿专业？

高：想要加强中南矿冶学院的建设吧，因为选矿对有色矿山更重要一些，黑色比较单一，就是铁、锰，炼铁、炼钢的这些。有色金属就多了，金、银、铜、铁、锡等。所以冶金部把钢院的选矿专业调整去中南了，当时钢院也同意撤销。

宋：从1952—1957年，短短几年时间采矿系发展成为由五个教研组组成的系，发展还是比较顺利的吧？

高：其实，这段时间是钢院采矿系比较动荡的一段时期。1955年，曾经有计划把整个采矿系合并到西安交通大学，当时上海交通大学教务长陈大燮①教授来钢院主持研究迁系的各种事宜，还请来了西北工学院采矿系主

_____

① 陈大燮（1903—1978年），男，浙江海盐人。上海交通大学教授，中国热力工程学界先驱。早年毕业于交通大学，后到美国普渡大学攻读机械工程，获硕士学位。回国后，先后任浙江大学副教授，中央大学、上海交通大学教授，新中国成立后任上海交通大学教务长。

任侯运广教授，还有我们系卢焕云教授，我是教研室主任嘛，也参加了。按当时的计划准备把西北工学院采矿系和我院采矿系一起并入西安交通大学，因此一起来研究成立哪些教研组，组建了哪些实验室，需要多大面积，等等。

当时都已拟定，到西安交大以后采矿系正主任就是卢焕云，副主任就是侯运广，矿机教研室主任还是我，他们那出个副的，都是这么配的。基本上咱们这边都是正职，他们那边都是副职，说明咱们还是这个专业的头儿。

所以，1955年就开始设计房子，1956年盖房子，弄好后1957年就要搬过去。1956年暑假还组织采矿系师生代表去西安看了房子。当时让我去，我说我不去，明年就走了，现在看什么房子，我不看，我就没去。到了1957年，部里又拍板钢院采矿系不走了，但是西北工学院采矿系还是并入了西安交大，以后又从西安交大独立出来成立了学院。

宋： 为什么要把采矿系从钢院调整出去？后来为什么又没有走？您能具体谈谈吗？

高： 钢院那阵子就是模仿莫斯科钢铁学院来建设的，包括建筑这些东西都是模仿建造的。因为莫斯科钢铁学院没有采矿系，所以总想把采矿系弄出去，这占了很大的原因，就是所谓的"大冶金主义"。

后来没有迁走的原因可能是1957年5月搞"大鸣大放"时，采矿系师生由于建校初期专业动荡，后又要全系迁西安，心有怨气，部分师生提出"反对大冶金主义"，又组成师生代表团到冶金部请愿。部领导吕东接见了代表团，听取了意见，并表示一定重视采矿事业和钢院采矿系。

宋： 什么是"大冶金主义"？

高： "大冶金主义"就是说在钢铁类院校只要冶金系列的专业，不要采矿这类专业，选矿、采矿什么都不要，只发展冶金类的学科，不属于冶金类学科都要取消，这也是模仿莫斯科钢铁学院的。

宋： 这段动荡的过程对采矿系的发展带来哪些影响？

高： 当时对采矿系的影响还是很大的。第一，不引进设备、不进行基础建设。因为采矿要调走啊，还进什么采矿设备，对吧？所以原计划1955年修建采矿楼推迟到1957年才修建。第二，不进人，导致后来集中进人时矛盾很多。前几年没有进新人，1957 年决定不走后，从东北工学院和北京矿业学院分配来 4 名毕业生，又从本校矿 57 届毕业生中留校 13 人，一年一下子进来 17 人，这个是不合适的。一个梯队都集中在一个年龄段，使后面提职、晋升都出现了很大的困难和矛盾。

宋：今天再回过头来看，采矿系留下是一种正确的决定吗？

高：北京或者华北还是应当有采矿的。因为这有很多矿山，首钢就有好些矿山，像密云铁矿、大石河铁矿、水厂铁矿等，华北也有很多矿山，这边还是需要采矿人才的。如果采矿都跑西北去了，这边发展就困难了。

宋：当时采矿系制订教学计划的指导思想是什么？

高：是按照苏联模式制订的，搞的是专才教育，培养目标就是采矿工程师。

宋：教学大纲是如何制订的？

高：第一次制订教学计划和教学大纲是 1952 年在清华大学内，是以苏联高等院校的五年制教学计划和教学大纲为蓝本，根据学校四年制的实际情况，采取"不打乱原有系统，适当压缩"的原则，按照培养工程师的目标来编制过渡性教学计划的。

第二次修订教学计划和教学大纲是在 1954 年，这次是在高教部下达《关于委托有关高等工业学校修订四年制本科及二年制专修科各专业统一的教学计划与执行统一的教学计划的若干规定》的通知下进行的，并且有苏联专家[①]作指导，对矿区开采专业的教学计划进行了修订，初步形成了比较完整的四年制教学计划。

第三次修订教学计划是在 1955 年，为了解决学生负担过重问题，制订了五年制的教学计划，并且从 1954 年入学的学生改起，也就是 1954 年入学的学生要到 1959 年毕业，所以钢院 1958 年没有矿区开采专业毕业生。这时已有按照苏联模式教学的基本经验，学时也比较宽裕了。在教学计划中详细规定了各个教学环节，如讲课、习题课、实验课、认识实习、一、二次生产实习、毕业实习、课程设计、毕业设计（论文）等，体现了理论与实践的紧密结合，又按此计划修订了当时三、四年级过渡的四年制教学计划。

---

① 采矿系苏联专家格洛布克副教授 1954 年 1 月到校，1956 年 6 月回国。

宋：在最初几年，采矿系招收和毕业的学生情况如何？

高：从1952年建校，就开始招收学生①，具体数据你可以参考一下我写的《北京科技大学矿业学科的发展历史及沿革回顾（1952—1966）》，里面有详细的统计。

宋：苏联专家是什么时间到我校的，具体工作是什么？

高：到采矿系的苏联专家前后有两位，格洛布克是1954年2月来的，他是列宁格勒矿业学院副教授。当时为了迎接苏联专家的到来、为了方便开展工作，学校提前做了准备，除了配备生活方面的口语翻译外，1953年3月，学校统一组织青年教师和学生去东北工学院学习俄文，以作专家的专业翻译。采矿系派出助教熊国华②和韩有望，韩有望因患肺病中途回校，熊国华年底学成返校。1953年年底还招收了采矿专业10名研究生，以备专家指导。

格洛布克到来后，主要工作有：给教师和研究生讲授"凿岩爆破""采矿方法"两门专业课、编写教材；指导研究生和教师进行课程设计和毕业设计，具体指导了10名研究生；指导教师们进行实验课、各种实习等各教学环节，并指导编写教学日历、实验指导书、各种实习大纲等文件；指导教师和研究生开展科学研究及在教师中开展教学法研究；指导系和教研组每学期制订工作计划，开展教学检查等工作；指导建设实验室，包括地质实验室4个、采矿实验室2个、爆破掘进实验室4个、矿山机械设备实验室2个，加强了对学生实验能力和理论联系实际能力的培养。总体来说，苏联专家的贡献还是很大的，通过苏联专家的具体指导和工作，对采矿系的教学规范化、学科建设、科学研究、师资培养等方面起了重要的促进作用。

另一位苏联专家波波夫是1958年9月来的，他是苏联莫斯科有色金属

① 采矿专业1952—1957年的招生与毕业人数

时间/年	1952	1953	1954	1955	1956	1957
本科生招生人数	50	147	112	102	180	178
本科生毕业人数			6	58	35	135

② 熊国华，男，山东阳谷人。北京科技大学教授，博士生导师。1952年毕业于天津大学采矿系，后留校任教，同年院系调整到北京钢铁工业学院采矿系，历任助教、讲师、副教授、教授。

和黄金学院教授。他到采矿系主要是讲学,前后有三个月,讲授了苏联采矿科学技术新成就,翻译是留苏预备生黄恩兆和王昌汉。当时全国科研院所、高等院校很多单位派人来听课,有40多人。讲学后,根据苏联专家的要求又安排到国内各矿山和院所参观等活动,如参观了弓长岭铁矿和长沙矿冶研究所等地方,由曾平荣和翻译陪同。

宋: 这个时期,采矿系老师招收和培养研究生吗?

高: 采矿系老师自己招收和培养研究生是1956年开始的。当年招收了两名采矿专业应届毕业生,作为副博士研究生培养。

宋: 指导老师是谁?

高: 指导教师有两位,就是刘之祥和童光煦教授。

宋: 招生持续了多长时间?

高: 时间不长,1958年学位制度受到批判,高教部决定取消副博士称号,学制也从四年改为三年,按新规定一直招到1965年。

宋: 从1958年开始,学校提出教育与生产劳动相结合的教学改革,采矿系结合自己的学科特点,具体进行了哪些改革?

高: 采矿系通过各种形式探索教学与生产劳动相结合的途径。经学院党委批准,决定从新生矿63年级抽三个班去矿山进行探索实践。经过准备,10月24日,在樊源兴、于学馥、陈希廉、龙维祺、吴雨沛、王志芳等一批教师带领下,矿63年级的87名学生到宣化烟筒山铁矿新建的小土房内"安营扎寨",进行生产锻炼。当时矿山不仅住房条件差,也没有御寒设备,饭食也不太好,吃莜麦饼子,师生大便都困难。但是,老师们的干劲儿还是很足的,为了贯彻党的教育方针,探索一套新的教学方式,他们在十分困难的条件下备课、劳动、讲课和做学生的思想工作,进行了教学改革的探索,表现出了采矿系的师生不怕苦累脏、不怕困难的革命精神。当时实行了"三、三制",也就是每周有三天劳动、三天学习、一天休息。在劳动中拜工人为师,定岗位跟班劳动,与工人师傅一样从事凿岩、爆破、支护和出渣等作业,并且结合劳动对象,有计划地进行了地质、凿岩爆破和井巷工程三门课的教学,采取多样化的教学方式。一是按教师提出的教学要求,由工人、技术人员讲解生产知识和操作技术,并由教师作总结性的系统讲授,这种联合教学还是取得了较好效果。二是教师课堂讲课与到生产作业面巡回指导相结合。三是专业基础课教师与专业课教师相结合进行综合教学,也就是把地质、测量、井巷工程的有关知识综合起来讲，让学生了解这些课程内容在生产中的内在联系。四是组织学生讨论和辩论一些问题，那时叫"小先生"，也就是学生们也可以讲解某些问题，提高他们学习的积极性，培养他们观察问题和分析问题的能力。通过三个月的探索实践，参与生产劳动不仅改造了思想，也改造了教学，对教师来说，还改进了科研，像于学馥老师由于深入生产第一线，对巷道的地压观测有深入的了解，后经理论研究和实验室偏光实验，在1960年就由冶金工业出版社出版了专著《轴变论》，比国外早了18年。

再有，11月份受学院党委派遣，采矿系师生109人奔赴密云参加"密云钢铁公社"的建设，这是北京市要建的大钢铁基地，当时已建了很多干打垒半地下的窝棚，公社指挥部也在一排窝棚中办公。总指挥为北京市委第二书记刘仁，副总指挥为钢院院长高芸生和团市委书记王照华，王照华是常驻的指挥，下设有政工组、组织组、技术组和后勤组等。当时钢院派了三位老师，除了我，还有高武勋、陈新万，被分到技术组，高武勋任组长。参加会战的都是北京市各高校的师生，近万人，绝大多数人在山上参加露天采矿、人工打眼、装药、放炮等工作，把崩碎的矿石用铁锹铲入大筐中，两人抬一个筐把矿石运到山下。每天都是红旗招展、热火朝天的劳动场面。矿63年级4班有16名同学分到坑内采矿，由于他们表现突出被指挥部评为五好先进集体。后因全国1070万吨钢的任务已完成，且发现原报铁矿石储量有5亿吨以上的情况不实，各校师生就陆续撤回原校。

总之，这一时期，采矿系通过各种方式为教育改革探了新路。

宋：长时间驻扎在矿山，非常辛苦吧！

高：当时我们几乎是长期深入第一线啊，一年中我大概在矿山要待8个月，在学校待4个月，所以我老伴就说我，钢院是你的招待所。我刚回家，矿上就来电报，赶紧回来，他们那儿出事了，你得给解决。有时候夜里两三点，矿长找我去，让起来下井，设备出故障了，工人们解决不了，影响生产。所以矿里也把我当成他们自己人，我们那时候叫以矿为家。

宋："大跃进"时期，采矿系在专业设置方面有什么变动吗？

高：变动还是比较大的，在"大跃进""大炼钢铁"和"总路线"精神鼓舞下，采矿系决心争取更大的发展。1959年，经院党委批准，准备筹建"矿山地质""选矿工程"和"矿山机电"三个新专业，其实选矿专业应该叫恢复。"矿山地质"专业由地质教研组具体负责，"矿山机电"专业由我们矿山机械设备教研组具体负责，"选矿工程"专业新成立一个筹备组，由曾平荣负责，成员从采矿专业抽出矿59的刘承宪、韩福娥，从炼铁教研组调出青年教师范建恩，从矿山机械设备教研组调出韩有望、黄和慰，共六人组成。

后经学院党委批准，决定1960年选矿专业和矿山机电专业先招生，矿山地质专业暂不招生，因为国内大学还无此专业，只有个别专科学校有，他们有翻译的苏联矿山地质教材，所以决定继续积极培养师资和准备教材。

宋：那个时期老师们重视科研吗？

高：留过学的老教师过去是搞过研究工作的，但青年教师没有科研工作经验。苏联专家来校后，积极倡导科学研究工作，而且强调结合矿山生产存在的问题来研究，在1954年末，苏联专家格洛布克指导于学馥副教授和青年教师开展了"液氧炸药"等课题的研究，使原来自发性的个人科研活动逐步转为有计划、有领导的广泛开展的科学研究工作，并陆续与鞍山大孤山铁矿、青城子铅锌矿、龙烟铁矿等单位签订了科研合同，同时也在实验室开展了试验研究。有的项目纳入了学院的科研计划，有的项目纳入了系和教研组的科研计划。

为了检验1954年和1955年的科研成果，全校在1956年2月5—9日召开了学院第一次科学研究和教学法讨论会。高教部曾昭抡副部长、冶金部部长助理刘彬以及国内有关厂矿、高校、研究院所的专家、学者共400多人参加了会议。大会上，有些苏联专家还做了学术报告。科学研究还设了采矿、冶金、工艺三个分会场，另外还有一个教学法讨论专场。会后，《北京钢铁工业学院学报》1956年5月第三期选登了采矿系四篇报告论文，包括采矿教研组于学馥的"关于大孤山矿采用液氧炸药的静电问题"，采矿教研组马光的"中段采矿法增加矿房矿量的途径"，矿山机械设备教研组李大治的"电耙设备耙斗构造初步研究"，地质教研组陈兆东的"关内六处铁矿石矿物鉴定总结"。《北京钢铁工业学院学报》1957年1月第四期还刊登了我的"关于矿井通风机设备测定中的一些问题"。这些都说明到1955年年底，采矿系的科学研究已经有了一个好的开端。特别是1956年初，党中央发出"向现代科学进军"的号召，老师们的热情更加高涨。

（三）

宋：钢院采矿系创建初期汇聚了国内该领域的一些优秀人才，像刘之祥教授。刘教授既是您在北洋大学时的恩师，又是到钢院之后的同事。您能谈谈刘之祥教授的贡献吗？

高：我在北洋大学从机械系转入采矿系，这时刘之祥教授回国并任北洋大学教授、采矿系主任，这是一种师生缘分。大学时，先生给我们先后讲授了"采矿工程""地性探矿""试金学及试验"和"洗煤学"课程。我们用的教材是英文的，先生讲课时中英文并用，经常不带讲稿，知识渊博、实践经验丰富，很受学生欢迎。而且，先生非常重视教学实践，曾在学校经费异常紧张的情况下争取到实习经费，让我们到北平西山、门头沟煤矿等地进行实习。

先生出国前已经是部聘教授了。部聘教授是国民党时期教育部授予的称谓。当时是这样，不是部聘教授，比方说你在这儿是教授，你到那儿可能就是副教授，甚至是讲师，部聘教授则到哪儿都是教授。先生在采矿界地位很高，1940年他发现了攀枝花铁矿①，获得教育部部聘教授，奖给他2000大洋。那阵子钱可值钱了，一个大洋就可以吃一个月的。钢院新成立时从天津大学过来的有两位部聘教授，另一位是魏寿昆教授。

1952年院系调整，先生到北京钢铁工业学院之后担任校务委员会委员、采矿系教授、多届工会主席。此时，先生依然在教学和科研领域精耕细作。在采矿专业学科教材建设中，先生主编的主课教材《金属矿床开采》，是非煤采矿专业必修课的指定教材，这部教材是新中国成立后该专业的第一部教材，也是国内首部介绍硬岩矿床开采的专著。在科研方面，先生是我国海洋矿产资源开发利用研究的开拓者，著有《海洋采矿》（1967）、《开发海洋矿产资源》（1972）两部专著，此外，先生还对我国矿业发展史进行了系统研究，著有《中国古代矿业发展史》。他的学术成果不只限于采矿专业领域，还涉足采煤、冶金、石油等多个学科。

---

① 1940年刘之祥教授任国立西康技艺专科学校采矿系教授、系主任时，根据国立西康技艺专科学校和西康地质调查所关于开展宁属地区地质矿产调查的合作决定，刘之祥受学校委派对宁属北部地区开展地质矿产调查。1940年9月刘之祥一行到达盐边县攀枝花地区，发现多处铁矿露头，初步测算铁矿石储量在1000万吨以上。后将带回的矿石标本进行化验，确认攀枝花矿含钒、钛等多金属磁铁矿。刘之祥教授成为攀枝花钒钛磁铁矿的首位发现者和报矿人。

刘之祥教授工作照

（左图：1936 年在北洋大学工学院实验室；右图：1940 年在康滇边区考察矿产（右为刘之祥））

20 世纪 80 年代，先生以 80 多岁的高龄，在《英汉金属矿业辞典》编写中担任主要单位审定人，在《中国大百科全书（矿冶卷）》编写中担任采矿编辑委员会第一副主任委员。

宋：您在《北京科技大学矿业学科的发展历史及沿革回顾》的后记部分曾谈到了采矿精神，说采矿精神就是热爱祖国、勇于实践、不畏艰险的敬业精神，您能再结合采矿工作的特点，进一步诠释一下采矿精神吗？

高：从过去来说，采矿这个行业是比较艰苦的。那阵子常说，越是艰苦越向前，搞采矿的人就是这样，确实都是不怕苦、不怕难、不怕累的，险境见精神。1966—1976 年，采矿系的党政领导，许多教授、教师受到冲击，采矿系有两位教授含冤而死。而采矿系的老师们就是在这种险境中，表现出采矿精神的优秀传统，即热爱祖国、勇于实践、不惧艰险的敬业精神。如刘之祥老先生不仅发现了攀枝花钒钛磁铁矿，而且在战火纷飞的年代，放弃了国外优越的生活和工作条件，不畏困难回国，献身祖国的采矿事业。刘先生深知陆地的矿产资源总是有限的，也是不可再生的，必须寻找新的资源，所以 20 世纪 60 年代，他就把注意力放到了海洋方面。此时，国外发达国家也才开始研究海洋采矿。但很快就到了 1966 年，这是疾风暴雨式的对文化的摧残，特别是高等学府更是首当其冲。在这种极端困难的条件下，且冒着被批斗的危险，更没有资金的支持，已年过花甲的刘先生仍偷偷地耕耘着，因为他一心想的是祖国的将来资源，完全不顾个人的处境，先后完成了《海洋采矿》和《开发海洋矿产资源》两本著作，这是我国研究海洋采矿最早的著作，这就是传统的采矿精神。

采矿系很多老师也体现了这种采矿精神。仅以1978年全国科学大会的授奖项目就可证实。大会授予采矿系的全国科技重大贡献奖有：冯铭瀚等人完成的"矿山用潜孔钻机及钻具——J200型潜孔柱齿钻头"、童光煦等人完成的"无底柱分段崩落采矿法"、任允芙①等人完成的"高碱度烧结矿——包头高碱度烧结矿"，还有我和其他老师完成的"平巷掘进机械化作业线——蟹爪式爬岩机"。这些就是采矿系当时与矿山工人、技术人员结合作出的成绩。当然，没有获得国家奖的还有很多，这些都是采矿精神的具体体现。说明采矿系人都具有热爱祖国、勇于实践、不惧艰险的敬业精神。学习历史，就要学习、传承和发扬这种精神，使我国的采矿工业和矿业教育更加蒸蒸日上、兴旺发达，使北京科技大学早日建成一流矿业学科，为实现中国梦而奋斗。

高澜庆教授负责设计的YCT-Ⅱ型全液压采矿台车(1990年)

① 任允芙（1925—2018年），女，山东牟平人。北京科技大学教授。1950年毕业于清华大学地质系，1953年调来北京钢院采矿系，先后任讲师、副教授、教授。曾担任中国矿物岩石地球化学学会第三届理事会理事等职。

　　社会上用人单位对钢院毕业的学生普遍的认识就是，肯干！脚踏实地！我个人感觉沽名钓誉、计较名利的比较少，基本上都是踏踏实实的实干家。像"天问一号"火星探测器总指挥赫荣伟，是矿机专业93级学生，也是该专业最后一届毕业生，此后就改为车辆工程专业了。像矿机65级陈钦升，曾为山东省黄金局党政一把手，工作两年向当时省委书记吴官正请辞，只愿当抓生产的副手，吴书记当时说，别人都要求上进，你怎么还想退下来。陈钦升说，我只适合搞业务，抓全面确实有困难，对整体工作不利，最后省委同意了他的请求。后来，局里发生"大地震"，涉及很多人，第一把手都坐牢了，他却一尘不染，对生产也影响不大。这就是淡泊名利、扎扎实实抓生产的结果。他一生都扎扎实实地工作在第一线，从来不争名利。所以，我们看到采矿专业学生身上有一种不畏艰险、求实奋进的精神，我曾写了首小诗《赞采矿精神》。

赞采矿精神

热爱祖国为古传，勇于实践敢尝鲜。

面临艰险精神见，圆梦一流矿业篇。

　　宋：非常感谢您对钢院采矿系的详细介绍，祝您身体健康！

　　高：谢谢你！

　　后记 本人（访谈者，宋琳）于2020年7月28日在高澜庆教授家中对他进行了访谈。高澜庆教授精神矍铄、思维缜密，讲述了那段峥嵘岁月。

二、 对任天贵教授的访谈

任天贵（1933—　　），四川简阳人。北京科技大学教授、博士生导师。1953年考入北京钢铁工业学院采矿系，毕业后留校任教，历任北京钢铁学院（现北京科技大学）助教、讲师、副教授、教授。曾于1983—1993年担任采矿系主任，矿业研究所所长。曾任中国矿业协会理事、中国金属学会采矿学会理事、地下采矿学术委员会主任委员。曾担任《有色金属》和《化工矿山》杂志编委会委员，《采矿手册》编委会委员及第四卷副主编，《中国冶金大百科全书》编委会委员，《中国冶金大百科全书（采矿卷)》编委会主任委员。

（一）

宋琳（访谈者，以下简称宋）：任老师您好！您是北京科技大学采矿系的资深教授，曾担任采矿系主任，想请您谈谈采矿系发展的有关问题。

任天贵（被访谈者，以下简称任）：好的。

宋：您是哪年到钢院的？

任：我是1953年考入钢院采矿系的，是钢院建校后招的第二届大学生。

宋：这时钢院已经从清华搬回到新校址了，当时条件怎么样？

任：是的，我们这届入学时已经迁到现在的钢院校址了，但是仅有几栋教职工和学生宿舍。当时就在修建的临时工棚里上课，就是现在停车场的位置。教室楼和理化楼，就是现在学校主楼前两侧的那两栋楼，那时正在建，主楼还没开始建，到大一年底快放寒假时，教室楼、理化楼才建完。记得1954年新年舞会就是在教室楼一楼，也就是现在办公楼一楼的走廊上办的。

我们当时一个宿舍十二三平方米吧，住五个学生，放两张大床和一张单人床。学校开大会、听报告、用餐、冬天看电影等都在东西饭厅。西饭厅就是现在的工会俱乐部，东饭厅已拆掉重修，就是现在的鸿博园位置。吃饭是八个人一个方桌，找一个人当桌长，拿个盆去窗口打一盆菜，主食自己去拿。那时候我们学校的范围比现在小，东南边都是农田。总之，当时条件是非常艰苦的，就是基本上满足开课要求。

宋：您入学时，各年级的学生情况如何？

任：我进校时，我们采矿系仅有采矿专业，建校时设置的选矿专业已调整到中南矿冶学院去了。已经有高年级学生了，大四有六个学生，大三有两个班，四五十人，大二只有一个班，二十多个人。大四和大三的学生是学校成立时从各校合并过来的。到我们那年学生突然增多了，共招了五个班，一百多人。

宋：对学生管理严格吗？

任：管理还是很严格的。各系都有政治辅导员，班有班三角，即班长、总干事和团支书，管理班内学习、生活和思想工作。

那时每天都上三大节课，有的时候上四大节课，上课缺席、迟到、早退是绝对不允许的。晚上七点到十点自习，大都是在宿舍上。整个宿舍里鸦雀无声，都在学习，只要有人在走廊声音大一点，马上同学就制止你。助教或讲课教师在授课当日晚上都到宿舍来答疑。一般每个星期只有星期六晚上可以看场电影，夏秋在操场、冬天就在饭厅看。星期日不上课，但基本上都是在做作业、学习。

宋：当时的师资情况如何？

任：1952年建院时采矿系只有18位老师，1953年我入学时不过20多人。采矿的有童光煦教授、刘之祥教授、卢焕云教授、华凤诹教授、郭楠教授、于学馥副教授，地质的有谢树英教授、陈兆东教授、朱穗龙副教授，矿山机械李大诒老师享受教授待遇，教授和副教授加起来有十多位。年轻老师毕业较早的有高澜庆老师、熊国华老师、任允芙老师，其余大都是53届提前毕业的。

宋：那时的教学设备如何？

任：理化楼建好后，采矿系整体就搬到了理化楼的一、二层和四层。当时采矿系比较完整的是地质实验室，包括岩石学、结晶、矿物学、地质测量、矿岩标本和仪器，其他实验室都还没建起来。我印象最深的就是矿59届入学迎新参观时，实验室里仅摆了一台苏联的OM-506型手持式凿岩机和立柱式凿岩机。

宋：20世纪50年代我国高校按照苏联模式办学，您当时作为学生感觉教学效果如何？

任：当时中央在高等教育方面学习苏联的指导方针是"先拿过来再说"——照搬过来，不合适的以后再改。苏联教育是适应严格的计划经济制定出来的，一切都是按计划来办，培养人才也是有计划的，是"专才教育"。新中国成立前我们国家是学习英美，英美是市场经济，要适应就业的市场需要，是"通才教育"。

"专才"这个概念过去没有，我的体会是，在"专"的基础上课程设置又要全，就是围绕专业所需要的知识，从基础课、技术基础课到专业课都设置得很全面。当时认为一个矿山的总工程师应该是采矿工程师，因此采矿专业课程设置非常全面，除了采矿类专业课程外，还包括矿山机械、金属工艺学、金相学、建筑概论、选矿概论、地质课程。地质课程又包括普通地质学、中国地质学、结晶矿物学、岩石学、矿床学、矿产勘探学。基础课程除了物理化学以外，采矿专业比较强调力学，因此开设了理论力学、材料力学、岩石力学。采矿专业学生总共要学三十多门课程。我总结是我们教育计划是"专而全"，并且我们56届、57届学生是最完整执行苏联教育计划的。因为我们的学习负担太重，后面就改成五年制了，但是接下来社会革命不断，执行得多不完整。

苏联教学第二个方面的不同是使用教学大纲，这在中国过去是没有的。有大纲之后，每门课都有具体规定，老师不能随便选择课程内容，规范了教学，起到了积极作用。

再有，从教学环节设置上看，苏联还是很注重理论和实际相结合的。在课堂教学同时，安排比例较大的设计和实习等实践环节。设置有课程设计和毕业设计，像几门主要课程都有课程设计，就是将一门课程所讲的全部内容用一个题目囊括起来做一个大的课程作业；毕业设计就是将你过去所学的专业课都串在一起，针对一个矿山做一个整体设计，不仅包括开拓和采准系统、采矿方法、采矿工艺选择，还包括运输、排水系统、通风系统及设备选择等。这就是采矿工程师要做的事儿。大学期间共有四次实习，就是每年到现场去实习一次。四年级有一个毕业实习，跟着矿厂的工班长学习，因为已有了前面三次实习的基础，这次主要是了解整个采区是怎么组织生产的，收集材料后做毕业设计。我们感觉毕业后直接到矿山工作一般没有什么困难，老技术人员稍加指点基本就能上手。

在政治教育方面，当时有到群众中去做报告的传统，周总理的报告我都听过两次，陈毅、彭真、李维汉、耿飚等人的报告我也听过一次，其他的报告就更多了，政治思想工作抓得很紧，参加革命、入党入团是无上光荣的事情。

总体来说，苏联教育重视实践，对于培养毕业后即能胜任具体工作的工程师是有积极作用的，但是也存在着专业划分得太细的问题，并且因为追求"专而全"导致学生课业任务过重。

<h1 style="text-align:center">（二）</h1>

宋：您在钢院学习、工作了几十年，后来担任采矿系主任，您能谈谈采矿系的发展历程吗？

任：从 20 世纪 50 年代到 90 年代中期，也就是我退休前，采矿系发展大致可以分成三个阶段。

第一个阶段就是 1966 年以前，从学校功能来看，这一时期显著特点是以本科生教学为主，其间进行了不同教学模式的探索。科学研究方面真正有意义的工作有童光煦、于学馥、高澜庆等几位老师做的一些研究。

第二个阶段就是 1966—1976 年，其中也有可以肯定的地方，但并不多。

第三个阶段就是 1976 年以后和改革开放初期，是采矿系发展的一个高峰时期，实现了教学与科研并重。

宋：您能具体谈谈第一个阶段在本科教学改革方面的探索吗？

任：自学校成立以来，一直在不断地进行本科生教育改革，十多年来实际进行了三种教育模式探索。

第一种模式，从 1952—1957 年，可以概括为全面学习苏联模式。

第二种模式，从 1961—1964 年，可以称为修正苏联模式。在这种模式主导下，调整了培养目标，增加了劳动和政治教育比重，削减了和专业相关不大的课程，教学实施少而精的原则，以减轻学生学习任务过重的负担。

第三种模式，始于 1958—1960 年，系统化于 1964—1966 年，习惯称为教育革命模式。

这一时期教学改革具体包括：一是教育计划实行"专业—基础—专业"，就是将"实践—认识—再实践"这个模式套用到教育计划上得来的。因此一年级就要到现场去劳动，获得感性认识、改造思想，然后再带着这些专业问题学习基础课、专业课，就是"专业—基础—专业"；二是基础课结合专业，就是围绕专业选择基础课的内容，讲课时尽可能引用专业实例；三是专业课以现场教学为主，就是专业课要到现场去学、跟班劳动、拜工人为师，每周实行"3211"制，即三天劳动、两天专业课、一天政治学习、一天休息；四是结业要"真刀真枪"，就是结业工作应是完成具体厂矿委托的科研或设计任务。

这种教育改革强调与生产实践紧密结合，尤其像我们钢院这类工科院校，培养了学生动手能力、崇尚实践的学风作风。但是问题也是存在的，就是对于教学的持续性、系统性是有所干扰和破坏的。比如现场教学，在现场的确可以学到课堂上学不到的东西，但是那一部分知识是有局限的，只是教育计划中很小的一部分，却占用了很长时间。另外，就采矿专业来说，一概强调"真刀真枪"结业是有一定片面性的，有时可能是做不到的。

宋：第二个阶段的一些情况，您能谈谈吗？

任：这是一个非常特殊的时期。在教育方面，其积极意义是满足了大批青年的求学愿望，给社会培养了各种各样的人才，缓解了人才断层。但是由于每个人的情况不同（有些是高中来的，还有些是初中，甚至小学的），努力程度不同，导致毕业时水平参差不齐。

值得肯定的是，这一阶段我们采矿系的科研搞了起来。从 20 世纪 70 年代恢复招生后，教学任务又不多，像童光煦、于学馥、高澜庆、熊国华、冯铭瀚等为代表的一批老师分别到程潮铁矿、寿王坟铜矿、大灰厂石灰矿、北京铁矿、金川镍矿等一系列矿厂进行科学研究，做出了一批研究成果。比如，冯铭瀚老师带头搞的钻头获得了很高奖励，被评为全国优秀。这批成果为改革开放初期的发展打下了重要的基础，功不可没。总之，这一时期概括起来就是：教学上没有可借鉴的意义，但是科学研究确实发展起来了。

宋：您能再谈谈采矿系第三个阶段的发展情况吗？

任：改革开放为教学改革和科研工作带来了春天，采矿系也进入了一个新的发展时期。1978 年童光煦教授开始做系主任，我是 1983 年做系主任的，到 1993 年退休。总结这段可以概括为由本科教育为主，发展成为教学科研并重的两个中心，完成了一个跨越式的发展，我们既培养了各层次人才，又推出了一大批科研成果。

第一项工作是大力发展本科教育，主要从两个方面推进。第一个方面就是在总结建校以来教学工作正反两面经验的基础上，重新制订新的教学计划。总体框架跟改进后的苏联模式接近，实行以课堂教学为主，包括讲课、实验课程、实习等，但在课程设置上有很大改变，主要是根据科技发展增加了新的教学内容，逐步将算法语言、计算机基础等新的课程增加进来，并且根据采矿专业数字技术的发展，增加了系统工程等课程。在学制上也进行了改革，将五年制改为四年制。总体来说，教学框架基本不变，但是课程内涵变化了。第二个方面就是通过多种方法提高教学质量，这个工作具体是很烦琐的。在教师方面，狠抓教师的教学质量，我们当时制定了几个制度：一是教学津贴制度，从科研课题中提成来增加教学津贴，以此来平衡搞科研和搞教学人员经济收入不平衡的问题；二是教学效果双反馈制度，老师要评价学生，要不时向系主任汇报各个班级学生学习情况，同时学生也要反馈老师讲课情况，使系里能够及时掌握教学情况；三是将教学效果和职称评定挂钩，教学效果好的可以优先提副教授、教授。在学生方面，主要是加强思想工作、实行辅导员加班主任的工作制度。系里对学生实行综合评分，根据学生的考试成绩、参加活动的表现等，给你综合评分，并且和毕业分配直接挂钩。这个制度很有效，当时在校内外都曾经介绍过经验。采矿系学生入学分数不是太高，但是学习比较刻苦，在全院可比性课程，像数学、物理等基础课，考试成绩排名基本上都是前三名，第一、第二名还居多。

第二项工作就是大力开展科学研究。建设学科点一定要有科学研究做基础，而科学研究又是学科点发展的支撑条件，两者是相辅相成的。采矿系最重要的一项工作是成立了一个实体化的矿业研究所，该所是由冶金部矿山司拨款建立的。在矿业研究所下，向学校争取了40个科研编制，使教师编制变得比较宽松，同时也跟矿山直接合作、获得课题、了解相应动态更为方便。为此把教师分成两部分，一部分仍在教研室以教学为主，同时也做一些科研和指导研究生；另一部分就到研究所，全职搞科研、带研究生，成立了一系列研究室。这样的话，科研力量就比较集中，当时矿山司获得了900万元到1000万元的资金，利用这个资金新建了矿业研究所楼、扩建了一大批实验室，另外还修建了一栋教职工宿舍，改善了采矿系教师的生活条件。

第三项工作就是加强学科建设。只有加强学科建设才能申报硕士点、博士点，培养高层次人才。经过学科建设，采矿系从一个硕士点变成四个博士点和相应的硕士点，包括采矿、选矿、矿机和工程力学，后来又建立了一个采矿博士后流动站。不仅培养了各层次人才，同时壮大了科研队伍，出了一批科研成果。这个事情说起来简单，实际做起来非常复杂。当时，博士点、博导是要经过高教部专门委员会评审的，而且是定额的。博士点申报一个硬性条件就是一个博士点必须要有三个不同的研究方向，且每一个方向都要有一位有成果的教授。这样，我们就要通盘考虑如何为教师发展创造条件、如何引进人才，以及相应的硬件条件，如实验室建设、配套科研条件引入等也要一起发展起来。

当时就在考虑采矿系未来何去何从。如何通过外延、交叉改造现有专业，发展新的专业？首先想到的就是搞土木工程，这是一个外延，再加上交叉。广义上说，采矿就是以开采矿石为目的的岩土工程，像地下铁道就是以建设一个运输通道为目的的岩土工程、土木建设的基坑是以土建为目的的岩土工程等。岩土工程要用到采矿课程中的岩石力学、开挖工程等，这一套是相通的，所以认为未来要搞一个以岩土为主的土木工程专业。再如矿物加工工程，就是把选矿和地质的矿物岩石这两个学科，再包括环境这个学科，融合起来的。采矿和选矿一定会有废石和尾矿产生，怎么处理呢？是废置起来侵占地表资源并污染环境，还是尽可能变废为宝，把它们利用起来？当然是后者。这就需要矿岩学和选矿学等结合起来实现。所以专门成立了矿物材料研究室，后来形成了今天的矿物加工工程专业。从安全方面来说，采矿系原来有矿井通风安全、防排水等课程，再扩大一点儿，从金属矿山到非金属矿山、非煤矿等，从矿井安全到水的安全、火力安全等，就逐步形成安全工程专业，那时就在做研究课题队伍的准备。从改革开放后到20世纪90年代初我们做了这些专业改造与探索，最近看到采矿专业又发展了，新建智能采矿专业，采矿内容和采矿技术向高大上发展。

把这几点概括起来，就是我们基本上实现了两个中心，我现在手上没掌握大学生和研究生的比例，但是从教学和科研成果上看，应该说是实现了两个中心的目的，这是一个飞跃。当然，这些工作不能说都是我们这代人完成的，不能否定前几十年的工作。这些做法，一是总结过去的经验教训，二是抓住了现代科学技术发展、国家政策调整所创造的机会，在此基础上我们做到了与时俱进、不断创新。

（三）

宋： 在采矿系创建与发展过程中，有哪些人作出了重要的贡献？

任： 采矿系的发展不是哪一个人的功劳，而是几代人共同持续努力的结果。建院初期，我系教授是比较多的，对采矿系的建立起了主要作用。当时我们的地质和采矿专业课都是由这些教授讲的，可惜有的英年早逝，如郭楠、朱穗龙老师。陈兆东教授是留学归来的地质老师，对我们地质领域的教学和实验室建设起了关键作用，可惜 1962 年就去世了。其他老师，如卢焕云、刘之祥、谢树英、华凤诹都先后在 1966—1976 年间去世。工作时间最长、享寿最高的有童光煦老师、于学馥老师和李大迨老师，其中前两位对采矿系的发展作出了更为突出的贡献。

宋： 童光煦老师做过采矿系的系主任。您能谈谈童光煦老师吗？

任： 童老师是我们学校的建校、建系元老，是钢院建校后的第一批教授。他毕业于美国科罗拉多矿冶学院，获采矿工程师学位，之后又获得科罗拉多大学矿山地质硕士学位。回国后在武汉大学、北京工业学院任教授。钢院建校时随学院调整过来，从 1952 年起任采矿教研室主任，1978—1983 年担任采矿系主任。童老师在美国矿厂公司工作过，所以他的理论能力和实践能力都很强。他在中国矿业界，特别是金属采矿界，是最有影响力的代表性人物之一。1956 年，他参加了国务院组织的中国第一部科学技术规划，即《1956—1967 年科学技术发展远景规划纲要》①的制定，是矿业组副组长。那个规划做得很好，为我们国家 20 世纪五六十年代采矿科学技术发展奠定了基础。来华的苏联专家评价说，这个规划反映出中国科学家很了解世界科学动态！

他也是采矿系最早开展科学研究的学者之一。他科研工作的主要特点是深入矿山现场，密切结合矿山实际展开。大概 1956 年、1957 年的时候，他就在龙烟铁矿进行杆柱房柱采矿法的研究。那时杆柱是国外才刚刚兴起的一种新的支护技术，现在已广泛有效运用于矿山或其他矿岩工程中，他的研究

---

① 1956 年国务院根据我国发展总路线的指导，开始制定我国第一部科学规划。1956 年我国第一部科学远景规划——《1956—1967 年科学技术发展远景规划纲要》作为试行方案付诸实施。《纲要》结合我国具体情况，提出了 13 个方面、57 项国家重点科学技术任务。

对推动杆柱在我国应用起到了很大的作用。[①] 他也是我国金属矿山崩落采矿方法的最早倡导和研究者之一。崩落采矿法是一种高效率、高强度的采矿法，引进中国后出现了不少问题，对此他先后进行了三项研究。20世纪60年代前期在胡家峪铜矿搞有底柱分段崩落法，然后又到篦子沟铜矿搞阶段崩落法，这两者都是有底柱崩落法。20世纪70年代前期又到程潮铁矿研究无底柱分段崩落法。无底柱分段崩落法主要是用于瑞典基鲁纳铁矿那种矿岩稳固的厚大矿体，而程潮铁矿矿岩不稳定又接近地表，按教科书规定不宜采用此种采矿方法。以童老师为首的研究成功地解决了存在的问题，研究成果于1976年通过冶金部鉴定，后获得全国科学大会奖。结合研究实践，以他为首编写并出版了《有底柱分段崩落法》一书。他对崩落采矿法在我国的应用和开展上起了很大作用，作出了重大贡献。

20世纪80年代，他带领研究生运用近代数学、力学成就和计算机模拟技术，对崩落采矿方法中矿体崩落、矿石放出规律和底部放矿结构等进行深入研究，从理论上得出了新的规律性成果，其研究成果"崩落法技术理论研究"获国家教委二等奖。他是我校首批硕士生、博士生导师。他为研究生讲授的"高等采矿学"有极高水平。

童老师也是我国采矿界学术活动的积极组织者和领导者。他是中国金属学会理事，并长期担任采矿专业委员会主任。在他的领导和组织下，紧扣国内外采矿技术发展和问题开展学术活动，反响很好。童老师为人低调、谦逊。他跟来自各个单位的总工程师们都相处得很好，在国内采矿界的威望很高，对晚辈总是平等对待和支持，不苛责求全。1957年，暂未出国的留苏预备生和中国科学院的矿业研究院的研究生都由高教部委托归童老师管理、指导。童老师在他们出国前给予很多具体的指导，包括导师、研究方向的选择，以及相关业务准备等，出国回来后又特意在学会活动中给他们创造发表研究成果的机会，所以童老师很受这一批人的尊重。记得1983年在长沙开全国采矿学术会议时，听说童老师也来了，几乎所有留苏回来的研究生不约而同地都去看望他。

宋：您能谈谈于学馥教授吗？

任：于学馥教授1944年毕业于西北工学院采矿系。毕业后几年在阜新

① 该领域代表性论文有：童光煦. 杆柱的理论与应用 [J]. 有色金属，1957（11）：1-11. 童光煦. 论木材杆柱在长避面上的应用 [J]. 北京钢铁学院学报，1958（6）：25-34.

煤矿等多个煤矿任助理工程师和厂主任等职，奠定了他矿山工作的实践基础。1948 年转入高校任教，1952 年院校调整时转入我院任副教授，由于各种原因至 1977 年晋升为教授，后任采矿工程博士点第一批博士生导师。20 世纪 50 年代任井巷掘进教研室主任，1960—1966 年任采矿系副主任和代系主任。以后，悉心从事科研和研究生培养工作。

他是采矿系最早开展科研工作的老师之一。在 20 世纪 50 年代中期就在鞍钢进行液氧炸药的研究，之后转入岩石力学研究至终。于老师从事科研的突出特点是勤于思考、勇于探索和创新。20 世纪 50 年代后期，基于对地下巷道地压现象的宏观观察和实验室偏光试验，根据弹性力学理论提出了轴变论，撰写了《轴变论》一书，于学馥教授成为国内外该理论的首位提出者。轴变论的含义是巷道围岩应力分布和稳定性很大程度上取决于巷道截面的长短轴（或高宽）之比，在此基础上进一步提出了圆形和椭圆形巷道稳定轴比的计算公式。据此观点对地下矿岩工程，尤其是巷道型工程稳定性进行定性分析，至今看来也是正确的，但是矿岩工程地压的影响因素是多方面的、复杂的，用它作定量依据还有待进一步完善和发展。

于老师没有在此止步。20 世纪 70 年代末 80 年代初，于老师根据不同岩石分别具有弹性、塑性、黏性和弱面分布的特点，提出以地应力测量为前提，应用非均质、非连续介质理论和计算机数值模拟方法建立地下工程围岩稳定分析理论。之后，结合科研实践和研究生培养，他又提出岩石具有记忆性这一新概念，即岩石的力学效应不仅取决于现时应力状态，也取决于以往过程的应力状态，岩石的力学属性不同，则有不同的记忆特征表达方式。他认为，引入这一特性将采掘工程的力学效应动态变化和采掘工程推进在时间和空间上的动态变化结合起来，将使岩石力学分析结果更加和生产实际相符合。他指导研究生用这一新的理论观点和方法分析金川镍矿的采场地压问题，获得较好的结果。在这些研究的基础上撰写了多部反映研究成果的著作，如《岩石记忆与开挖理论》（1993）、《地下工程围岩稳定性分析》（1983）等。于老师带领课题组与研究生在"金川资源综合利用"这一国家课题中从事基建巷道维护研究，获国家特等奖。于老师还受邀或被冶金部派遣参加了一系列有关岩土工程重大问题的咨询和处理活动，比如，当年北京市地铁复兴门至西单段及西单站建设，他参与并促成了市政府改明挖为浅埋暗挖方案，既节约了资金，又保护了地下管线和地上建筑，还减少了对城市交通的影响。又如，铜录山采矿古遗址保护、云锡松树脚矿采空区处理等，在这一系列活动中，他都提出了真知灼见。综上所述，于老师成为我国岩石力学领域的老一辈有成就知名学者，为我国岩石力学发展作出了重大贡献。

宋： 高澜庆老师也是钢院的建校、建系元老，您能谈谈高澜庆教授吗？

任： 高澜庆老师是采矿系建系时唯一教矿山机械课程的老师，是矿山机械专业的创建人。他是当时采矿系青年教师中第一个提升为副教授的。矿山机械专业获批建立博士点，他是学科带头人。高老师讲课效果非常好，上大学时我们年级"矿机提升"这门课是他讲的，听他的课就是一种享受，逻辑性非常强，不故弄玄虚，能把复杂的问题讲得很简单。在科研领域，他能放下架子，到矿山和全国有名的工人技术革新能手付景新一起从事技术革新，取得许多成果，成为钢院知识分子和工农结合的代表性人物。他参与的平巷掘进综合机械化研究获全国科技大会奖，从事的凿岩台车和铲运机的研究获得冶金部嘉奖。高老师1966年前任矿机教研室主任，1976年后任系副主任管科研，在推动采矿系科学研究、学科建设上起了很大的作用，出了很多力。

宋： 还有几位较早到钢院采矿系工作，对学科发展作出了重要贡献的老师，像陈希廉老师、熊国华老师，您能谈谈吗？

任： 陈希廉老师大学就读于北京大学地质学系，大学三年级，也就是1952年提前毕业分配到新成立的钢院当助教。陈希廉老师讲课效果非常好！能够深入浅出地引导你的思维，而且风趣幽默，是全院讲课最优秀的教师之一。曾在全校的教育经验交流会上交流过，反响热烈。陈兆东教授1962年去世后，他担任地质教研室主任。我当系主任的时候，他是主管教学的系副主任。因为他教学效果好，由他主持教学这件事情就很能服众。他想了很多办法来提高教学质量、提高师生的积极性，很有成效。我前面曾谈到的教学改革措施，很多都是在他任职期间提出并推动的。在科学研究方面，陈希廉老师主要从事地质经济研究，其工作成果是采矿系矿山技术经济与系统工程这一研究方向的重要组成部分。他参与的石人沟矿、眼前山矿、超贫或表外矿的合理利用研究，尤其是"全国主要铁矿山经营参数的研究"获得了省部级奖，并有全国推广价值。

熊国华老师是1952年从天津大学采矿系毕业留校任教的，1954年曾做苏联专家专业翻译，之后和童老师一起从事龙烟铁矿采矿方法的研究。熊老师因为比较直言，1957年后受到了长期不公平的待遇，但他后来仍然能够无怨无悔地工作，从20世纪70年代起，才逐步真正展现出才智。他和童老师一起从事无底柱崩落法的研究，获得1978年国家科学大会奖。继后又在寿王坟铜矿进行高端壁无底柱崩落法的研究取得成功。他和赵怀遥合编的《无底柱分段崩落法》一书，是国内第一本关于该采矿法的专著，对于在国内推动无底柱分段崩落采矿法作出了贡献。他是我系计算机和数字技术在采矿领域应用的带头人，是国内放矿损失贫化预测的电算模拟方法的创始者，其成果获部级二等奖。继后他提出并开展矿业系统工程研究，得到系里支持后成立了系统工程研究室，由他任主任。在此后几年，在一系列矿山取得研究成果，并成为我系学科发展的重要分支。

宋：您能谈谈您的工作吗？

任：我的工作可以分成三段：第一段，毕业留校到1966年这段以教学为主，主讲专业课"地下开采"和指导学生实习，1959年担任采矿教研室副主任；第二段，1966—1976年这段时间基本就荒废了，也遭受了一些冲击；第三段就是从20世纪70年代末、80年代到我退休这段，这段时间的工作一是搞科研、指导研究生，二是担任了系主任和矿业研究所所长工作。

我在西石门铁矿、寿王坟铜矿、张家洼铁矿东区、西区，以及矾石磷矿进行采矿方法研究，解决了这些矿山开采中存在的问题，获得一个国家科技进步奖三等奖，两项省部级的一等奖和两项部级的二等奖。前面说过，童老师在我们之前已经在程潮铁矿做过无底柱分段崩落法的研究，我们则是在不同地质条件下进行的新的探索。都是无底柱崩落法，但地质条件不同就会有新的问题。寿王坟铜矿是开采矿岩稳固的急倾斜厚矿体，类似矿山使用该采矿法没有困难，但大都采用分段高10~12m。我们进行的是高端壁无底柱分段崩落法的研究，将分段高度提高到20~25m，其目的是将低效的采准工作量大大降低并提高开采强度。而在张家洼铁矿要求解决的却是在矿体不太厚、倾角比较缓、矿岩不稳固、埋藏深、矿压大等不利条件的情况下使用无底柱分段崩落法所遇到的问题，如支护困难、巷道垮塌、矿石损失严重等，需要采用新的工艺、新的技术去解决。需要强调说明的是，这些工作不是我一个人完成的，包括方祖烈、王辉光、丁延棱、王志宏、明世祥、高永涛、宋卫东、高谦等同志的共同努力，我是作课题负责人而参与工作发挥应有的作用。

20世纪70年代，我重新担任行政工作，1983年前做采矿教研室主任，1983—1993年做系主任，这是我最忙的10年。我做系里的工作是把它当成一个事业来做的，因为我有一个特点就是我不做就算了，做就要做好；另一个原因就是为采矿系争口气。我花了比较大的精力全心全意来从事系里的工作，团结大家一起干，包括提高教学质量、争取经费、争取课题、发展学科、培养队伍、建设实验室、改善教师工作和生活条件等。如果看我们采矿系的发展，应该说这一段是比较重要的阶段，它给后来的发展创造了较好的条件。回想起来，也是我人生中最值得回忆的一段时光，这首先取决于改革开放创造的社会前提。为鼓励我在系里工作的努力和成绩，曾获北京市劳动模范称号，并享受有关待遇至今。

宋：您在这个过程中遇到了什么困难吗？

任：困难当然有，第一个困难就是机遇，就是指工作氛围。说实话，我施展得最好的时候是在我四十几岁、五十岁以后，之前在那个年代特有的氛围下工作，压力很大。那时我既要搞好自己的教学，又要担负起作为党员、教研室副主任的职责，不是单纯做政治工作，我不能不谈业务啊，像师资建设、课程建设、教材建设都是业务问题，在当时这样经常被指责不突出政治，"啊！你怎么老讲业务啦！""你老是不和别人比政治啦！"等，受到指责或批判。在这个氛围下，哪能安心下来搞好业务工作？其实，这些情况我们这代人基本都碰上了。我永远衷心感谢党对我的培养，给我念大学、留校、入党、提职提干等机会。今天说这些，没有别的意思，而是说我们现在的年轻人要珍惜现在这个机遇，更好地学习和工作。

第二个就是所从事的矿业发展遇到的困难。由于矿山大多远离城市，且在露天或地下作业，在世俗偏见中所从事的尽管是国民经济中非常重要的基础工业，但不是人们眼中的热门行业。再加上计划经济条件的价格机制，长期将矿石价格定得太低，把利润放到后续行业去了，有的矿山连维持简单再生产都有困难，采矿工业怎么发展啊！记得冶金部矿山司司长曾对我说，他在冶金部一辈子都在干一件事：为采矿争取发展条件。我多次参加冶金矿山厂矿长会议，讨论中总是离不开精矿价格过低这个话题。在上述情况下，要提高师生教与学的积极性，要科研立项，要争取科研经费和实验室建设经费都很不容易啊！

我是第一志愿报考的采矿专业，为什么？当时刘少奇同志对地质学院的学生说，"地质是建设时期的游击队"，出于热切追求参加革命的我是抱着游击队的后续部队来认识采矿专业的。当时正是发展钢铁工业热潮，招生简章上又说，采矿工程师需要组织能力强的人。我在中学时期当过学生会主席，我觉得有点组织能力，两者加在一起，别的没有多想就把矿业填报成第一志愿！进校后不久，班上有些人感到后悔，有些人第一志愿不是矿业，是被分配进来的，有情绪。当时我就本着这么一个思想，选定了它，而且国家也需要它，就要干下去！如果你尊重我，就要尊重我的事业；你侮辱我的事业，就是侮辱我。记得我当系团总支委员时曾组织过一次全系团日活动，其主题是"为建设祖国的克里沃罗格而奋斗"。克里沃罗格是当时苏联最大的铁矿区，在现在的乌克兰，后来我也去过，苏联很多采矿新技术都发源于此。所以，为采矿事业争光，为采矿事业呐喊，是我毕生的选择。我在采矿系里工作的时候，提出振兴采矿的口号正是基于此，新生入学时我都以此为主题来讲。

其他的困难在任何工作中也都有，但是比较起来，最终生难忘的就是前面这两个，其他再难也不算什么了。

宋：非常感谢您接受访谈。祝您身体健康！

任：谢谢。

后记 本人（访谈者，宋琳）于 2019 年 7 月对任天贵教授进行了访谈，访谈稿整理好后得到了任教授精心、认真地修改，并就其中的问题再次进行了访谈录音。任天贵教授爱党敬业、严谨求实的精神令人钦佩。

三、 对李怀宇教授的访谈

李怀宇（1937— ），江苏南京人。北京科技大学教授。1955年考入北京钢铁学院，毕业后留校任教，历任讲师、副教授、教授。曾担任北京钢铁学院（现北京科技大学）采矿系主任、矿业研究所所长。曾任中国金属学会采矿学会第三届理事长、冶金安全学会理事。

宋琳（访谈者，以下简称宋）：李老师您好！您毕业于北京钢铁工业学院采矿系，后留在采矿系通风安全教研室工作，一直在该领域耕耘多年，想请您谈谈您在钢院的学习和工作情况。

李怀宇（被访谈者，以下简称李）：好的。

宋：您是哪年考入北京钢铁工业学院的？

李：我是1955年考入钢院采矿系的，那时刚建校不久。钢院从1954年夏季入学的学生开始，本科学制由四年改为五年，所以我是1960年毕业。我们钢院1958年没有毕业生。

宋：您当年为什么选择报考北京钢铁工业学院？

李：我是从南京考来的，当时就读于南京十中（后恢复原名金陵中学），那是南京的一所重点学校，也是一所教会学校。当时报考志愿不像现在这样想得那么多，家里不懂也不管。我们中学那届一共有四个毕业班，我们几个同学商量着就填了志愿，第一志愿都是清华，我第三志愿是北京钢铁工业学院。当时国家要发展重工业嘛，所以钢院还是很抢手的。最后六个人考进清华，我进了钢院采矿系。

我之所以选择报考采矿专业，其实想法很简单。当时年轻，十七八岁嘛，对专业情况很不了解，思量着采矿是在野外，中国到处都有矿山，一定会全国各地跑，到处游山玩水（笑），所以最后志愿填报的是采矿。到了学校之后发觉根本不是那么回事儿，搞采矿特别艰苦，也很危险。我这个人吧，不是太具个性，专业思想也不是那么强烈，既来之，则安之，那就安心学习吧。

宋：到了钢院之后，学习和生活情况如何？您能具体谈谈吗？

李：从南京到北京入学，是坐火车来的，下关到浦口要横过长江，当时没有铁路大桥，靠轮渡，轮渡一次只能送过两节车厢，车厢全部轮渡过去要花四五个小时。那时火车走得也慢，差不多两天一夜多才到北京前门火车站。钢院用汽车将报到的新生接到学校，一路上见到，市区没有熙熙攘攘的人群，城外都是黄土简易路，有点荒僻感。进校门映入眼帘的主楼倒是很有气派，不愧钢铁工业学府。

我们采矿系新生安排住十斋，十斋住宿条件不错，四个人一间房子，冬天有暖气，不像南方那样冬天冻得生冻疮。吃饭在西饭厅，领餐窗口取菜打饭，有多种菜肴供选择，最好吃的要数烧茄子了。低年级上大课的时间多，采矿专业同年级几个班在大教室上，大多在主楼阶梯教室，上大课时要提前占位子，这对近视眼同学尤为必要。我们这个学年采矿系共招 102 人，全部就读采矿工程专业，与录取通知书上写的矿山开采与经营是一个意思。新生对系里情况一般不太了解，入学教育时才知道，采矿系下设三个教研室（当时叫教研组，以后统称教研室），一个是采矿教研室，另一个是地质教研室，还有一个是矿山机械设备教研室。采矿系那时有好几位老教授，像卢焕云老师、华凤诹老师、刘之祥老师、童光煦老师、陈兆东老师，都是当时挺有名气的教授。

入学时，地质教研室陈希廉老师是我们的班主任，后来改换地质教研室的任允芙老师。低年级时，"地质学"由陈兆东教授主讲，"矿床及矿床物探"是谢树英教授主讲的，任允芙老师主讲"矿物岩石"。陈希廉老师带队给我们指导野外地质实习，实习在京郊西山进行。教材大多用翻译过来的苏联教材，我们入校时系里就有苏联专家在授课，学制改为五年就是根据苏联专家的建议改革的。

我五年大学也是社会运动比较多的一段时期。1957 年上半年开始"大鸣大放"，那时候大小会议很多，正是盛夏时刻屋内没有空调，所以分组小会常常跑到树荫下去开，倒是凉快一点，可是气氛紧张。

到了 1958 年，中共中央、教育部发布了《关于教育工作的指示》，提出"教育为无产阶级政治服务、教育与生产劳动相结合"的方针，开始搞教育革命。

1958 年下半年的时候，全国"大炼钢铁"[①]。"大炼钢铁"期间钢院决

---

① 1958 年 8 月 17 日，中共中央在北戴河召开政治局扩大会议，通过《全党全民为生产 1070 万吨钢而奋斗》的决议，从此掀起轰轰烈烈的全民大炼钢铁运动。

定，三、四年级学生要奔赴全国各地参加冶金工业"大跃进"，大炼钢铁。我正好读三年级，我们几个人就到了延庆，环境很艰苦，三九天就靠穿个棉大衣，深夜乘坐敞篷卡车好几个小时，腿脚都冻僵了。来到康庄白河堡，在那儿一待就是两三个月，主要任务是找矿。我们这个下放点一共来了6个人，矿60年级2班，也就是我所在的班有伍骐、闫立英、宋光庆和我，四年级的矿59有刘成祥、徐同学，刘成祥是组长。我们经常沿白河两岸寻找含铁石块。

1959年，根据国家建设的需要和深入教育革命形势发展，经院里同意，1960年采矿系开始招三个专业，原来的采矿专业继续招生，新增选矿工程专业、矿山机电专业招生，两个新专业的筹办分别由选矿工程筹备组和机械设备教研室负责。也是这一年，采矿教研室增强了露天开采的师资力量，从高年级中提前抽调学生，我们矿60年级2班抽调了张福择、刘琦两名同学，通过进修培养，组成了五六名露天开采的教师队伍。

北京钢铁学院师生（矿60.2）在寿王坟铜矿
现场教学中参与大爆破通风研究

从延庆回来以后，国家正在准备第一届全运会，全运会之前，成绩优秀的运动员在北京市脱产集训，采矿系学生韩菊元和徐汝霖就在市里集训，他们不负众望，韩菊元取得了女子标枪第一名和女子手榴弹第二名，徐汝霖取得了链球第六名，为采矿系和学院增了光。我们这些钢院田径队的运动员，也配合全运会的气氛，集中在九斋住宿。我所在的中长组住一楼，集训期间半脱产，上午跟班学习，下午集中训练，中长组的教练是王玉璞老师。学校补助每天两毛钱伙食费，当时两毛钱很管用的，一个月伙食费不过 12.5 元。钢院在体育方面的确厉害，全运会上得分不少。

（二）

宋：您毕业后留校，在哪个教研室？具体做什么工作？

李：留在了通风安全教研室，当时教研室人员主要任务是讲课和带实习，开出的课程不多，有"矿井通风""矿山防排水""矿山安全"，以及三门课程相应的实验课。

1960 年一毕业，随即参与了 65 届采矿新生 9 月的入学工作，开赴矿山现场教学和劳动，与矿 65 学生一起奔赴龙烟铁矿，同吃同住同劳动，有时也安排少量的现场教学。

1960 年年底，通风安全教研室将我从龙烟铁矿召回，派到武钢程潮铁矿搞科研，该项科研是原冶金部、原煤炭部、原劳动部三部委协同领导，由 9 个大专院校和科研单位组成的"掘进工作面快速通风"攻关课题。除了钢院外，参加单位还有冶金安全研究所、东北工学院、中南矿冶学院、淮南矿业学院、暨南大学、西安冶金学院、北京劳动保护研究所和程潮铁矿，组长马秉鸽、副组长陈化韩，均来自冶金安全研究所。程潮铁矿为这项研究基地所在单位，钢院派出我和孙仲参加。历经 3 个年头攻关，1962 年顺利完成研究，其成果为矿山大干快上提供了行之有效的技术，解决了快速掘进巷道的通风问题。

从程潮铁矿回校后，教研室安排我给卢焕云老师助课。卢先生是我国著名的采矿专家，他当时除了担任采矿系主任之外，还在通风安全教研室具体负责"矿山防排水"课程教学。1964 年，我开始主讲这门课程。在这期间，系里让我去做系教学秘书，开始是协助于学馥系副主任，后来是给高武勋系副主任做一些辅助工作，另外负责安排、联系各年级的矿山实习。

宋：通风安全教研室是哪年成立的？

李：1957 年成立的。

宋：您是通风安全教研室早期成员，并一直在该领域工作，您能介绍一下它的发展情况吗？

李：总体来说，钢院通风安全教研室及通风安全专业的发展大致可以分为三个阶段。

第一阶段：1952—1965 年，形成规模时期。

第二阶段：1966—1979 年，适应大环境时期。

第三阶段：1980—1998 年，学科建设新发展时期。

1998 年后，我就退休了。后面发展越来越好，但具体情况不太了解了。

宋：教研室刚成立时，主任是谁？早期成员有哪几位老师？

李：教研室主任是华凤诹[①]教授。

1952 年北京钢铁学院初建时，只有卢焕云、华凤诹两位教授是后来成立的通风安全教研室成员，随后不断有年轻教师加入，1953 年分配来暨朝颂、高武勋老师。1957 年采矿毕业生冯铭翰、龚竟成、韦冠俊三人留校均归属于刚成立的通风安全教研室，矿 60 蔡似惠、刘学丰、苗天仁和我 4 个同学留在通风安全教研室，加上 1956 年来的实验员赵景宣，到 1960 年时通风安全教研室已有 12 个人，是人数比较多的时期。1961 年留下矿 61 王静英，次年分配两名实验员魏淑华、鲁玉玲，这时人数达到峰值 15 人。同时有两位从西安冶金学院到我校进修的教师：贾庭桂和丛老师。

但是，接下来几年陆续有人调走。1966 年之前有三位老师调走：刘学丰调到玻璃水泥设计院，蔡似惠调到了冶金部，还有一个实验员鲁玉玲老师也调离了学校。

宋：您能谈谈卢焕云、华凤诹两位老教授吗？

李：卢焕云教授、华凤诹教授都是建校、建系的元老，两位老教授在大学任教前都曾做过多年的工程师和教授。

卢焕云教授是在建校时从清华大学采矿系调过来的，到了钢院采矿系后，担任采矿系的第一任主任。他是 1955 年从比利时国立列日大学采矿工程科毕业，获得了采矿工程师学位。回国后，曾任云南省江新金矿公司总工程师兼经理，华东钢铁公司总工程师兼马鞍山铁矿矿长，也曾任云南大学矿

---

① 华凤诹（1906—1971 年），男，天津人。北京科技大学教授，我国著名采矿、通风与安全专家。1924 年考入北洋大学矿冶学科，1930 年毕业获得矿业工程学士学位。此后在开滦矿务局、阳泉保晋公司煤矿矿厂等公司任助理工程师、副工程师、工程师。1944—1952 年，先后在广西大学、唐山交通大学、天津大学任教，1952 年，院系调整到北京钢铁工业学院任教授。

冶系教授兼系主任。1938 年，卢老师曾对云南蒙自县江外一带金矿进行勘查工作，编写了地质矿产报告，该报告交给云南省工业厅，对云南省的矿产开发作出了贡献，受到该厅的奖励。1950—1952 年，在清华大学和华北大学期间，曾先后讲授"画法几何""凿岩爆破""采矿学""金属采矿学""矿山排水""矿山运输""矿内支柱"等课程，并编写相关材料。1954 年，曾讲授"矿山企业生产经济组织与计划"课程，并编写相关材料。

华凤谖教授是在建校时从天津大学采矿系调过来的。华老师毕业于北洋大学，1930—1937 年先后担任开滦矿务局助理工程师、阳泉保晋公司煤矿矿厂主任，从事煤矿设计和生产管理工作。1939—1943 年，担任资源委员会公务员、副工程师，中国兴业公司矿长，资源委员会天和煤矿工程师、华新水泥公司主任，从事煤矿的生产组织和管理工作。1944—1952 年，曾先后担任了广西大学副教授、唐山交通大学副教授，武汉大学教授、北洋大学教授、天津大学教授。华老师有比较丰富的实践经验和理论知识，曾参与通风安全教研室筹建并任教研室主任。

宋：采矿系成立通风安全教研室，是否说明我们国家在 20 世纪 50 年代已经开始重视采矿业中的安全问题？

李：是这样的！矿山开采属于高危行业，在矿山开采过程中不安全因素很多，例如炸药爆破时产生的冲击波、有毒有害气体和飞石；爆破器材的加工、运输和贮存；地表水和地下水的涌入；硫化矿的自燃和产生的高温；井下焊接、电气设备、爆破引起的火灾；井筒提升设备的坠落；矽尘毒害；管理上不到位等。新中国成立前由于忽视安全，采矿业事故频出。新中国成立后的 20 世纪 50 年代，百废待兴，矿山开采安全技术和设施急需跟上国家建设步伐。冶金部一开始就设立了安全环保司，地方、生产单位分别建立了相应的局、处、科和部等安全职能部门。1953 年 9 月，冶金工业部颁布了第一部非煤矿山的安全规程"矿山安全规程（草案）"，至此，矿山安全有法可依了。对于旧社会遗留的矿工高发的矽肺病，矿山首先大力开展粉尘治理，并开展矽肺病调查、医治等安全措施，均体现了新中国成立初期国家对矿山安全的重视。所以，钢院采矿系筹备、成立通风安全教研室也是应运而生的。当然，钢院通风安全教研室的成立也与当时全面学习苏联的教学体系有一定关系。

宋：通风安全专业教研室的老师都开设哪些课程？

李：给采矿专业本科生开设的矿山通风安全领域传统课程有"矿井通风""矿山防排水"和"矿山安全"三门。

后来根据教学计划变更情况，不同年级开出的课程又有所增减。这期间老师开设的课程（含研究生课程和通风班课程）有：卢焕云老师开设"矿山防排水"；华凤诹老师开设的课程有"矿山运输""矿山通风""矿山提升和采煤"；暨朝颂老师开设的课程有"矿山通风与安全""矿内气体动力学""大气污染控制工程"；高武勋老师开出的课程有"矿山安全"；韦冠俊老师开出的课程有"矿山安全""矿山安全与救护""矿山环境工程"；龚竟成老师开设的课程是"矿山通风与防尘"；冯铭翰①老师开设的课程有"矿井通风"等，20世纪60年代他还参与"矿井通风"课程全国统编教材的编写；蔡似惠老师开设的课程有"矿山防排水"；我开设的课程有"矿山防排水""矿山通风与防尘""流体力学""安全系统工程"；王静英老师开设的课程是"矿山通风与防尘"。

同时开设实验课情况是：赵景宣老师开设的"通风管道风流压力""矿山救护""粉尘测定""防排水"实验课；袁俊芳老师开设的"通风管道风流压力""矿山救护""粉尘测定"实验课；魏淑华老师开设"粉尘测定"实验课。

宋：除了教学建设外，实验室建设怎样？

李：这时我们教研室已经建有通风管道、矿山安全与救护、粉尘化验分析和矿山排水四个实验室，供教学和科研使用。

宋：当时教研室老师重视科研吗？

李：那时候受大环境影响，重视科研的并不多，暨朝颂老师②开始思考一些学术理论方面的科研问题。

宋：您能谈谈暨老师吗？

李：暨老师1948年考入了湖南大学的矿冶系，当时也是抱着工业救国的目的。高年级矿冶系分采矿与冶金时，暨老师选择了采矿。中间曾休学一年，到1953年毕业时，湖南大学矿冶系已合并到中南矿冶学院，所以暨老师是从中南矿冶学院采矿系毕业的。

---

① 冯铭翰（1934— ），男，广东广州人。北京科技大学教授。1957年毕业于北京钢铁工业学院采矿系，毕业后留校任教，历任助教、讲师、副教授、教授。

② 暨朝颂（1928— ），男，湖南浏阳人。北京科技大学教授。1953年毕业于中南矿冶学院采矿系，后到北京钢铁学院任教，历任助教、讲师、副教授、教授。

暨老师毕业后原定到东北工学院跟苏联专家读研究生，继续学习。由于那个年代信息也不通畅，等他们到了东北工学院，发现苏联专家已改调到北京钢铁工业学院，又随之来到了北京钢铁工业学院。那时钢院采矿系也缺师资，所以就此成了助教。当时的研究生与现在的研究生性质有点不同，那时研究生是教育部为培养高校教师而设置的，任务是学习苏联的先进知识，补学过去未学到的东西。当时苏联专家要求采矿系的研究生要补"矿井火灾"这门课，采矿系系主任将此任务交给暨老师来完成，他当时一边翻译苏联教材，一边给矿55的大学生上课。正是这段学习俄语、翻译俄文教材和资料的经历，引起了暨老师对苏联科学技术博士 B. H. 沃洛宁教授创建的矿山排烟尘通风理论提出异议，并建立了矿山各种通风过程的数学模型。通过对沃洛宁的矿内气体动力学基础的深度钻研，进一步又追索到流体力学的研究。他的科研包括 KKJ 型矿用空气净化机组研究、无密闭墙铺扇的试验与研究等。其中关于 KKJ 型矿用空气净化机组研究通过了原冶金部和有色总公司的鉴定，并获得"矿井空气净化器"实用新型专利证书。

宋：教研室成立早期，还做过哪些科研工作？

李：通风安全教研室这个时候科研并不多，立上项目的只有前面提到的"掘进工作面快速通风"科研攻关。在三年攻关中，我们和劳动保护研究所重点研究无毒炸药，即研究炸药中所含的氧与可燃元素完全氧化所需要的氧尽可能平衡问题，以便降低爆破后炮眼的有毒气体含量，从而减少通风的负担，实现快速通风。这次攻关也是钢院通风教研室的第一个正式参加的研究项目，同时也给了我们机会，能够得到前辈面对面的指导，相互学习各单位的科研工作经验，让我们这些刚走出校门的青年人经历一次难得的科研训练。

我们在带领学生矿山实践时，一边劳动、一边实习、一边科研，有时候搞一些巷道通风、防尘、防毒等技术革新项目，并结合矿山开采中的安全问题自列一些科研题目、收集资料，为进一步科研立项做些技术储备。

宋：通风安全教研室发展的第二个阶段，1966—1979 年，您能谈谈这个阶段的情况吗？

李：1966—1976 年，教学和教辅人员有进有出，又因为卢焕云、华凤诹两位教授的相继去世，到 1979 年教研室人员减至 8 人，分别是副教授暨朝颂、讲师韦冠俊、龚竟成、我和王静英，工程师赵景宣，助工袁俊芳、魏淑华。中间相续调走的有 3 位老师，高武勋副教授调钢院科研处，冯铭翰讲师调钢院矿研所，苗天仁老师调到河南。这期间留校又调出的有两位老师：张凤珠和李丛芳，均调到冶金部。

随着通风安全教研室人员不断减少，中坚力量高武勋和冯铭翰的先后调走，已经有青黄不接的迹象了。冯铭翰不仅讲课效果好，而且思路开阔、协调能力强。他转到矿研所钻具研究室后业绩很出色，搞钻具新材料、新工艺和新技术的研究项目，获得了国家科技进步奖一等奖，被授予"有突出贡献的中青年专家"。

这个阶段在保证给工农兵学员授课之外，主要是给山东矿山及社会办培训班。我们在校内承办了两届通风班，学制一年半，培养了通风管理与技术的骨干力量；在山东招远承办了七期通风防尘训练班，为山东冶金矿山培训了通风防尘检测队伍。那时候，我在现场，一年有七八个月都待在招远金矿。为了配合教学，我们编写了相应的教材和讲义。1974 年，暨朝颂等老师合编了《矿山通风与安全》，我编写了《矿井通风系统测定》教材，高武勋和韦冠俊老师编写了《矿山安全》教材。

宋：1980—1998 年，教研室发展进入第三个阶段，您能谈谈这个阶段的情况吗？

李：这个时期，教研室在人才队伍、教学、科研，以及学科点建设方面都有了较大的发展。

先说说人才队伍建设。这个阶段的后期，教学和教辅人员数量虽然没有显著增加，但却基本上完成了大部分成员的新老更替。通风安全教研室新增了 2 名博士和 2 名硕士，2 名硕士后来也都获得了博士学位，成为今后拓宽安全工程领域和进一步发展已有学科的中坚力量和学术带头人。学科发展跟外部环境关系十分紧密，这个从安全工程学科发展就很明显。专业发展是需要一些条件的，首先要国家重视，再有就是单位要不断储备人才，所以 20世纪 90 年代初着手进人。第一个留下的硕士就是杜翠凤老师[1]，她是搞矿山通风、矿山尘毒控制、矿井灾害防治的。还有蒋仲安老师[2]，他是搞矿井粉尘及职业危害控制、矿井安全技术及通风、灾害应急救援系统及安全信息管

---

[1] 杜翠凤，女，北京科技大学教授，博士生导师。中国金属学会冶金安全专业委员会委员。

[2] 蒋仲安（1963—　），男，浙江诸暨人。北京科技大学教授，博士生导师。兼任第五届国家安全生产专家组成员、全国非煤矿山标准化委员会委员、中国安全生产协会专家委员会成员、《矿业安全与环保》杂志编委。

理的。再后来留下金龙哲①老师，他是搞粉尘防治技术、企业安全管理工程、矿井火灾防治技术的。后两位老师都是中国矿业大学安全技术及工程专业的博士毕业生，先后到北科大做博士后，出站后留下承接安全工程学科的建设。后面又不断有新人引进，这样人才队伍就逐渐发展起来了。

与队伍建设同时，着手筹备安全技术及工程专业二级学科硕士学位点，当时是设在矿业工程一级学科下的二级学科，1993 年获得二级学科硕士学位授予权。那时候，国家开始很重视安全问题，并且把安全问题与环境问题、矿业发展问题放到了一起，这之后安全工程就进入了一个快速发展时期，到了 1998 年又获得二级学科博士学位授权。这个时候我已经退休了，都是一些后来人在搞，这些后来的生力军搞得非常好。这个学科点在保持矿山尘毒治理技术传统优势的同时，在矿山应急理论与装备、矿山火灾治理技术、多因素耦合环境下工程材料的失效机理、工程材料和结构安全服役状态监测与风险评价控制技术方面取得了重要突破。

在教学方面，这期间面向本科生和研究生开出"矿井通风""矿山防尘""矿山防排水""矿山噪声及防治""矿山安全""矿山环保""安全系统工程""安全原理与事故预测""流体力学"等多门课程，同时开出了满足课程要求和研究项目的相关实验课。参与了全国统编教材《矿井通风与安全》的编写，还编写、出版了《安全原理与事故预测》《矿山环境工程》教材。20 世纪 80 年代后期，安全系统工程的概念、学科刚从国外引进，钢院通风安全教研室老师积极紧跟，及时开出了"安全系统工程"，并应聘为昆明工学院研究生授课，为燕京石化等单位讲课。

参加了《中国冶金百科全书（采矿卷）》的编写工作，这部冶金百科全书是我国第一部荟萃古今中外冶金科技知识，反映当代冶金科学技术水平的大型专业工具书。暨朝颂担任《中国冶金百科全书（采矿卷）》中《矿山环境工程》分支主编，我担任采矿卷学术秘书，并任《矿山通风与防尘》分支副主编；韦冠俊在《采矿手册》中任副主编，负责《矿山环境工程》编写。

改革开放后，国内外学术交流得到加强。1987 年，我们邀请日本安全专家井上弘一、熊本博光，1990 年邀请苏联露天矿通风专家彼得格罗夫，1991 年邀请日本安全专家佐藤吉信来校访问、讲学，这些交流促进了我们专业的发展，推动了科研攻关项目的完成。与此同时，我们也参加、主办相关学会和业务活动，积极交流，发表论文。

在科研方面，其实可以分成前、后两个阶段，这也跟大环境有关。20 世纪 80 年代的时候，我们努力寻求课题项目，提高科研能力和成果水平。先后完成了三项鉴定：第一个是金厂峪金矿通风节能研究，这个项目是通风安全教研室第一次完成的鉴定、获奖项目；第二个是"KKJ 型矿用空气净化机组"，通过了冶金部和有色总公司的鉴定，并获得了"矿井空气净化器"实用新型专利证书；第三个是由冶金部组织，十一所院校承担的"矿井通风鉴定指标研究与编制"。其中第一和第三个项目均获省部级科技四等奖，虽然奖项级别不高，总是有了突破，这两个项目均在矿山实际应用。到了 20 世纪 90 年代的时候，经过国家"八五"攻关项目的锤炼和厂协项目的完成，已经形成能够承担重大安全科研项目和为矿山工程技术服务的梯队和力量。"八五"攻关研究获奖情况是："爆破粉尘污染综合治理技术的研究"获国家经贸委科技进步奖二等奖，"大孤山铁矿间断连续运输工艺的研究"获辽宁省科技进步奖三等奖，"深凹露天矿尘毒污染监测预报及评价技术的研究"获省部级科技进步奖三等奖等。"非煤矿山井下工作面炮烟净化"课题在劳动部立项，取得井下炮烟的净化方法发明专利，后在大冶铁矿进行生产应用研究；"露天矿路面抑尘技术"先后在大孤山铁矿、齐大山铁矿进行研究和应用，成果后来转让首钢水厂铁矿。

宋：您能谈谈安全工程专业发展的必要性和重要性吗？

李：各行各业的生产都有不安全因素和环节，尤其是现代工业经常在高温、高压、井下等环境下作业，这些作业需要安全技术、设施、措施保证安全生产，才能保障生产中人员的安全和国家财产的安全。实现安全生产需要大量的安全工程专业人才，当前我国安全专业人才十分短缺，急需大力培养。安全工程专业人才，对预防事故发生和控制灾害有极为重要的作用，随着新时代社会主义建设的需要和现代科技的发展，对安全工程专业人才的要求越来越高，他们应该是熟悉现代科学技术和了解多专业知识复合型人才。

我退休后受聘于原安监局（现应急管理部）一司，协助审查和验收非煤矿山安全设计和设施，在这十几年时间中切身感到国家对矿山生产安全非常重视，不安全项目不建设，不安全的矿山不生产。例如，邻近地表水或者邻近地下水的矿体，没有可靠的安全性是不能开采的，必须进行完整的安全设计，重点分析、评价水体对该矿体开采的威胁，采取相应的安全措施，经审查、批准后才可以进行建设和生产。多年来在审查矿山安全设计中要求，新建矿山原则上要优先选用充填采矿方法，如果不使用充填采矿方法必须专项论证，阐明原因，也就是说矿山设计中要贯彻这种安全理念。充填采矿方法的地层压力可以得到更好管理，有利于控制地表沉降和围岩崩落，首先安全性高，再就是环保性强。崩落采矿方法虽然开采效率高，成本低，可是井下的岩石冒落、大量的地表塌陷，并且随着开采进行塌陷区逐年不断扩大；还有，其他各种采矿方法开采形成的采空区都是不安全因素。地表生态也是资源，不能开发了矿产资源，丢掉了生态资源。对粉尘、噪声、振动、有毒物质等的防治和生态保护都与人的健康息息相关，也可以说是关系人身健康的安全问题，这类安全问题在矿山安全设计审查和矿山安全设施验收中都有所强调，矿山粉尘、噪声、振动、有毒物质等必须有可靠的防治措施；矿山大大小小的废石场、各种类型尾矿库，一旦完成服务年限后都必须复垦，这些治理措施体现了我们国家在矿山安全生产和环境保护上给予的高度重视。

宋：非常感谢您接受访谈，让我们了解了您早期在钢院的求学和工作经历，尤其是通风安全教研室及安全工程专业的发展与变迁。祝您身体健康！

李：谢谢您！

后记 本人（访谈者，宋琳）于 2019 年 7 月 22 日、2022 年 9 月 6 日在李怀宇教授家中对他进行了两次访谈，参与第 2 次访谈的还有大安全研究院王辉副院长。李怀宇教授详细地讲述了他在采矿系的学习和工作经历以及安全工程专业的建设与发展。

第四章 冶金系的创建与发展

冶金系是北京钢铁学院成立之初设立的四个系之一，其师资力量汇聚了我国矿冶领域顶尖的科学家群体，包括魏寿昆、谢家兰、林宗彩、朱觉、胡庶华、郗三善、耿步蟾、石心圃、任殿元、陈大受十位教授，是四个系中拥有教授人数最多的，这使北京钢铁学院冶金系创建之初就站到了一个高起点上。冶金系自建立以来，先后设置了炼铁、炼钢、电冶金、冶金炉、铸造等多个专业方向，诞生了一批重要的科技成果，为社会各界尤其是冶金行业输送了大批优秀人才，如徐匡迪、刘淇、黄孟复等党和国家领导人，李依依、周国治等中国科学院院士，殷瑞钰、毛新平等中国工程院院士。如今，由最初冶金系发展成立的冶金与生态工程学院，其冶金工程学科为国家一级重点学科，拥有雄厚的师资力量和一流科研平台，正向着建立"世界一流冶金教育科研中心"的目标不断迈进。

本部分通过对冶金系建系元老徐业鹏教授的访谈，追溯了北京钢铁学院冶金系与北洋大学（现天津大学）矿冶学科的深厚渊源、冶金系建系时名家汇聚的辉煌，以及他所在的冶金炉专业的历史变迁，从中可以窥见到传统冶金专业在新技术革命中面临的挑战与机遇。

对徐业鹏教授的访谈

▼

徐业鹏（1931—　），山东省泰安人。北京科技大学教授。1952年北洋大学冶金系毕业，同年到北京钢铁工业学院（现北京科技大学）工作。先后任冶金炉实验室主任、冶金炉教研室主任。曾任中国金属学会能源学会副理事长，全国能源基础与标准化技术委员会委员。

（一）

宋琳（访谈者，以下简称宋）：徐老师您好！您是北京钢铁工业学院建校、冶金系建系元老，1952 年建校时您随天津大学冶金系调整到钢院。

徐业鹏（被访谈者，以下简称徐）：是的。那年我刚从天津大学毕业。

宋：您是哪年考入天津大学的？

徐：我是 1949 年考入北洋大学冶金系，那时还叫北洋大学，9 月份入学的，已经是新中国成立后了。本来应该是 1953 年毕业，因为新中国成立后实行"第一个五年计划"①，提前让一部分学生毕业参加五年计划，所以我们那一届 1952 年就毕业了。

宋：您为什么选择报考北洋大学冶金系？

徐：北洋大学矿冶系在全国都非常著名，而且那时国家比较重视钢铁工业发展，所以就报考了。当时考试还是沿用新中国成立前的考试办法，各个大学单独考试，我在济南参加了山东大学、到天津参加了北洋大学，还有北大、清华和南开的联合招生考试，最后选择了北洋大学。

宋：您能谈谈北洋大学整体发展、师资队伍以及学习情况吗？

徐：新中国成立前夕，北洋大学在反对国民党腐败政治、争取民主自由方面都走在了全国高校的前面，爱国奉献是北洋大学师生的传统。我入学时北洋大学还在天津北运河边上，有南楼、北楼，两栋三层的教学楼。当时校长是刘锡英教授②，我国电机领域专家，是一位进步的爱国知识分子。北洋大学有一些在冶金、地质、采矿等领域，全国范围内都很知名的教授，如魏寿昆，那时他是北洋大学工学院院长；刘之祥，采矿系的系主任；还有邓曰

---

① 第一个五年计划，简称"一五"计划（1953—1957 年），是在党中央的直接领导下，由周恩来、陈云同志主持制定的，1955 年 7 月经全国人大一届二次会议审议通过。至 1957 年，"一五"计划超额完成了规定的任务，实现了国民经济的快速增长，并为我国的工业化奠定了初步基础。

② 刘锡英（1894—1966 年），男，河北滦县人。著名教育家、电机专家。1917 年毕业于北洋大学，1925 年获美国哈佛大学电机工程硕士学位。历任河北工学院、东北大学教授、西北工学院、北洋大学教授。曾任天津大学副校长、校长。

谟①、苏良赫②、谢家兰③、刘叔仪④、方正知等知名教授。

　　1949 年，大学教学体系和教材还是沿用了之前的方案，1950 年以后才慢慢地改动，到 1952 年开始全面学习苏联。所以像前期开的一些基础课，微积分、化学、物理都是英文教材，都是新中国成立前传下来的。魏寿昆老师给我们讲过两门课，"耐火材料"和"冶金厂设计"，教材都是魏先生用英文自己写的，写完后拿去印刷，上课也是用英文讲的，当时全国没有统一的教材。邓曰谟给我们讲过"热机学"，是用中文讲的。北洋大学学风严谨，老师们要求很严格，学生们学习都很刻苦。

　　宋：您这届冶金专业招收多少人？

　　徐：招收一个班，有二十几个人，到大学三年级时又分成三个专业方向，包括钢铁冶金、有色冶金和金属物理。前两年基础课大家在一起上，后面的专业课就分开上了。

　　宋：您的专业方向是什么？

　　徐：钢铁冶金，这个专业方向有十几个人。

　　宋：1952 年大学毕业，冶金专业同学分配去向如何？

　　徐：那时候冶金专业学生一般都向往去鞍钢，鞍钢是当时中国最大的钢铁企业。毕业前听说新成立一个北京钢铁工业学院，学校临时决定我们钢铁冶金专业的大部分人都留校，一起到新成立的北京钢铁工业学院，所以大家说我们等于是批发到钢院了（笑）。同来钢院的有曲英、李西林、李传薪、

---

　　① 邓曰谟（1896—1983 年），男，广东香山人。机械工程和材料专家、电机专家、教育家。1920 年毕业于北洋大学采冶科。曾在北洋大学任教授，1952 年高等学校院系调整到中国矿业学院任教授。设计制造出中国第一台水力发电机、全能材料试验机、飞机发动机，主持了一系列水利工程的设计及水利机械、矿山机械的研制。

　　② 苏良赫（1914—2007 年），男，天津人。著名地质、岩石和工艺岩石学家。1937 年毕业于清华大学地学系，1947 年赴英国曼彻斯特大学，后转入剑桥大学作研究工作，1950 年获博士学位。曾先后在清华大学、天津大学、中国地质大学任教。

　　③ 谢家兰（1913—1991 年），男，江苏松江人。1935 年毕业于上海大同大学化学系，1937 年在北洋工学院工科研究所获工学硕士，1944—1947 年在美国共和厂（合金钢中心）研究合金钢，回国后曾任鞍钢技术所工程师等职。1945—1952 年任北洋大学教授兼冶金系主任。1952—1986 年任北京钢铁学院冶金系教授，炼钢教研室主任。

　　④ 刘叔仪（1918—2003 年），男，贵州毕节人。物理化学家。早年毕业于武汉大学，后留学美国学习化学、物理、力学冶金学，获博士学位，曾任美国费城斯瓦斯莫大学副研究员。回国后到北洋大学任教授，是共和国最早授予的研究生导师之一。1952 年高等院校调整，到北京钢铁工业学院任教授，是我国塑性变形原理的开拓者和奠基人。1956 年调离钢院到中国科学院上海冶金陶瓷研究所工作，中国科技大学成立后又调往中科大工作。

秦民生、高瑞珍、韩昭沧等同班同学，还有上一届，读三年半，1952年初毕业的任怀亮、董德元[1]。

冶金系另外两个专业的十几个人就根据专业分配到不同的单位，有色冶金分配得比较分散，金属物理比较多分到沈阳金属所，还有去鞍钢等单位的。

宋：您几月份到北京钢铁工业学院报到的？能讲讲当时的情况吗？

徐：9月初，当时通知是直接到清华大学报到，因为钢院建校时校舍都还没有建，在清华大学过渡一年。去报到路上经过钢院，那儿还是一片荒地。当时在清华大学成立了一个钢院筹备处，开始是在清华大学图书馆楼下办公，一共有七十多人，后来又搬到了生物馆。

宋：冶金系第一任系主任是谁？

徐：魏寿昆教授。1954年魏先生到院里做教务长，后面很长时间是林宗彩[2]教授做系主任。

宋：冶金系成立时有几个教研室？

徐：五个，包括炼钢教研室、炼铁教研室、电冶金教研室、铸造教研室和冶金炉教研室。

宋：五个教研室师资力量如何？

徐：炼钢教研室有谢家兰、石心圃、任殿元、卢盛意、曲英，主任是谢家兰；炼铁教研室有林宗彩、陈大受[3]等人，主任是林宗彩，林宗彩做系主任后，陈大受接任；电冶金教研室有朱觉[4]、关玉龙、李西林、李传薪，主任是朱觉；铸造教研室有王兆昌等人，主任是王兆昌；冶金炉教研室有我、张凤禄、韩昭沧，主任是张凤禄。

---

① 董德元（1927—2021年），男，河北丰南人。北京科技大学教授。1952年毕业于天津大学冶金系，毕业后到北京钢铁学院任教。1958年在苏联莫斯科钢铁及合金学院获博士学位。

② 林宗彩（1917—2000年），男，福建福州人。北京科技大学教授，冶金学家，教育家。1940年毕业于西北工学院，1946年赴美留学，1948年获得匹兹堡大学冶金学硕士学位。回国后任教于上海交通大学、唐山工学院，1952年到北京钢铁学院任教授、冶金系主任。

③ 陈大受（1896—1977年），男，浙江海盐人。北京科技大学教授。1915年毕业于北洋大学矿冶系，1921年获美国伊利诺伊大学冶金硕士学位，回国后在钢铁厂工作，后到北京钢铁工业学院任教授。

④ 朱觉（1914—1996年），男，江西省铅山县。北京科技大学教授，博士生导师，我国著名的冶金学家和教育家。1933年考入上海暨南大学化学系，翌年转入唐山交通大学矿冶工程系，后转至湖南大学矿冶系。后赴美国明尼苏达大学学习，1946年底获理学硕士学位。1949年任唐山工学院冶金系教授，1952年院系调整到北京钢铁工业学院任教授。

后面不断有毕业生留校，像从钢院冶金系毕业留校的有刘越生、陈希杰、杨念祖、钟雪友等，还有从东北工学院毕业分来的陈家祥、陈襄武、张先棹、赵玉祥、王世均、高仲龙等，从清华大学毕业分来的钟伟珍等。

宋： 刚建校时，同时调整过来的还有在读的学生，主要来自哪些学校？

徐： 学生主要来自天津大学和唐山铁道学院，其他学校的比较少①。

宋： 学生当时怎么上课？

徐： 同时调整过来的有 54 届、55 届毕业的两届学生。按原教学计划 54 届学生应该进行专业课学习，当时条件有限，就安排他们集体到鞍钢实习，现场教学。到鞍钢实习的指导老师有林宗彩教授、朱觉教授、杨尚灼教授，我当时作为年轻老师跟着他们到了鞍钢，做一些辅助工作，也同时加强学习。实习有一个学期，到 1952 年年底、1953 年年初结束。55 届的学生是在清华园学习。

宋： 刚建校时，冶金系有几个专业招生？

徐： 三个专业，包括炼铁、炼钢、电冶金。1954 年增设铸造专业，冶金炉专业是到 1958 年才开始招生。

宋： 从鞍钢回来后，您具体做什么工作？

徐： 主要工作就是翻译俄文教材《冶金炉》，很厚的一本书。当时跟着俄语速成教学班，突击学俄语，一边学一边翻译。冶金炉专业以前国内没有，是学习苏联后建立的，所以需要学习。我们教研室虽然前几年没有招收学生，但是要给其他专业，像冶金、轧钢、金相等专业的学生讲基础课。除了翻译、备课，我当时还负责建设实验室，按照苏联教学大纲开始规划实验室建设。

宋： 冶金炉专业在国内是首次设立？

徐： 是的。之前的教学体系没有冶金炉这门课，也没有这个专业，相关的知识分散在不同的课程中，没有这么集中。苏联莫斯科钢铁学院设有冶金炉专业，建校时按照苏联教材和教学体系，照搬过来了。

宋： 20 世纪 50 年代苏联专家到钢院讲课，您也参加学习了吧？

徐： 到钢院讲课的苏联专家是炼钢、电冶、轧钢、铸造方面的，冶金炉专业的苏联专家去了东北工学院，所以学校派我到东北工学院（以下简称东工）去学习。这位专家是一位年长的来自乌拉尔工学院的教授，叫那萨洛

---

① 据《北京科技大学（钢铁学院）纪事》记载：建校时冶金系有学生 306 人。

夫。当时在东工一起听课的除了东工研究生，还有和我一样，来自中南矿冶和昆明工学院搞冶金炉的老师，从 1954 年到 1955 年，学习了一年时间。

宋：北京钢铁工业学院建校时，可以说汇聚了国内钢铁冶金领域的众多知名教授，您能谈谈吗？

徐：冶金系成立时共有 10 位教授，是当时建校时 4 个系中拥有教授最多的系。这 10 位教授有来自天津大学的魏寿昆、谢家兰，唐山铁道学院的林宗彩、朱觉，北京工业学院的胡庶华，山西大学的郗三善、耿步蟾①，西北工业学院的石心圃、任殿元，以及中财委的陈大受。

魏寿昆教授是我国冶金学和冶金物理化学家、冶金教育家。1929 年毕业于北洋大学，获矿冶系工学学士学位，后考取公费留德，1935 年获德国德累斯顿工业大学化学系工学博士学位，1936 年回国后被聘为北洋工学院矿冶系教授。在动荡年代辗转大半个中国，参与组建多所高校，曾任西北联合大学、西北工学院、西康技艺专科学校、贵州农工学院、重庆大学、北洋大学及唐山交通大学教授。1952 年起任北京钢铁工业学院教授、教务长、副院长。在冶金理论和工艺、资源综合利用、冶金融体理论方面取得了开拓性研究成果：建立了高温熔体活度理论体系和炉渣脱硫的离子理论，解决了我国冶金工业生产工艺中出现的一系列问题；提出了选择性氧化与转化温度的概念，为提高和改进我国共生矿的冶炼技术提供了重要的理论基础；在国内率先开展固体电解质电池直接快速定氧技术的研究，该技术于 1974 年被誉为当时国际钢铁冶金三大发明之一，是控制钢液脱氧、提高钢质量的关键性手段。魏先生曾获原教育委员会科学技术进步奖一等奖、二等奖，国家自然科学奖三等奖，何梁何利基金科学与技术进步奖，原教育委员会高校教材优秀奖等。魏先生从事教学科研工作逾 80 年，培养了大量的冶金、科技和管理人才，为我国的高等工程教育作出了卓越贡献。

谢家兰教授是我国著名的炼钢专家。他毕业于北洋工学院工科研究所，获工学硕士学位，是我国培养的首位冶金硕士。1944—1947 年曾在美国共和钢厂（合金钢中心）研究合金钢。1952 年到钢院担任炼钢教研室主任，为创建北京钢铁学院炼钢教研室和实验室作出了重要贡献。

---

① 耿步蟾（1886—1961 年），男，山西灵石人。冶金学家。1903 年进入山西大学西学专斋（简称西斋，类似现在的理工科）学习，后被政府选派到英国伦敦大学皇家矿业学院冶金科专攻矿业，1913 年获得矿冶硕士学位。曾任山西省农矿厅厅长，山西大学工学院教授。1952 年调到北京钢铁工业学院任冶金系教授。

林宗彩教授是我国转炉炼钢技术研究和开发的先驱之一，在若干重要的工程开发中数次担任技术负责人，为我国转炉炼钢生产技术的完善和发展作出了重要的贡献。他曾与人合著编写《炼铁学》，是新中国成立以后第一本炼铁学教材。1976年之后，林宗彩再次担任冶金系主任，1979—1983年担任学院副院长。

朱觉教授是我国电冶金学科和电渣冶金技术的开拓者和奠基人，为我国特殊钢冶炼和冶金质量的研究作出了重要贡献。特别是与上海重型机器厂合作建成世界容量最大的200t电渣炉，发明了有衬电渣冶炼技术，获国家科技进步奖三等奖，并获电渣技术突出贡献奖。朱觉教授从教40余年，创建了中国电冶金教育体系，培育了大量的杰出人才。

来自山西大学和西北工学院的几位教授年长一些，也都是国内冶金领域的著名教授，为钢院冶金系建设作出重要贡献，胡庶华①教授到钢院后到图书馆做馆长。陈大受教授到钢院之前，曾在多个钢铁公司工作，具有丰富的实践经验，对复兴石景山钢铁厂贡献很大。

宋： 1958年，冶金炉专业开始招生，这时教研室老师有多少？

徐： 最初只有我们三位老师，后来陆续有老师加入，到1958年招生前已经发展到十几个人。1953年来了3位老师，有来自南京大学的倪学梓，他大学毕业后又到东工跟专家读了研究生，后来做教研室主任，还有东工毕业的邱国仕和孙立刚。1954年本校冶金专业毕业留下两人，是陈洪福和吴永生。1955年冬来了一位，1956年没有进人，1957年本校毕业留下6人，是王尚槐、陈洁珍、方之刚、王延柏、崔之开和鲍锦章，队伍壮大起来。

宋： 首届招了多少人？学制几年？

徐： 两个班，一个班30人左右，一共60人左右。学制五年，1963年毕业。

宋： 该专业设置的专业课包括哪些？

徐： 专业课包括"燃料燃烧""流体力学""传热学""耐火材料""控制仪表"等。

宋： 您讲哪门专业课？

徐： 我没有讲专业课。当时我是行政副主任，除了负责给其他专业上基础

① 胡庶华（1886—1968年），男，湖南攸县人。教育家，冶金学家。1913年考取公费留学德国，先后柏林矿科大学和柏林工科大学留学。曾任重庆大学、同济大学、湖南大学校长，1952年任北京钢铁学院教授兼图书馆馆长。著有《铁冶金学》《冶金工程》《中国战时资源问题》《钢铁工业》等。

课外，还负责实验室建设。筹备招生时，根据专业课设置就开始着手实验室配套建设，对应专业课建设相应的实验室。到 1958 年招生时，供专业课学习的实验室基本建成，这之前的实验室是给外专业学生学习基础课时做实验用的。

宋：20 世纪 50 年代，高校进行教育和生产劳动相结合的教学改革，您能谈谈这时的教学情况吗？

徐：那时强调教学、科研、实践相结合，重视现场教学。曾经带学生到鞍钢、太钢、包钢等钢厂实习，在现场进行实践教学。总体来看，这种教学方法将书本知识与生产实践结合起来，学生学习更有针对性，既锻炼了学生的意志品质，又培养了学科的科研能力。电冶教研室主任朱觉教授的座右铭是"走自己的路，走实践的路"，他曾说："一个'路'字从'足'旁，足乃'脚'也，脚的功用是行走，所以，路是走出来的。只要肯走，就会有路，对此我深信不疑。"

但是实践教学也存在着问题，就是教学内容讲授不够细致。为此，朱觉教授在深入生产实际的基础上，又对教学内容进行了重要改革，效果还是不错的。他讲授的铁合金课程，过去一直搬用外国教材，对每种铁合金一个一个孤立地讲，内容庞杂，脉络不清。为了解决这个问题，朱觉教授提出下厂备课的主张，从生产实际中认识到铁合金的冶炼可以归纳为三个方法，即电热法、电金属法和金属法，其冶炼过程的本质又都是还原理论，而多种氧化物还原又是有选择性的，由此形成了"一原理（即选择性还原理论）、三方法"的概念，形成了新的教学体系，显著提高了教学质量。

宋：1966 年前冶金系老师重视科研吗？

徐：还是比较重视的，但是基本上是学习外国东西，独创不多。冶金炉教研室做的主要是关于转炉、喷枪方面的研究，做模型实验，那时比较重视模型实验。搞大炼钢铁时，我们教研室搞了一个耐火材料厂，专门研究制造耐火砖。

冶金系在科研方面贡献突出的有朱觉、杨永宜[①]等几位教授。1959 年，朱觉率先自主开展航空滚珠钢的电渣重熔研究，1960 年，在钢院内建成了我国第一台小型工业电渣重熔装置，并用其开展电渣重熔过程的理论研究和应

---

① 杨永宜（1923—1987 年），男，江西萍乡人。北京科技大学教授、博士生导师。1942 年考入唐山交通大学冶金系，毕业后留校任教。之后到哈尔滨工业大学、东北工学院在苏联专家指导下读研究生。学成后到北京钢铁工业学院冶金系任教。曾任国务院学位委员会工学学科评议组成员。

用研究，"电渣重熔合金钢工艺"获得 1964 年国家发明奖。1965 年，朱觉教授与上海重型机器厂合作，建成全世界第一台 100t 电渣炉。他在电冶金方面的研究工作这时一直处于领先地位。

20 世纪 60 年代，高炉过程自动控制研究是世界发达国家关注的重要课题，杨永宜在用数学方法处理极其复杂的高炉内煤气及炉料运动方面，以及高炉过程数学模型等方面都作出了极有价值的开创性工作，其研究为高炉过程自动控制奠定了理论基础。他从 1962 年起担任中国金属学会炼铁学会的常务副理事长，是原国家科委钢铁组成员。

（二）

宋：1978 年冶金炉专业改为冶金热能利用专业，1981 年成立了热能工程系，下设工业热工及热能利用专业，您能谈谈这个过程吗？

徐：冶金炉专业比较窄。因为炼钢专业要研究炼钢炉、炼铁专业要研究炼铁炉，最后只剩下轧钢用的炉子没人研究，我们来搞，所以专业面越来越窄。后面提出节能概念，热能利用包含内容更多一些。我国钢铁生产能耗高，当时日本生产 1 吨钢需 600 公斤燃料，我国则需要 1 吨多，比日本高很多，能耗太高、污染严重。20 世纪 70 年代，教研组的老师经常讨论专业方向如何改革，那时我就开始查找这方面资料，准备开设"热能利用"这门新专业课，其他老师也都在为专业转向积极做准备。

1981 年 10 月，学院拟定成立热能工程系，并报冶金部。11 月经冶金部批准，同意成立热能工程系。倪学梓任系主任，邹绍光任总支书记。

宋：哪年开始招收硕士研究生？导师有谁？

徐：1966 年前曾经招收过几届研究生，指导老师有倪学梓、张凤禄，我也参与了指导。1980 年前后又开始招生，每年招生六七人，指导老师有倪学梓、高仲龙和我等几位老师。

宋：20 世纪 80 年代，钢院对外交流、科研工作如何？

徐：这个时候就有了越来越多对外交流和学习的机会，当时系里不少老师得到了各种不同的机会出国学习、交流。像我 1988 年获得科协资助，到美国麻省理工、卡内兹—梅隆、普渡等高校访问讲学，这对于老师开阔学术视野、提高专业水平还是非常重要的。

那时候申请科研课题比较难，申请渠道有国家计委、冶金部的课题，课题经费普遍不高。当时在国内由煤改油还是一个很大的转折，我在燃油技术方面做了一些工作，包括工业炉用波纹板式换热器的试验研究、焦化厂的配煤优化方法、钢铁企业煤气系统优化管理模型研究等一些工作。

宋：钢院被称为"钢铁摇篮"，培养了很多优秀学子。您能谈谈冶金系对于推动我国冶金教育和钢铁事业发展所做的贡献吗？

徐：冶金系是钢院建校时设立的四个系之一，经过70余年的发展，培养了大批冶金领域的杰出人才，为我国国民经济发展、冶金工业发展作出了巨大贡献。像刘淇、黄孟复、徐匡迪等领导；两院院士包括徐匡迪、殷瑞钰、李依依、周国治、才鸿年、何季麟、毛新平；还有各大钢铁企业，像宝武、鞍钢、首钢、太钢等的一些领导，都毕业于钢院，钢院不愧为"钢铁摇篮"。

我教过的学生很多都成了钢铁行业的领军人才、管理者或者技术骨干。57届我教过炼钢和炼铁专业，殷瑞钰是钢57届，李依依是铁57届，我当年教过他们课程设计；59届我教过炼铁和铸造专业，有张万彪、张国华等；60届铸造专业有朱新均，曾任全国政协委员、国家语委党组书记；铁65届杨天钧，北京科技大学前校长；67届黄孟复，全国政协原副主席，等等。我们教研室成立冶金炉专业后，曾教过82届张欣欣，北京科技大学前校长。钢院教学很注重培养学生的专业技术和实践能力，到工作中普遍反映很好，踏实肯干、技术全面。

宋：北京科技大学迎来了70年校庆，校庆前夕老科学家们给习近平总书记发去了一封信，4月21日，接到了习近平总书记的回信，您是写信人之一。您是怎样理解"钢铁精神"的？能谈谈您的感受吗？

徐：70年前，北京钢铁工业学院在响应党和国家的号召中，为服务国家建设应运而生。我们把自己和国家连在一起，学习"比钢还硬、比铁还强"的钢铁精神，"钢小伙""铁姑娘"是我们那个时候最响亮的称呼，我们为此而自豪。"钢铁精神"是在国家钢铁事业发展壮大、钢铁教育蓬勃发展的过程中孕育诞生的。"钢铁精神"不仅指要有钢铁般坚强的意志和品格，还要具备为国奉献的精神和理想。

习近平总书记回信中说，"要培养更多钢筋铁骨的高素质人才"，说到了我们的心坎里。以前我们为钢铁行业发展作出了积极贡献，以后我们更要努力成为"大先生"，当"大写"的教师，坚持特色，培养更多传承钢铁精神、善于解决"卡脖子"问题、具有钢筋铁骨的时代新人，为科技强国建设发展作出新贡献。怎么传承好"钢铁精神"？怎么炼就好"钢筋铁骨"？为国家培养更多的"钢铁脊梁"，是我们这代人最大的期望，衷心地祝福北京科技大学越办越好！

宋：谢谢您！祝福北京科技大学越办越好！祝您身体健康！

徐：谢谢！

后记 本人（访谈者：宋琳）于 2023 年 3 月 31 日在徐业鹏教授家中对他进行了访谈。徐教授精神矍铄、谦逊和蔼，整个访谈过程流畅而顺利。

第五章　材料物理与化学系的创建与发展

　　材料物理与化学系始于 1956 年创建的金属物理专业，目前归属于北京科技大学材料科学与工程学院。20 世纪 50 年代，一批留学回国的优秀学者，柯俊、肖纪美、张兴钤、方正知、马如璋等教授高瞻远瞩地指出当时国际前沿专业金属物理对于金属学、材料科学等领域发展的重要意义，并在他们的积极推动下，于北京钢铁学院创办了金属物理专业。这不仅在国内是首创，在国际上也仅有苏联莫斯科钢铁学院设有该专业。金属物理专业的创建使一个原本纯工科的大学，开始注重基础理论的教学和研究，为北京钢铁学院（现北京科技大学）在材料科学领域的持续性、高质量发展奠定了重要基础。历经近 70 年的发展，几代教师和衷共济、开拓创新，取得了一批重要的研究成果，为国家培养和输送了大量优秀人才，为我国材料科技事业发展做出了重要贡献。

　　本部分通过对材料物理与化学系创建与发展过程的三位重要参与者：韩汝玢教授、柳得橹教授、王燕斌教授的访谈，回顾了其发展历程，体现了老一辈科学家在学科规划上的远见卓识、在专业教育上的锐意进取，他们的工作很好地推动了学科创新与学术传承。

一、　对韩汝玢教授的访谈

　　韩汝玢（1934—　　），河北清苑人。北京科技大学教授，博士生导师。1956 年毕业于北京钢铁学院金相热处理专业，毕业后留校任教于金属物理教研组，1977 年调入北京钢铁学院冶金史研究室（后更名为冶金与材料史研究所），历任研究室主任、所长。曾任中国科学技术史学会常务理事、中国科学技术史学会金属史专业委员会主任、中国科学技术考古学会常务理事。出版《中国科学技术史·矿冶卷》等多部著作。

（一）

宋琳（访谈者，以下简称宋）：韩老师您好！您参与并见证了北京钢铁学院金属物理专业的早期创建过程，想请您谈谈这段历史。

韩汝玢（被访谈者，以下简称韩）：好的。

宋：北京钢铁学院金属物理专业创建于 1956 年 6 月，您也是在这一时期从北京钢铁学院毕业并留校，加入金属物理教研组，您能谈谈这个过程吗？

韩：我是 1952 年分配到北京钢铁工业学院工艺系金相热处理专业，那时学院刚成立不久，所以我成了钢院招收的首届大学生。1956 年毕业，那时金属物理教研组刚好成立，我在毕业前跟随柯俊教授做"金属物理实验楼的技术设计"，也就是毕业设计。我在先生的指导下，对长春吉林大学、中国科学院光机所、沈阳金属所、北京大学、中国科学院物理所等单位的仪器，包括型号、规格，以及实验条件要求等进行了全面的考察。我的毕业设计不仅获得了好的成绩，而且被提供给金属物理实验楼的设计单位作为参考资料，该实验大楼在 1961 年初建成，后投入使用。因为这些原因，毕业后我就留在了刚成立不久的金属物理教研组。

宋：当时建立金属物理专业在全国属于首创，是什么样的契机学院决定建立该专业的？

韩：金属物理专业的创建首先要谈一下柯俊教授的工作。1953 年年底，柯俊教授偕夫人和年幼的儿子从英国绕道印度，经香港回到内地。1954 年 2 月，柯俊教授被派到了北京钢铁工业学院金相及热处理教研组任教授。在第一次与代理院长魏景昌[①]谈话时，他就汇报了在国外考察时，了解到英美等国金属与材料学科发展与物理学紧密联系的趋势。他向魏院长建议，为了适应科学技术迅速发展，适应开辟交叉学科发展新方向的需要，应该培养金属物理方面的人才并建立相应专业。

---

① 魏景昌（1910—1992 年），男，河南汝南人。1931—1935 年就读于北京大学物理系。参加了"一二·九"抗日救国运动，后弃笔从戎。新中国成立后历任湖北省交通厅副厅长、华中钢铁公司党委副书记、副经理等职。1952 年 7 月调任北京钢铁工业学院副院长，主持学院筹备委员会工作，为我国第一所高等钢铁院校的创立和发展作出了重大贡献。

宋：柯俊教授是您的恩师，您毕业留校后又跟随先生在职读了研究生。您能谈谈柯先生回国前后的一些情况和他的想法吗？

韩：柯先生是 1944 年公派到英国伯明翰大学攻读博士学位的，导师是著名的金属学家汉森（D. Hanson）教授，他是英国第一代金属物理学家，英国国家物理研究所的创始人。柯俊是汉森教授亲自指导的最后一名研究生。柯先生毕业后留在伯明翰大学并获得了终身讲师的席位。

1949 年 10 月，新中国成立的喜讯传到海外，在海外学子的心中产生了很大的反响。一年后，刘宁一、周培源、涂长望等率领新中国成立后的第一个学术代表团到英国访问，动员海外的高科技顶尖人才回国发展科技事业。涂长望[①]代表中国科学院特别邀请柯俊回国，参加金属研究所的筹建工作。柯先生按捺不住心中的激动，恨不能立刻回到祖国。

回国前多家单位向柯先生发出了邀请，柯先生始终铭记导师汉森教授临别赠言，"回国后搞科研就去研究所，办教育要到高等学校。前者轻车熟路，深入一点就容易出成果；后者辛勤耕耘，但是桃李满天下，影响更大。"所以，柯先生毅然选择了刚筹建不久的北京钢铁工业学院。并且，柯先生在回国前，专门考察了西欧各国主要学校和工业研究所，了解了有关项目、仪器设备、人员编制、学科发展及最新成就，并代购了一些书籍，订阅了期刊、杂志，那时柯先生就已经在为新中国成立金属材料学科、培养人才作了大量的前期准备工作。

宋：金属物理是一个怎样的学科？当时国际上该领域发展情况如何？

韩：金属物理学是研究金属和合金的结构与性能关系的科学，既是金属学在微观领域的进一步深入，也是以金属和合金为对象的固体物理学的一个分支。当时在国际上属于前沿学科，人们预见该领域的发展将对金属学、材料科学等领域发展具有重要意义。

金属物理专业在国际上处于前沿领域，北京钢铁学院创建金属物理专业在国内属于首创。

宋：学院什么时候接受了柯俊教授的建议，开始着手筹建？

韩：1955 年年初，按照学院党委领导的指示，请柯俊教授负责筹备金属

---

① 涂长望（1906—1962 年），男，湖北武汉人。气象学家、社会活动家、教育家。1929 年毕业于上海沪江大学，1932 年毕业于英国伦敦大学帝国理工学院，获气象学硕士学位。曾任教于浙江大学、中央大学，1949 年任中央军委气象局局长，1954—1962 年任中央气象局局长。1955 年当选为中国科学院学部委员（院士）。

物理专业，并在金相教研组内成立由柯俊、方正知①、谢逸凡、蔡美良参加的金属物理小组，为筹建专业进行具体工作。

宋：筹建金属物理专业时，对该专业的定位是什么？

韩：筹建该专业就是预见到未来金属与材料科学发展对人才知识结构提出的新要求，也就是在知识结构方面，不仅要了解和熟悉金属材料的应用，还应具有扎实的数学、物理基础。因此在拟定金属物理专业教学计划时，并未全盘照搬莫斯科钢铁学院金属物理专业的教学计划，而是适当加强了数学、物理、化学等基础课和实验课，减少了工艺课，改第一外语为英语，还增设了理论物理、X射线学、金属物理和固体物理等课程。这使新中国第一个金属物理专业自诞生之日起，就站到了学术领域的制高点上。

宋：金属物理教研组什么时候成立的？

韩：1956年6月1日，学校领导正式批准成立金属物理教研组，由张兴钤教授任教研组主任，其成员由金相教研组分出，但仍在工艺系②。张兴钤还继续负责金相及其他专业的X射线学、金属物理课程的教学和指导毕业论文工作。同时决定逐步培养及调进年轻教师担负金属物理专业的建设工作。

宋：金属物理专业从哪年开始招生？

韩：1956年秋。

宋：当年金属物理专业招生情况如何？

韩：1956年9月1日，第一届金属物理专业60名学生入学。此外，1956年10月，按高教部规定，金属物理教研组招收了5名研究生。

宋：教研组讲授的第一门专业课是什么？

韩：1958—1959年，由肖纪美主讲，褚幼义③做助教，为首届金物学生

① 方正知（1918—2017年），男，安徽桐城人。北京科技大学教授，博士生导师，X射线衍射物相分析专家、金属物理学家、空间物理学家。1943年毕业于西北（联大）工学院矿冶系，后进入兵工署材料试验处任技术员。1948年赴美留学，1949年获得美国密苏里大学研究生院硕士学位并获得博士奖学金，当得知新中国成立后，于同年12月放弃攻读博士学位的机会回国，历任北洋大学、天津大学、清华大学、北京大学、北京钢铁学院副教授、教授、物化系副主任。

② 1954年北京钢铁工业学院决定，将金相热处理系与压力加工合并成立工艺系，设金相热处理专业和钢铁压力加工专业。

③ 褚幼义（1935— ），男，浙江湖州人。北京科技大学教授。先后在中国金属学会金属学和金属物理专业委员会、中国稀土学会稀土在钢中应用学术委员会、中国有色金属学会、中国材料学会担任副秘书长、秘书长、常务理事等职。

讲授的"金属材料学"。这门课程创造性地以元素周期表为纲进行讲授，采用启发式教学，编写思考题，深受学生欢迎，这是教研组开出的第一门专业课。

宋：当时金属物理专业学生专业课所用教材是什么？

韩：在教材建设中应该提到两本经典教科书，一本是由方正知翻译，苏联莫斯科钢铁学院乌曼斯基教授著的《X射线学》，1954年由人民出版社出版后多次印刷，作为高等学校有关专业的专用教材，一直使用到20世纪60年代；另一本是由蔡美良翻译，美国伊利诺伊大学物理系赛兹教授著的《固体物理》，1956年由科学出版社出版，是英美等国最早采用的一本高等学校物理专业使用的经典教科书。这两本书也是金属物理专业指定的教学用书。

宋：1956年又成立了物理化学系，这样调整的意义是什么？

韩：1956年9月金属物理教研组、物理化学教研组与数学、物理、化学教研组合并成立物理化学系，由柯俊任系主任，马如璋和高治善[①]任系副主任，党支部书记为李敉功[②]。

这样调整是为了加强金属物理这个新专业的基础课教学，实现理工兼备的目标，为此将学制由工科的五年制适当延长至五年半，并相应制订出详尽的全程教学计划，包括课程设置和学时安排等。柯俊教授深知加强基础理论的重要性，就以北大物理系的教学大纲为蓝本，亲自与任课教师反复切磋，提高教学水平和质量。柯俊教授作为"金属物理专业的奠基人"是当之无愧的。

宋：当时学校领导对金属物理专业建设的重视程度如何？

韩：学校还是非常重视的。1956年3月，学校制定并公布了第一个"十二年教学规划"，将新办的金属物理专业列入其中，明确要为这一新建专业修建实验大楼。并且自1955年初开始筹建时就在积极地组织和引进人才。

---

① 高治善（1914—1968年），男，江苏江宁人。北京科技大学教授。1937年毕业于清华大学，曾在重庆大学、重庆中央工业职业及专科学校任教。1954年到北京钢铁学院任教授，物化教研组主任及物化系副主任。1957年底至1959年在苏联莫斯科钢铁学院进修。

② 李敉功（1927—2013年），男，湖南宁乡人。北京科技大学教授。1952年毕业于清华大学化学系，1953年到北京钢铁学院任教，曾任基础部主任。

宋：金属物理专业建设初期，除了您刚提到的四位老师外，后来还有其他老师加入吗？

韩：有的，这个队伍是在不断壮大的。除了先期于1950年留美回国的方正知教授外，1955年夏，张兴钤①教授自美国麻省理工学院学成回国，他研究的方向是材料的晶界对蠕变性能的影响。为了增强金属强度方面的师资力量，学校领导和柯俊教授积极争取将张兴钤教授调来钢院工作。同年11月，马如璋②教授到钢院任教，他是苏联莫斯科钢铁学院为中国培养的第一批副博士研究生。两位教授到钢院后都被充实到金属物理小组，参与筹建金属物理专业。

此外，还有稍晚一些回国的肖纪美③教授。肖纪美教授于1950年在美国密苏里大学矿冶学院获冶金学博士学位，由于朝鲜战争爆发，美国政府下令禁止中国留学生回国，他只好在两家美国公司分别从事金属材料的热处理、铬锰氮不锈耐热钢的相图、相变和力学性能方面的系统研究。1957年，肖纪美教授全家冲破美国政府的重重阻挠，登上了回国的征程。他回国后，中国科学院、清华大学都曾邀请他去工作，甚至已经为他扩建和修缮了住房。肖纪美教授一心想在冶金战线开展教育和研究工作，圆少年时期的梦，再加上柯俊教授的大力邀请，他毅然走进了北京钢铁学院的大门，站到了金属物理专业的讲台上，一干就是近半个世纪。

1956年9月至1957年9月，还有来自北京钢铁学院、武汉大学、厦门大学、吉林大学、南开大学的应届毕业生10余名，相继充实到金属物理教研组任教。

---

① 张兴钤（1921—2022年），男，河北武邑人。金属物理学家。1942年毕业于武汉大学矿冶系，曾先后在四川綦江电化冶炼厂、辽宁鞍山钢铁公司工作。1947年出国留学，先后在美国凯斯理工学院、麻省理工学院获得物理冶金硕士、博士学位。1955年回国后任北京钢铁学院教授、金属物理教研室主任。1963年调到第二机械工业部第九研究院工作。1973年后曾任中国工程物理研究院科技委顾问、核工业部军工局总工程师等职。1991年当选为中国科学院院士。

② 马如璋（1923—2018年），男，河南洛阳人。北京科技大学教授，博士生导师，材料物理学家。早年毕业于唐山工学院（交通大学）冶金系，1955年毕业于苏联莫斯科钢铁学院，获技术科学副博士学位。回国后在北京钢铁工业学院历任讲师、副教授、教授、系副主任等，享受国务院特殊贡献者津贴。曾获得冶金工业部、教育部和北京市多项科技进步奖，我国穆斯保尔谱学在冶金和材料科学中应用、材料物理现代研究方法研究和教学的开拓者。

③ 肖纪美（1920—2014年），男，湖南凤凰人。北京科技大学教授，材料科学家、金属学专家、冶金教育家。1949年考入唐山交通大学矿冶系。1948年赴美留学，1949年获美国密苏里大学矿冶学院冶金学硕士学位，1950年获冶金学博士学位。1957年回国后到北京钢铁学院任教，先后任金属物理教研室主任，材料失效研究所所长、环境断裂开放实验室主任。1980年当选为中国科学院院士。

所以，当时可谓人才济济，很多外专业的老师都很羡慕我们。

宋：当年这些青年才俊对金属物理专业建设发挥了怎样的作用？

韩：这个新兴专业的诞生与发展可以说与这些青年人才的加盟休戚相关，他们都积极地为该专业建设与发展献计献策。张兴钤教授根据他多年在美国进行科学研究的体会，在 1956 年 2 月钢院第一次召开的科学研究与教学方法讨论会上发言，他指出："作好科学研究必须要有正确的领导和领导的支持，充满学术气氛、便于交流的环境，有藏书丰富、环境安静的图书馆，为科研教学服务建设完善的机械加工厂以及配备一定数量的教学、科研辅助人员。"他的建议得到了校领导的重视。

肖纪美教授曾向学校领导反映，重视金属物理专业建设必须明确科学研究在提高教师业务水平和教学质量中所起的作用。当时学校很重视对人才，尤其是青年人才的培养，1957 年 9 月，选派方正知与高诒善同行赴苏联莫斯科钢铁学院进修，当时，方正知在金属物理教研组搞 X 射线学，高诒善时任理化系副主任兼物理化学教研组主任。1959 年 9 月，方正知学成回国。

宋：当年金属物理专业有"四大名旦"的美誉，您能谈谈吗？

韩：金属物理教研组成立后，形成了以柯俊、张兴钤、肖纪美和方正知四位教授为带头人的格局，凝练四个学术方向，分别为：相变和扩散（包括电子显微镜）、位错理论和力学性质、电子理论和相结构以及 X 射线结构分析，使金属物理这门新兴学科初见端倪。并在当时一无现成大纲，二无适用教材的情况下，全靠四位教授分兵把守各研究方向，总结国际上的最新研究成果、开课讲授。由于他们深谙国际前沿研究成果，体会深刻，因而讲课内容生动丰富。学生们听得津津有味，一再要求增加授课学时，被赞誉为"四大名旦"登台唱戏，各显神通，百听不厌。一时间叫好之声不绝，"四大名旦"的美名从此相传至今。

宋：除了"四大名旦"的美誉外，当时"4+1 会议"也声名远扬。

韩："四大名旦"领衔的教学小组全面负责教学和科研工作的安排以及青年教师的培养，我当时是党支部书记，教研组的重大事宜由四位导师和我共同参加的会议作出决策，俗称四大名旦加小韩，即"4+1 会议"，我就是那个"+1"（笑）。为了能够在宽松的气氛下畅所欲言，会议采用"神仙会"的茶话形式，在张先生和柯先生的家中进行。专家们群策群力，对教研组这

1962 年年初金属物理教研组全体教师与首届（金物 61 届）毕业生合影
（前排就座的：柯俊教授（左四）、张兴钤（左二）、肖纪美（右三）、
方正知（右一）、马如璋（左一）等）

盘棋，从学科当前的发展动向，一直谈到每个教师的发展方向、培养计划和工作安排，深入而充分地进行交流和商讨，有时直至深夜，会议取得了皆大欢喜的重要成果，时称"4+1"定乾坤。

宋： 金属物理专业在提高师资队伍、学术水平方面还做了哪些有特色的工作？

韩： 为了提高从事金属学及金属物理工作教学研究人员的业务水平，自 1956年 9 月开始，组织了系列专题报告会。被邀请的知名学者有黄昆[①]、林兰英[②]、

① 黄昆（1919—2005 年），男，浙江嘉兴人。著名固体物理学、半导体物理学家。1941 年毕业于燕京大学，1948 年获英国布里斯托尔大学博士学位。1955 年当选为中国科学院院士，曾获1995 年何梁何利基金科学与技术成就奖，2001 年国家最高科学技术奖。

② 林兰英（1918—2003 年），女，福建莆田人。著名半导体材料专家。1940 年从福建协和大学毕业后留校任教，后赴美留学，1949 年获得宾夕法尼亚州迪金森学院数学学士学位，同年进入宾夕法尼亚大学研究生院进行固体物理的研究，先后获得硕士、博士学位。1957 年回国，进入中国科学院物理研究所工作。1960 年中国科学院半导体研究所成立后任该所研究员，1977—1983 年任中国科学院半导体研究所副所长。1980 年当选为中国科学院院士。

王大衍①、师昌绪②、钱临照③、彭桓武④、李萌远、刘益焕等，其内容包括了金属的范性形变、相变、组织结构和位错等，效果很好。这些专家在 1980 年以后都相继被评为中国科学院院士。所以，当时我们学校的金属物理专业在全国都很有影响。

（二）

宋：1958 年，中国进入所谓的"大跃进"时期，教育部提出了"教育与生产劳动"相结合的教学改革，金属物理专业进行了哪些调整和改革？

韩：1958 年年底，院党委决定开展现场教学的试点，探索教育与生产劳动结合的具体办法。当时由于教学秩序比较混乱，需要重新修订教学计划，对金物专业的培养目标、教学质量、学习年限、学习负担、劳动生产和教学、理论与实际联系、专业发展方向等问题展开了讨论，并组织了金物专业十多位同学及三位青年教师组成专门小组，分赴教育部、原冶金部、科学院、农机部、抚钢、鞍钢等 23 个单位进行调查，了解金属物理的发展趋势和各有关部门对金属物理专业学生的要求。进一步明确金属物理专业毕业生要具有广泛深入的基础科学和专业理论知识，尤其是数学和物理知识，才能创造性地解决有关金属物理的问题。要作好普通物理和理论物理两课程的衔

---

① 王大衍（1915—2011 年），男，江苏苏州人。著名物理学家。1936 年毕业于清华大学物理系。1938 年赴英留学，攻读应用光学专业，获硕士学位。1948 年回国，历任大连大学教授、中国科学院仪器馆馆长、长春光机所所长、中国科学院长春分院院长、国防科委十五院副院长（兼）、国防军工科学研究委员会副主任。曾任中国光学学会理事长。1955 年当选为中国科学院院士，1994 年当选为中国工程院院士，1999 年荣获"两弹一星"功勋奖章，是我国现代国防光学技术及光学工程的开拓者和奠基人之一。

② 师昌绪（1920—2014 年），男，河北徐水人。著名金属学及材料科学家、战略科学家。1945 年毕业于西北工学院，1948 年获得美国密苏里大学矿冶学院硕士学位，1952 年获得欧特丹大学博士学位。历任中国金属所研究员、副所长、所长。1980 年当选为中国科学院院士，1994 年当选为中国工程院院士，1995 年当选为第三世界科学院院士。

③ 钱临照（1906—1999 年），男，江苏无锡人。著名物理学家、教育家。1929 年毕业于上海大同大学物理系，1934—1937 年在英国伦敦大学大学学院 CareyFoster 实验室做研究工作。曾任中国科学技术大学教授、副校长。1955 年当选为中国科学院院士。

④ 彭桓武（1915—2007 年），男，湖北人。著名物理学家。1935 年毕业于清华大学。1938 年赴英国爱丁堡大学留学，从事固体物理、量子场论等理论研究，1940 年获英国爱丁堡大学哲学博士学位。1948 年当选为爱尔兰皇家科学院院士。1955 年当选为中国科学院院士。

接，以及它们与工程技术课与专业课的结合，不仅要看到当前金属物理的发展水平，也应预见到未来。

1960 年 3 月，党委号召广大师生下厂矿参加"三大革命"，进行教改实践，金属物理专业推出"开展教育革命，深入贯彻以任务带教学的方案"，提出以发展超高性能金属材料、开辟金属材料的新方向、发展金属物理理论为目标。具体方案是：金物 61 大搞科研猛攻尖端，以超高性能材料突破理论物理和金属物理专业结合的难点，编写出结合专业、结合实际的理论物理教材；金物 62 下工厂参加劳动进行科研，试制新型合金钢品种，探索金属物理专业教学、科研、生产劳动三结合的经验，并写出有关教材；金物 63 通过制造电子学仪器和实验室自动化等任务带动基础课、技术基础课的教学，编写有关教材；金物 64 通过生产劳动，了解冶金生产过程，创造基础课结合专业的经验。上述方案打破旧的教学体系，实现以教学为主，教学、科研、生产劳动三结合的原则，改变理论脱离实际的倾向，同时加强了基础理论，在教学过程中贯彻"精一多知"的原则。这一方案在金物 61、金物 62 部分实施。1960 年 3 月，肖纪美领导教师及金物 62 同学到上海钢研所炼钢厂；9 月，张兴铃和我带领金物 61 同学到上海钢研所实验厂进行生产劳动和现场教学。

宋：金物专业学生在教育改革中表现如何？

韩：1959 年 11 月，党委号召"鼓干劲，继续开展三好运动深入教育革命"。1960 年 1 月，在"庆丰收、比三好"的全院大会上，金属物理教研组 X 光教学小组被评为三好先进集体；金物 61 同学金属材料学考试成绩优良率占 81%。有金物专业同学参加的 X 光显微镜、核磁共振仪、金属焊接膨胀仪等项目都有了新成果。

1960 年 3 月 6 日，学院召开第五届学代会，金物 63.2、金物 64.2、化 62 等 22 个班级获三好先进集体，在全院的 269 名三好积极分子中，有理化系田中卓等 26 人。

1960 年 5 月 10 日，全院召开"庆丰收、比先进"誓师大会。金属物理教研组、金物 63 物理教研小组等 14 个单位被评为三好先进集体。金物专业的苏世璋、衷诚萱、张嗣卫、张玉惠、庞警钧等被评为三好积极分子。

宋：除教学外，实验室建设如何？

韩：这一时期建立了磁性测量、蠕变、疲劳和内耗等专业实验室，为进一步提高教学和科研工作奠定了基础。

宋：这时师资力量有哪些变化？

韩：师资力量壮大还是比较快的，从原有 5 名教师、1 名教辅人员，增加到 24 名教师、8 名教辅人员。为了提高教师质量，同时又抽出部分教师到国内相关科研院所和苏联学习，进修电子显微镜及放射性同位素等技术。

宋：科研工作进展如何？

韩：金物教研组教师与七个工厂和研究单位建立了密切联系和合作，共同开展了国家重点科研项目，如与大连钢厂合作，基本解决 Fe-Cr-Al 电阻材料投入生产及质量问题；与抚顺钢厂、本溪钢厂合作进行代镍耐热钢及不锈钢研究取得初步成果等。此外还进行了一些有关特殊合金及其理论问题的研究，如"魏氏体转变结构的研究""贝氏体转变的孕育作用"等。

1960 年 2 月，方正知作为先进工作者代表学院参加北京市文教系统群英会。他领导的 X 光教学小组制作的 X 光显微镜，是当时近十年发展起来的新技术，克服了真空技术及调试的困难，在群英会前夕完成了我国第一台 X 光显微镜的试制工作。1963 年，肖纪美的研究生用此仪器拍出来了合格的照片，完成了论文。董克柱等人研究的无镍永磁合金，1959 年底与相 60 的 2 名同学赴哈尔滨电表厂与厂方密切合作，与工人、技术人员结合进行生产试验，用无镍永磁合金代替了电镀表中的含镍磁铁获得成功，并正式投产。

当时，北京钢铁学院校刊发表的"重视科学技术研究成果的推广工作"一文中，编者按强调必须提高认识，才能重视推广工作，推广过程是理论和实际相结合，科研和生产相结合的过程。这一认识至今仍具有重要意义。

宋：这段教育改革实践什么时候结束的？

韩：1960 年 11 月，由于天灾人祸以及苏联单方面撕毁合作协议，我国出现了粮食供应紧张，高等教育中政治运动过多、教学秩序被打乱等后果。党中央国务院发出高等学校要贯彻劳逸结合，按质量办事的指示，因此学校决定将下厂学生陆续调回。

宋：这段时期的教育改革实践，对教学和科研的影响有哪些？

韩：在这一时期内，尽管各种群众性的政治运动连续不断，对新生金属物理专业的正常发展造成了许多困难和障碍，但是即使道路如此曲折，我们在教学中提倡理论联系实际，要求到现场联系实际带动教学，还是收到了不错的效果。从1958年7月开始，钢院响应"大炼钢铁"的号召，为完成1070万吨钢任务，师生陆续走出学校，例如X射线实验室谢逸凡等四人，曾携带X射线探伤仪赴长辛店机车车辆修理厂，检验该厂新制作的高压锅炉，受到厂方广大工人和技术人员的欢迎，并给学校寄来了表扬信。留在校内的金物师生，全力投入科研"献礼"活动。例如进行Fe-Cr-Al耐热合金的实验研究、解决X光机聚焦杯用的原料镍问题、设计离心蠕变机、研制不含镍的高温合金等。甚至新入学的一年级金物63届的同学也参加了科研，边学边干，自己动手安装设计拉力性能试验机。

在科研方面提倡破除迷信，重视与工厂相结合，重视科研成果对生产的指导作用，都仍然值得肯定。例如，在大搞科研献礼的群众运动中，正常教学秩序遭到破坏，出现了浮夸和不科学的现象。但是，对于解放青年教师和学生思想，打破科研高不可攀的神秘感也产生了一定良好的作用。有些课题，如Fe-Cr-Al电阻合金、Fe-Al-C永磁合金、代镍铬锰氮耐热不锈钢等，与工厂结合试生产，改进工艺，提高性能取得了一定的成果。参加科研的金物专业同学也在科研活动中激发了学习专业知识的兴趣和主动性，锻炼了独立工作的能力。师生团结一致，不计名利，共同奋斗建立了亲密情义的集体主义团队精神，事后回忆起来仍觉得有它的可贵之处。

（三）

宋：1961年，教育部提出"八字方针"政策，金物教研组发展进入了一个新的阶段，您能谈谈吗？

韩：是的。1961年1月，党中央制定了对国民经济实行"调整、巩固、充实、提高"的八字方针。原高教部在总结经验的基础上制定了"高教六十条"[①]，金物专业师生认真学习"高教六十条"，教学工作步入正常秩序。

---

① "高校六十条"或称"高教六十条"，是1961年9月15日中共中央印发讨论试行的《教育部直属高等学校暂行工作条例（草案)》的简称。它共分十章、六十条，故名。

1961 年，金物专业恢复研究生招生工作。金物专业分为脱产学习和在职学习两种。对研究生培养有明确的计划，指导教师由学术水平高、造诣深的教授、副教授担任，柯俊、张兴钤、肖纪美、方正知、马如璋、吴兵等都招收了研究生，一次招收了 11 名，研究生培养采用系统理论学习和科学研究工作相结合，导师个别指导与教研组集体培养相结合的办法进行。

这时金属物理实验大楼建成。由谢逸凡、董克柱、苏世璋负责金物实验室的建设，包括物性、力性、X 射线、电子显微镜、金相实验室。实验教学工作开始全面地开展起来。

宋：您能具体谈谈实验教学工作吗？

韩：在教授们的指导下，在新建的金属物理实验大楼里，全体青年教师积极工作，克服种种困难，准备出有创意和高水平的金属物理专业实验课。如 X 射线学实验课安排 24 学时，从熟悉了解 X 射线仪的使用方法、注意事项开始，到制备粉晶样品、照相；对立方晶系进行点阵常数测定；用最小二乘法进行精密点阵常数的测定；对六方晶体进行 a/c 指数标定；还有对单晶体的位向测定及应力分析等实验。

磁学实验首先让学生熟悉并校准冲击电流计，然后测定 45 号钢在室温退磁状态下的磁感应强度，随着磁场强度的变化测出磁化曲线和磁滞回线；测定 45 号钢、低合金高碳钢在不同的奥氏体化温度下淬火，通过测定饱和磁化强度来测量奥氏体残留量。磁学的两组实验都是了解碳钢、低合金钢磁化状态与组织的关系。

电学实验应用双电桥电位计在室温测量碳钢淬火温度与马氏体量的关系；用电阻法测量温度变化下相变引起微小电阻变化；用膨胀仪测定碳钢膨胀曲线中在升温和降温中的临界点等。通过上述各组专业实验，用不同的方法把碳钢组织的变化与性能之间的关系联系起来，使同学对此有较深的理解，体现了专业教师们的用心良苦。

在力性实验室中教师将铝电缆中的铝芯抽出进行高温退火制取铝单晶，并对其进行拉伸，制造出滑移系统，让同学们用金相的方法测定台阶的条纹；用 X 光的方法测定滑移带的取向。指导同学测定低碳钢的应力应变曲线、延伸率、断面收缩率，计算屈服强度、弹性极限、加工硬化及断裂强度。测定纯铜试样真应力应变曲线；模拟带有裂纹的超高强度钢进行断裂韧性的实验，观察确定预制有微观裂纹的材料能承受多大的外载荷等均使学生对专业的重要内容获得较深刻的感性认识。

宋：实验工作既烦琐又耗时，老师工作很辛苦吧？

韩：是的。金属物理专业实验不仅要准备好设备，教师还要亲自进行测定，写出实验指导书，最后还要认真批改实验报告。教师们不计报酬，加班加点地共同努力，按时完成了授课任务。同学们 2~3 人为一个小组，实验课下午安排不下就在晚上进行，同学们热爱专业，认真学习，都取得了优良的成绩。

宋：金物教研室的工作在业界影响如何？

韩：随着时间的推移，金属物理教研室的好名声得到传播，国内不少知名大学慕名派到钢院金属物理教研组进修的教师络绎不绝，例如哈工大、上海交大、西安交大、重庆大学、华中理工大学等。北京大学 62 届物理系金属物理专业的师生，不仅来本校听金属物理专业课及 X 射线学，并且安排在我校四名教授的指导下完成了毕业论文。

1962 年全国第一届 X 射线、电镜上海会议上，方正知教授、赵伯麟先生以及金物 61 毕业生均提交了论文，是当时提交论文最多的单位。

1962 年 11 月，北京物理学会为高等学校的物理教师举办固体物理培训班，方正知教授应邀作了 X 射线与晶体结构的第一讲，后由钱临照、柯俊教授讲授晶体缺陷。

宋：金属物理专业学生毕业、就业情况如何？

韩：金属物理专业自 1956—1966 年，共招收学生 10 届，20 个班，近 600 名。第一届金物 61 学生毕业，挑选了 14 人留校任教充实到金属物理及物理教研组，其余均分配到科研院所工作。第二届金物 62 学生毕业，其中 6 人考上金属物理专业研究生。

他们由于有扎实的数学物理基础，掌握实验物理方法技能，英语水平较高，因此毕业后在工作中的适应能力和独立工作能力较强。据了解，不论是分配到工厂的生产岗位，还是到高校从事本专业或物理专业教学，到科研院所进行科学研究，都能出色地完成任务。

据不完全统计，毕业生到科研单位从事新材料研究的范围很广，包括核材料、磁性材料、功能材料、超导材料、陶瓷材料、复合材料等，都取得较好的成果。而且，金属物理专业毕业生不仅受到国内科研院所的欢迎，也受到国际著名大学的材料科学系，像英国牛津大学、剑桥大学、伯明翰大学、美国麻省理工学院、加利福尼亚大学和德国哥廷根大学物理系金属研究所有关专家教授的赞赏。他们一致认为这个专业为培养高技术、新材料的研究人才开辟了正确途径。

宋：您认为钢院金属物理专业创建与发展有哪些突出的特点？

韩：我认为有以下几个显著的特点：一是专业新颖，理工兼备，符合学科发展方向，不但国内首创，在国际上也是数一数二的，处于国内外领先地位。二是师资力量雄厚，教学水平高。"四大名旦"中，柯俊、肖纪美和张兴钤教授先后当选为中国科学院院士。这样强的学术带头人阵营，在钢院内外都是少有的。此外，基础课的教学也由当时学院内水平最高的教师，如著名的顾静徽[①]、刘景芳[②]等教授担任。三是学生入学水平高，特别是前几届学生的入学考分在全院是最高的。

由于这些特点，金属物理专业成了当时北京钢铁学院一个招牌性的重点专业。钢院党委书记高芸生以及建院初期副院长魏寿昆等党政领导，对金属物理教研组和专业十分重视，大力支持，有"金属物理是高芸生掌上明珠"之说，盛传一时。

宋：您能再谈谈金属物理专业创建的意义吗？

韩：当时，北京钢铁学院金属物理专业是世界第二个、中国第一个，为后来全国金属物理专业的建立提供了范例。该专业在钢院的成功创办，积累了经验，培养了师资。许多相关工科院校和不少理科大学纷纷相继设立金属物理专业。以后随着学科的发展，先后演变为材料物理和材料物理化学专业，为材料学科的发展奠定了基础。

金属物理专业的建立对于北京钢铁学院来说，是第一个理科专业，标志

---

① 顾静徽（1901—1983年），女，江苏人。北京科技大学教授，物理学家。1923年在上海大同大学考取留学美国公费生，1926年获康奈尔大学学士学位。1928年获耶鲁大学硕士学位。1931年毕业于密歇根大学研究院，获物理学博士学位，是中国第一位物理学女博士。1931年，顾先生回国，历任南开大学、大同大学、唐山交通大学、广西大学、北京钢铁学院等校物理学教授。

② 刘景芳（1902—1979年），男，河南人。北京科技大学教授，数学家、天文学家。1921年考入北京师范大学数理学院，1927年赴法留学，1928年到格勒诺布尔大学理学院研究数学，1932年获得博士学位。1932年同时考入里昂中法大学研究天文，1935年完成了其第二篇博士论文。1935年回国，先后任北京大学、中法大学、北洋大学、辅仁大学、北京钢铁学院教授，担任过教研室主任、系主任、教务长等职务。

着学院的学科建设走上了"以理强工、以工带理、理工结合"的道路，奠定了学校后来在学术界的特殊地位。

宋：非常感谢您对这段历史的讲述，让我们了解了钢院金属物理专业创建与早期发展的辉煌历史。祝您身体健康！

韩：谢谢！

后记 本人（访谈者，宋琳）于 2022 年 8 月 20 日在韩汝玢教授家中对她进行了访谈，韩汝玢教授作为北京钢铁学院金属物理专业创建与发展过程的参与者，详细、生动地讲述了金属物理专业的辉煌历史。

二、 对柳得橹教授的访谈

柳得橹（1939— ），湖南长沙人。北京科技大学教授，博士生导师。1964年毕业于北京钢铁学院金属物理专业，后留校任教。曾担任中国电子显微学会副秘书长，微束分析专业委员会主任，物理、材料专业委员会副主任，中国电子显微学会第五、六、七届常务理事，《电子显微学报》编委（1996—2008年）。获2006年中国电子显微学会桥本初次郎奖。

宋琳（访谈者，以下简称宋）：柳老师您好！您是我国电子显微学领域的资深专家，在该领域耕耘了近六十年，至今仍在坚持工作。北京科技大学是全国最早开展电子显微镜实验、教学与研究工作的高校之一，今天想请您谈谈它的创建与发展历程。

柳得橹（被访谈者，以下简称柳）：好的。

宋：北京科技大学创建时设有电子显微学相关的教学和研究工作吗？

柳：没有。世界上最早的电子显微镜是一台透射电子显微镜，是1931—1933年由德国物理学家鲁斯卡（Ernst E. Ruska）[1] 和克诺尔（M. Knoll）研制的，1939年在德国由Siemens和Halske生产出第一台商品透射电镜（TEM），被誉为"本世纪最重大的发明之一"。鲁斯卡和1982年发明了扫描隧道显微镜的德国物理学家宾尼希（Gerd Binnig）[2] 和瑞士物理学家鲁希利康（Ruschlikon）[3]，一起分享了1986年的诺贝尔物理学奖。

1935年，克诺尔提出了扫描电镜原理和设计思想，1942年，Zworykin、Hillier和Snyder用第一台扫描电镜（SEM）检测厚试样，二次电子像的分辨率达50nm左右，并阐明了有关的基础理论。1965年，Cambridge（剑桥公司）制造了第一批商品扫描电镜（SEM）。

---

① 鲁斯卡（1906—1988年），德国物理学家，透射电子显微镜的发明者，德国柏林弗利兹—哈伯学院教授。1986年获得诺贝尔物理学奖。

② 宾尼希（1947— ），德国物理学家，因发明扫描隧道显微镜获得1986年诺贝尔物理学奖。

③ 鲁希利康，瑞士物理学家，因发明扫描隧道显微镜获得1986年诺贝尔物理学奖。

我们国家开展电镜工作是在新中国成立后的 20 世纪 50 年代初，那时国际电镜会议还是生物医学的天下，电子显微镜在材料研究中尚处于萌芽阶段。国内仅有中科院物理所有一台由民主德国赠送给毛主席的蔡司电镜，一台静电式透镜，大学中还没有开展电镜工作。

宋： 什么样的契机使北京科技大学开始开展电镜研究和教学工作？

柳： 1954 年，柯俊教授回国到北京钢铁学院工作后，积极倡导并主持和筹建了我国在工科院校的第一个金属物理专业，也就是材料物理专业前身。鉴于当时国际上，电子显微学作为新兴学科已初露峥嵘，以及在材料研究领域巨大的应用前景，钢院在建设金属物理专业过程中，开始逐步组建师资队伍，开展电子显微学的科研与教学工作。

宋： 您能具体谈谈当时的筹建工作吗？

柳： 柯俊教授高瞻远瞩，在筹建金属物理专业时就考虑到未来购置电镜设备、开展科学研究与教学、组建电镜室等相关问题。1956 年，学校颁布的"十二年教学规划"中明确为发展金属物理专业建设金属物理楼，在这前后柯俊教授指导学生，也就是后来留校任教的青年教师韩汝玢，在设计金物实验楼时给电镜和 X 射线实验室以极大的比重，对实验室以及附属设施，如暗室，屏蔽、防辐射、防火门等，一一作了周密考虑，同时对工作人员作了配套安排。

1958 年成立了电镜组，当时仅有陈梦谪①、李万通②两位老师和实验室工作人员，并派陈梦谪老师参加了全国首届电镜学习班的学习，后来在 20 世纪 60 年代又选送金铮、李万通到中科院科仪厂实习进修，都在为以后电镜教学和科研工作做准备。

宋： 电镜是那时很昂贵的先进实验设备，钢院是什么时候拥有了第一台电镜？

柳： 20 世纪 50 年代，王大珩先生倡议研制国产电镜，率领中国科学院长春光机所研究人员设计制造出我国首台透射电子显微镜，并作为 1958 年国庆节向党献礼的重大成果之一。同时期开展电镜研制的还有中科院科仪厂、新跃仪表厂和南京江南光学仪器厂。中国有史以来生产的第一批国产电

---

① 陈梦谪（1931— ），女，湖北黄冈人。北京科技大学教授，电子显微学家。1956 年毕业于北京钢铁学院金相热处理专业，后留校任教。

② 李万通（1937— ），男，北京科技大学教授。20 世纪 60 年代初毕业于莫斯科大学，回国后到北京钢铁学院金属物理专业工作。

镜包括南京江南光学仪器厂研制的 4 台 TEM。1962 年在南京大学召开了鉴定会，当时参加鉴定会的国内专家有北京大学光学专家西门纪业教授①、北京科学仪器厂电子显微镜专家黄兰友研究员②等人。我校金属物理专业的陈梦谪、职任涛老师参加了该鉴定会，并代表学校购置了其中一台。尽管这台DX-3 型电镜分辨率只有 10nm，加速电压仅为 50kV，缺少衍射装置，一次只能装四张玻璃底片，还不完全符合材料研究的需要，但是购置这台电镜为促进我国自主研制电子显微镜和发展电子显微事业作出了贡献。它与金属物理系原有的一台试样制备用的真空喷镀仪一起，成为金属物理教研组电镜实验室的基本设备。在这台加速电压仅 50kV、最高放大倍数 2 万倍的 TEM 电镜上，金物专业的师生开展了复型和萃取复型试样的观察研究，1963—1964年对金属薄膜试样进行了探索。

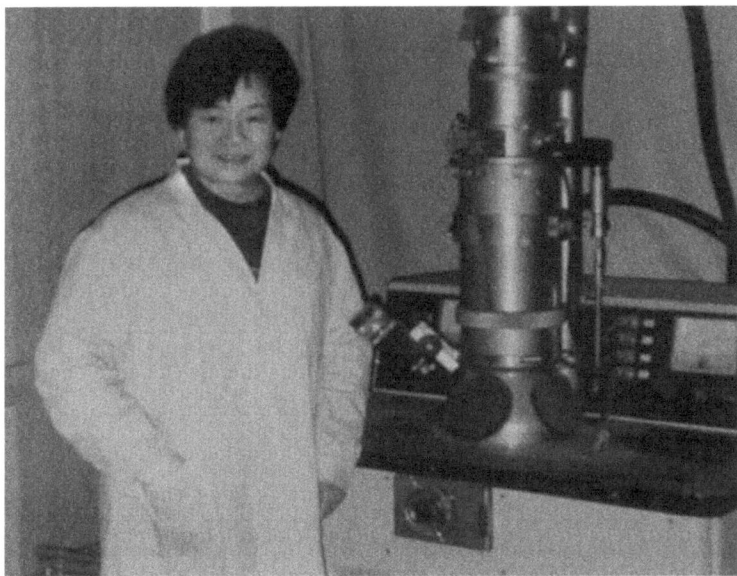

陈梦谪教授和我国自制的第一台 TEM 电镜

（江南光学仪器厂制）

---

①　西门纪业（1932—　），男，上海人。电子物理学家。1956 年毕业于北京大学物理系研究生班，后任职于北京大学电子学系。

②　黄兰友（1929—2013 年），男，江苏扬州人。电子光学专家。早年随父亲著名化学家黄鸣龙到美国学习，在美国获得学士和硕士学位，之后到联邦德国杜宾根大学应用物理系学习，获得博士学位。1957 年回国，先后到中国科学院电子所、科学仪器厂工作。曾先后参与并主持了中国早期多台电镜的设计和研制工作，为中国早期电镜的制造作出了重要的贡献。

这台今天看起来十分简陋的透射电镜对我国早期电子显微镜工作者的启蒙教育是功不可没的，凭借它实现了我国工科教育中电子显微学教学与实践从无到有的飞跃。

宋： 电镜作为科研利器和教学工具，除了早期的这台电镜外，还购入其他的电镜设备来促进科研和教学发展吗？

柳： 有的。随着教学和科研的发展，原有的这台国产电镜已不能满足需要。鉴于电镜及其应用在材料研究和学科发展中的特殊重要作用和我国的实际情况，柯俊教授对引进先进设备与技术积极支持。20 世纪 60 年代末期，当时钢院正面临"搬迁下放"和设备外调的形势，但是在冶金部科技司胡兆森司长的大力支持下，由柯先生倡导购置的 TEM（捷克的 Tesla 413）和 SEM（剑桥 S-250）分别在 1968 年和 1972 年完成安装并正常运转，在教学和科研中发挥了重要作用。此外，在柯俊教授的奔走联系下，原国家科委张有萱主任和其他领导同意将新进口的透射电镜 JEM-7，后来改为将前一年进口的、原放在科仪厂调研用的日立 H-11 拨给我们学校，但受到 1966—1976 年动荡的冲击而未果。从电镜购置我们可以看到，老一辈专家为专业建设竭尽所能、不计个人得失的态度和精神。

后来，1986 年和 1987 年在材料物理系分别安装了由日本人赠送的 100kV 透射电镜和通过世界银行贷款购置的 200kV 的 TEM/STEM，同期还在材料学系安装了一台 TEM。到 20 世纪 80 年代中期，钢院已拥有多台 TEM 和 SEM，成为科研、教学不可或缺的重要装备。

宋： 您大学时学的什么专业？哪年加入钢院电镜组的？

柳： 我是 1964 年 3 月从金属物理专业毕业后留校的，先分在 X 射线教研组做助教，在谢逸凡老师指导下，学习并掌握了 X 射线衍射仪等仪器的操作、使用和维护管理，赵伯麟老师则在学科的基础理论、教学内容和教材编写方面给予了许多指导和帮助。1975 年左右，院系领导在教学改革中提出在学科上把"X 射线金属学"和"电子显微学"打通合并为一个学科，即"金属物理研究方法"（后来编写的教材也合并为一个，包含了 X 射线分析和电子显微分析两个分册），两个组的教师合并为一个教研室。20 世纪 70 年代恢复高考招生后，根据工作需要把我从 X 射线组转到电镜组。

宋： 当时电镜实验室的具体工作情况是怎样的？

柳：电镜实验室主要由实验员管理，但是当时电镜组的几位教师每人每周值班一天，值班这天参加仪器操作、管理、指导学生实验、对外接待、答疑以及安全和清洁卫生。那个年代，作为教师啥都干，从不计较分内分外，实验课和研究生的上机操作都是教师们亲自上阵指导。

宋：您到电镜组后具体的工作是什么？

柳：首先是学习，由李万通老师教我 TEM 的操作调试等实验技术，同时在几位老师帮助下熟悉本科生的教学内容，参加教材和讲义的编写。

金物教研室领导对青年教师都有长远的培养计划，后来我被告知对我的安排是"跟柯先生、搞电镜"。因此我的发展方向和工作就是在柯先生指导下做有关电子显微学的教学、科研和电镜实验室的具体工作，同时协助他指导研究生。

宋：电镜组老师除了进行实验工作，还有哪些具体工作？

柳：所有教师都有教学，包括授课、实验室演示、指导学生实验等，科研，指导或者协助教授指导研究生以及实验室管理维护等工作。

宋：开设的与电镜相关的主要课程有哪些，由哪几位老师讲授？

柳：20 世纪 60 年代初的时候，电镜教研组就开设了电子显微术课程，当时校内外学生和教师都踊跃响应。那个时候，学校内最大的教室丙教室，座无虚席，授课的教师只不过是一位刚从金属物理专业毕业不久的青年教师。钢院成为较早拥有电子显微镜和开设电子显微术课程的大学。

后来随着系所调整到材料物理系，原来的电子显微镜和 X 光射线室合并为衍射物理教研室。开设的课程有：面向本科生的电子显微学、X 射线与电子显微分析；面向研究生的 X 射线与电子显微分析、衍射物理、分析电子显微学、电子显微镜操作实验课。任课教师主要有陈梦谪、吴杏芳、王蓉和我等几位老师，还有几位中青年教师参加了教学工作。

宋：对青年教师的培养是学术梯队建设的重要内容，请您谈谈这方面的情况。

柳：1976 年后，柯俊教授以他在国际上的学术地位和知名度，先后推荐并多次派出青年教师周政谦、吴杏芳、我、王蓉、魏鎏英、陈清、孙永谦等，以及多名研究生到世界各个高水平实验室及一流专家所在的大学，如英国牛津大学、美国伯克利大学加州分校、加拿大麦克马斯特大学、瑞典查尔默斯工业大学、澳大利亚悉尼大学和日本冈山理科大学等著名学府，以访问学者或博士生联合培养的方式，进行电子显微学和材料科学方面的科研协作和学习，使我校电子显微学科研与教学迅速与世界接轨。回国后，我们都成为电镜组的骨干教师、学术带头人以及先、后的电镜组负责人。

宋：教材是教学之本，电镜教研室老师做了哪些工作推动学科发展？

柳：在教学和科研多年实践以及校内自编教材的基础上，编撰了如下几本各有特色的教科书。

赵伯麟编著的《薄晶体电子显微像的衬度理论》，1980年出版，是我国早期阐述电子显微像衬度理论的著作之一，曾作为20世纪80年代初研究生的教科书和主要参考书目。

陈梦谪、李万通、吴杏芳、尹秀兰、姚玉琴、金铮共同编写的《金属物理研究方法第二分册》，冶金工业出版社1982年出版，该书阐述了电子显微学基本原理及应用，包括电子衍射、成像原理与技术、扫描电镜以及试样制备和应用等。该教材一直是国内各大专院校金属物理专业和相关专业本科生及研究生基础教材和重要参考书籍，得到国内好评。

吴杏芳和柳得橹编写的《电子显微分析实用方法》，冶金工业出版社1998年出版。

柳得橹、权茂华、吴杏芳编著的新版《电子显微分析实用方法》，中国质检出版社、中国标准出版社2018年出版。这本书是适用于大学生/研究生实验实践类教材，立足于实验教学和电子显微术的技术培训，一出版就受到国内电镜界同行的欢迎。

王蓉编写的《电子衍射物理教程》，冶金工业出版社2002年出版，系统阐述了电子显微镜衍射与成像理论。该书不仅作为我校材料物理与化学系研究生"衍射物理"课程教科书，还被中科院物理所、金属所等科研院所以及武汉大学、湘潭大学等多个高等院校作为固体物理、材料物理、材料科学等专业研究生"衍射物理"和"电子显微学"课程的教科书和教学参考书。多次被国内有关研讨会及培训班推荐并使用，被专家评价为国内不可多得的高水平书籍之一。2004年被评选为"北京市精品教材"，并被再版。

马如璋、徐祖雄主编的《材料物理现代研究方法》，冶金工业出版社1997年出版。

宋：改革开放后，电镜教研室不仅"送出去"，还"请进来"。那时都有哪些专家来进行交流？

柳：在陆续将师生派出的同时，国内、外有成就的专家、学者则不断地被请进来讲学，以便扩大师生的视野、提高整体学术水平。

柯俊教授建议和力主学校聘请多位国外电子显微学界第一流学者来校短期讲学或在一定时间内承担教学任务。1983年，加拿大麦克马斯特大学电镜与材料物理专家 G. R. Piercy 教授来我校学术交流，以客座教授身份对金属物理专业研究生用英语讲授"点缺陷"课程，前后有半年时间。记得 G. R. Piercy 教授月生活津贴仅为600元人民币，当时请国际知名教授授课半年的情况在国内并不多见。

1988年又聘请了澳大利亚悉尼大学 D. J. H. Cockayne 教授，他时任国际显微学会联合会主席，来我校进行为期三个月的教学与科研协作。他将电子显微学发展前沿的研究成果和知识及时传授给在校的青年学子和教师，亲自在实验室的电镜上进行演示，对学科建设作出了贡献。

1988—1992年，曾任日本及国际电子显微学会联合会主席的桥本初次郎教授开启了"桥本讲座"，连续五年来我校，每次做为期1~2周的电子显微学讲学，并对电镜实验室的建设提出了宝贵建议和具体指导。

来校做短期讲学的国际顶尖级电子显微学和材料科学方面的学者还有英国剑桥大学、牛津大学的 P. B. Hirsch 教授、A. Howei 教授、M. J. Whelan 教授，美国加利福尼亚大学电子显微学权威 G. Thomas 教授、美国弗吉尼亚大学的 Doris Kuhlmann-Wilsdorf 和 Heinz Wilsdorf 教授等。1987年9月，美国电镜学会代表团访华，C. E. Lyman、C. E. Fiori、D. B. Williams、J. I. Goldstein 四人来北京传授分析电子显微术，讲课和实验演示地点都设在北京科技大学。来自全国各单位的教师、科研人员好几十人参加了学习。在一个挺大的报告厅上课，坐满了人，我当时担任翻译。国内著名的专家，包括黄昆、林兰英、师昌绪、郭可信[①]、李方华[②]、沈克琪等也都来听讲。

宋：这些学术交流和讲座，反响和效果如何？

---

① 郭可信（1923—2007年），男，北京人。电子显微学家、晶体学家。1946年毕业于浙江大学化工系，同年通过公费留学考试，1947年赴瑞典留学，毕业获得瑞典皇家理工学院博士学位。1956年回国，先后在中国科学院沈阳金属所、中国科学院物理所工作。1980年当选为中国科学院院士。曾任中国电子显微镜学会理事长，亚太地区电子显微学会联合会主席。

② 李方华（1932—2020年），女，广东人。电子显微学家。早年考取武汉大学物理系，并被保送到苏联列宁格勒大学晶体衍射专业学习。1956年回国后到中国科学院物理研究所工作。1993年当选为中国科学院院士。曾任中国电子显微镜学会理事长。2003年获得欧莱雅联合国教科文组织（UNESCO）世界杰出女科学家成就奖。

柳： 反响还是非常好的。20世纪80年代，改革开放后不久，这些讲座使教师和学生接触到了世界学术前沿，不论教师还是学生，尤其是研究生，都以极大热情学习最新的电子显微学技术。通过直接接受外国专家的授课与学术研讨，促进了中外学者的交流、友谊与合作，老师把所学知识应用到教学和科研实践中，有的研究生还被讲课教授直接录取，随后出国深造。像现在活跃于英美电子显微学和材料科学界的孙永谦、刘景月博士都曾聆听过加拿大 G. R. Piercy 教授的课，受益匪浅。我校前副校长张跃院士①，就是澳大利亚 D. J. H. Cockayne 教授来钢院授课时听课的研究生之一。

宋： 钢院电镜教研室很有特色的一项工作就是面向社会开设了电镜培训班，为高校及社会培养电镜人才，这项工作是从什么时候开始的？

柳： 20世纪70年代初，像电子显微术这样的高精尖学科还没有得到应有的重视，但是金属物理的领导已经认识到在社会上推广先进技术的重要意义。1975年，金属物理专业面向社会实际需要举办了一届"X射线、电子显微镜在冶金中的应用工人进修班"，学员来自各个冶金企业、研究单位和高校的电镜或金相实验室，社会反响很不错。可以认为这是我校首次举办的有关电子显微术和衍射技术的培训班。

改革开放之后，1980年在钱临照、郭可信院士提议下成立了中国电子显微镜学会。1985年时任中国电镜学会正、副理事长的郭可信和柯俊院士与当时的国际电子显微镜学会联合会主席桥本初次郎教授协商，鉴于我校电镜室的条件和在国内的影响力，建议我校成立面向全国乃至亚洲地区的电子显微术培训中心。当时由柯先生主持，陈梦谪和我负责具体筹备。桥本先生在日本征集了三台二手 TEM 作为我们培训学员练习操作用，并请 JEOL 公司负责搬运和安装在我们实验室。但是最后协商的结果是由 JEOL 公司提供一台全新的 TEM（JEM 100CX-Ⅱ）以桥本教授的名义赠送给中国电镜学会，而电镜学会将该电镜安排放在北科大作为培训人才用。负责人、授课教师和实验辅导教师全部由金属物理电镜组的教师、部分研究生和实验室工作人员担任。

---

① 张跃（1958— ），男，湖南醴陵人。北京科技大学教授，材料专家。1987年考取北京科技大学金属物理专业研究生，先后获得工学硕士、工学博士学位。1995年到北京科技大学工作至今。曾任北京科技大学副校长、研究生院院长、新金属材料国家重点实验室主任。现任北京科技大学前沿交叉科学技术研究院院长。2019年当选为中国科学院院士，2022年当选为发展中国家科学院院士。

1986 年 5 月 100CX-Ⅱ透射电镜安装完成，柯俊教授、

JEOL 公司负责人和电镜室教师留影

（左起：吴杏芳、JEOL 公司的伊藤、柯俊、孙永谦、陈梦谪、周政谦、柳得橹）

宋：该电镜培训中心成立后，又做了哪些培训工作？

柳：这个"电镜培训中心"始终没有单独的编制，没有挂牌，也没有正式任命任何负责人，但是具有较先进设备、认真负责的专业教师和切实可行的培训计划，可以戏称为"三无三有中心"。全部培训任务都融入电镜教研室的日常工作中，1986—2006 年，我校电镜室举办的透射电子显微术培训班，每年两三期，每期时间为 10～15 天，学员三四人一个小组轮流在 TEM上动手操作实习。编写了专门的培训讲义。培训内容主要是透射电镜的主要实验操作技术，包括透射电子显微镜的结构、基本原理、合轴调整、透镜像差的观察与调整，选取电子衍射分析和明、暗场像的获得，放大形貌像的照相记录等，还包括电镜试样制备方法及辅助设备的使用等。学员来自全国各地，各大专院校和科研院所纷纷派送研究生和工作人员来学习，已安装了电子显微镜的单位也积极参加学习。20 年来，我校电镜室已举办了几十期以上机实践为主的电镜技术培训班，学员总人数超过 300 人。培训班学员和他们所在的单位及导师对我们的教学评价很高。

1987—1991 年，连续五年举办的"桥本讲座"，由桥本初次郎教授亲自讲授电子衍射及衍衬运动学和动力学理论以及高分辨像的原理和技术。来我校参加培训的学员除本校高年级学生、研究生、教师以外，还有来自全国各大专院校和科研院所的研究生和研究人员。

自 2002 年起先后举办了三期校内外高分辨电镜操作培训班。培训内容包括：高分辨电镜的合轴、消像散，获得高分辨像技术的三要素，Gatan 公司 622-SC 和 794 慢扫描相机系统的使用，数字图像的获得和分析技术，X 射线能谱仪（INCA）的操作与数据分析。经过培训，他们均可独立操作得到高质量的高分辨电子显微像。

从高分辨电子显微镜中提取真实的结构信息需要依赖图像处理技术，然而该技术在国内还需要推广。2006 年 3 月 29 日—4 月 4 日，电镜实验室成功举办了"北京科技大学高分辨电子显微镜图像处理培训班"。参加培训的正式学员 104 名，主讲老师王蓉。学员分别来自清华大学、复旦大学等十几所大学和中科院物理所、中国石油科学研究院等科研院所。柯俊院士参加了开幕式并做了关于电子显微镜发展历史的报告。培训班系统地讲授了高分辨电子显微成像理论和数字图像处理的理论和方法，对国际电子显微学界发展前沿的另外几种图像处理方法的理论和方法也做了综合介绍。培训班还演示了 DVC 像解卷软件和 JEMS 计算像软件。培训班最后一天举办了学术报告会，邀请了国内电子显微学领域知名的专家：北京大学彭练矛教授[①]，中科院物理学所李方华院士、陈江华研究员，北京工业大学孙威教授，他们介绍了各自的最新研究成果。学员一致反映收获很大，培训班拓展和加深了学员在高分辨电子显微学及相关学科方面的理论知识，让学员了解了国际上电子显微学领域的最新进展，促进了国内电子显微学界的相互交流，为我国电子显微学发展作出了应有的贡献。在高分辨电子显微镜图像处理培训期间，在 Gatan 公司和 Gatan 公司/科扬国际贸易有限公司支持下举办了两期 Digital Micrograph 软件培训，帮助学员迅速掌握该图像处理技术。

宋：北科大老师运用电镜做了哪些科研工作？取得了哪些成绩？

柳：北科大在该领域科研工作的开展与柯俊教授的主持和指导密不可分。柯先生长期从事钢铁与合金的基础研究以及相关应用研究，他提出在国

---

① 彭练矛（1962—　），男，江西鹰潭人。材料物理学家。1982 年毕业于北京大学无线电电子学系，1988 年获得亚利桑那州立大学博士学位。曾先后在中国科学院物理研究所、北京大学电子学系工作，现任北京大学电子学院院长。2019 年当选为中国科学院院士。

际上有重要影响的贝茵体和马氏体相变理论，指导学生和青年教师应用电镜等重要手段开展了一系列研究工作，如20世纪50—60年代指导陈梦谪研究了高速钢中奥氏体的稳定化与高温组织的关系。20世纪80年代指导吴杏芳、魏鎏英等在含镍、钒钢中引入原子簇，得到了可控制的蝶状马氏体，随后由吴杏芳、陈奇志用电子显微镜首次观察到该钢中的马氏体核胚，为长期探索的马氏体形核机制提供了新的实验证据，等等。

20世纪80年代，在柯先生主持下结合我国国情，陈梦谪等人对V、Ti在钢中的作用机理开展了研究，阐明了微量V、Ti对重轨钢和硅钢组织与性能的影响。

20世纪70年代中期，柯俊教授还指导我检索、总结了20年来国际上微合金钢的文献，并指导我和赵瑞宁等人研究了铌在钢中的作用机理。此外，和唐山钢铁公司合作研究含铌钢，为控制低碳含铌微合金钢的组织与性能提供了依据，获得国内同行好评。

1996年，师昌绪、邵象华[①]、柯俊、肖纪美、王崇愚[②]、殷瑞钰[③]几位院士和刘嘉禾教授共同向国家提出建议：开展新一代微合金高强高韧钢的基础研究（攀登计划B类项目）。该项目获得上级批准，1999年国家重点基础研究发展计划项目：新一代钢铁材料的重大基础研究项目（国家973项目）启动。我校由柯先生和孙祖庆教授担任该项目的专家委员会成员。这个项目历时5年研究取得了许多重要成果，其中突出的成果之一是应用透射电镜、X射线能谱和电子衍射分析等方法发现并证实了薄板坯连铸连轧工艺（CSP工艺）生产的普通低碳钢薄板中形成了大量纳米级的硫化物、氧化物粒子。传统生产工艺中以有害大块夹杂物形式出现的几种化合物相，如硫化物、氧化物等，在新的CSP工艺下变成了弥散细小的析出相粒子，多年来一直被冶金

---

① 邵象华（1913—2012年），男，浙江杭州人。钢铁冶金学家、钢铁工程技术专家。1932年毕业于浙江大学，1937年获英国伦敦大学冶金硕士学位。1958年被调到冶金工业部钢铁研究院。1955当选为中国科学院院士，1995年当选为中国工程院院士，是中国钢铁冶金工程的奠基人和开拓者之一。

② 王崇愚（1932— ），男，辽宁丹东人。清华大学教授，金属缺陷电子结构与材料设计专家。1954年毕业于北京钢铁工业学院，先后在冶金工业部钢铁研究总院、清华大学工作。1993年当选为中国科学院院士。

③ 殷瑞钰（1935— ），男，江苏苏州人。钢铁冶金专家。1957年毕业于北京钢铁学院冶金系。先后在唐山钢铁公司、钢铁研究总院等单位工作。2000年当选为中国工程院院士。

界普遍认为是有害夹杂物的这些物相变成了可以提高强度的纳米析出相颗粒，变害为利，钢板的显微组织改变了，钢材性能得到大幅度提高。化学成分相当于普通低碳钢 Q195 的薄钢板在采用 CSP 工艺生产后，其屈服强度提高了一倍以上，同时具有良好的综合性能，获得了显著的经济效益和学术成果。该项目的成果获得了国家科技进步奖一等奖、两个冶金特等奖和一个教育部一等奖以及多个省、市级奖。特别是获得了"2003 年度中国高等学校十大科技进展"的荣誉，这是我校建校几十年以来第二次获此殊荣。电子显微镜技术的应用，如 TEM 和 SEM 的形貌观察、电子衍射分析以及微区化学分析等微束分析技术，在这项研究中起到了关键作用。

2004 年项目组主要教师与校党委书记罗维东留影
（左起：柳得橹、付杰、柯俊、罗维东、康永林）

20 世纪 90 年代，柯先生敏锐地指出，电子显微学研究方法可能对催化科学研究有新的突破，他指导王蓉等人与石油化工科学研究院结合陆续开展了分子筛型石油裂化催化剂、Raney 加氢催化剂和负载型金属催化剂的研究。他们将电子显微学方法与其他微分析方法结合，从结构、电子结构特征来探讨催化剂的本质，几年来在催化剂的结构，特别是纳米级结构特征的研究上取得了可喜的成果。

宋：进入 21 世纪后，北京科技大学又购置了哪些电镜以推动学科发展？

柳: 这个领域的技术发展和设备更新非常快,我们学校也非常重视。2001 年,我校为"211 工程"配置了一台 JEM 2010 高分辨型透射电镜,分辨率达到 0.192nm。该台电镜具有先进的信息数字化记录、存储和处理功能,与原有的 JEM 2000FX 分析型电镜和 JEM 100CX-Ⅱ电镜一起构成电镜系列,既有配备了各种分析手段的分析型电镜,又有可以获得原子尺度成像的高分辨型电镜。这个综合平台可以承担各种类型的材料结构和成分的分析研究,对我校开展材料原子级精细结构和纳米级结构,如微小析出相、相界、晶界、畴界等界面和缺陷处原子结构和元素分布,以及应力场分布等定量高分辨电子显微学研究创造了条件,对学科的发展和人才培养起到重要作用。

后来我校又配置了多台更加先进的 TEM、SEM、FIB(聚焦离子电子双束电镜),以及配套设备,分配在材料测试中心、数理学院和国家重点实验室等部门。

宋: 您近年来一直从事微束分析领域标准化工作,您能谈谈吗?

柳: 1984 年 6 月由刘永康、林卓然、张宜等人发起的"全国探针分析标准样品标准化技术委员会"正式获得国家标准局批准成立,后改名为"全国微束分析标准化技术委员会",即 SAC/TC 38 委员会。柯先生很重视这项工作,1986 年柯先生对我介绍了情况,并交代了任务,从那时起我担任全国微束分析标准化技术委员会(SAC/TC 38)委员直至 2022 年改任顾问至今。

多年来我主持起草制定了国际标准 ISO 25498 和 ISO 19214 以及作为主要起草人完成制定、修订国家标准多项①,还有 3 项国家标准已经立项,目前仍在审批或研制中②。由我主持制定的国标 GB/T 18907—2002《透射电子显微镜选区电子衍射分析方法》是用透射电镜进行晶体分析的第一个国家标准。在这个国家标准基础上,又起草了选取电子衍射分析方法的国际标准,

---

① 完成的国家标准有:GB/T 18907—2002,GB/T 18907—2013/ISO 25498:2010,GB/T 20724—2006,GB/T 20724—2021,GB/T 40300—2021/ISO 15932:2013,GB/T 34002—2017/ISO 29301:2010。

② 审批或研制中的国家标准有:GB/T ××××《微束分析 分析电子显微术 金属中纳米颗粒数密度的测定方法》(研制中),GB/T ××××/ISO 20263:2017(审批中)《微束分析 分析电子显微术 层状材料截面像中界面位置的确定方法》,GB/T ××××/ISO 19214:2017(研制中)《微束分析 分析电子显微术 线状晶体表观生长方向的透射电子显微术测定方法》。

并于 2005 年立项为国际标准 ISO 25498 的工作草案，经过各国专家几年的讨论和多次修改，于 2010 年 6 月 1 日由国际标准化组织 ISO 正式发布出版了国际标准：ISO 25498：2010 Microbeam analysis—Analytical electron microscopy—Selected-area electron diffraction analysis using a transmission electron microscope。这是 TEM 选区衍射分析的第一个 ISO 标准，该标准已被英国和日本采纳为他们的国家标准，这个标准于 2016 年开始修订，仍由我主持并于 2018 年发布。国际标准 ISO 25498 发布后获得了国际同行的认可，2013—2015 年被引用五十多次，得到了较广泛的国际关注，社会效益显著。

习近平主席指出："标准已成为世界'通用语言'，世界需要标准协同发展，标准促进世界互联互通""标准助推创新发展，标准引领时代进步"。为了培养学生们尽早树立起标准化的意识，在工作中主动实施相关的国家/国际标准，我和权茂华、吴杏芳编著的教材《电子显微分析实用方法》第一次把相关标准融入教材中（共纳入国家/国际标准二十余项），力图将标准化内容贯穿到教学中。该书获得同行的好评，被认为影响深远，我本人则被中国标准化创新战略联评为"2017 年度中国标准化十佳人物"。退休后能够长期和年轻人一起参与国际、国家标准的制定、修订，使自己多年积累的专业知识继续发挥作用服务于社会，同时帮助年轻一代成长，对此感到十分欣慰。特别要感谢各位领导和同行朋友的长期支持，提供了参与交流和工作的机会与平台，使以上工作得以实现。

宋：北京科技大学在电子显微学领域所取得的成绩与严谨的治学态度是密不可分的。

柳：是的。电子显微术相关的研究既需要比较深入和宽阔的理论基础，又是一门实践性很强的学科，研究人员必须亲自上机观察与分析试样才可能有所发现，获得有意义的实验结果。但往往有些研究人员不上机，甚至不到实验室，只把试样委托给实验员进行观测后再对实验室提供的图像与数据进行处理。柯先生曾经诙谐地把这样的电镜室称为"开照相馆"，并声明：我们不能开照相馆，只管给人拍照。后来我们科研成果在参加国家重大科研项目总结时，有领导同志指出：北科大的电镜是由教授亲自上机，和研究生一起观察研究，因此北科大可以看到别人没看到的东西。这是我校多年坚持办培训班、坚持研究人员亲自上机观察研究、不开"照相馆"取得的应有成绩。

宋：非常感谢您让我们了解了北京科技大学电子显微学及其应用发展的历史，以及您近期的重要工作。祝您身体健康！

柳：谢谢。

后记 本人（访谈者，宋琳）于 2022 年 5 月对柳得橹教授进行了访谈。柳得橹教授饱含深情地回忆了北京钢铁学院电镜室自 20 世纪 60 年代初创建以来发展的历程及所取得的辉煌成就，言谈中流露出她对电镜工作的执着与热爱。

三、 对王燕斌教授的访谈

王燕斌（1946—   ），北京人。北京科技大学教授，博士生导师。1970 年毕业于北京钢铁学院金属物理专业，毕业后分配到鞍山钢铁公司炼钢厂工作。1978 年考回原专业研究生，获硕士、博士学位后于 1985 年留校任教，历任讲师、副教授、教授。曾在 1996—2012 年任材料物理与化学系主任。

（一）

宋琳（访谈者，以下简称宋）：王老师您好！您毕业于北京钢铁学院物理化学系金属物理专业，后留校任教，想请您谈谈您在钢院学习和工作的事情。

王燕斌（被访谈者，以下简称王）：好的。

宋：您是哪年考入北京钢铁学院的？

王：1965 年。1966 年 6 月开始，就停止高考和招生了。因此，我们这届是 1966 年事件前招收的最后一届本科生。

宋：当时理化系有几个教研室？

王：有金属物理教研室、冶金物理化学教研室和稀有金属教研室三个教研室。

宋：本科设有几个专业？

王：设有金属物理和物理化学两个专业，物理化学专业又分成冶金物化和稀有金属两个方向。

宋：这一届共招收几个班？有多少人？

王：我们这届金属物理专业招收了两个班，一共 60 人；冶金物化招收了一个班，30 人；稀有金属也招了一个班，30 人，所以我们那届一共招收了 120 人。前面几届也差不多。

宋：从入学到 1966 年，教学情况如何？开设了哪些课程？

王：我们上学第一年总体上教学还是正常的，上课、参加生产实践，第一学期认识实习是在北京特殊钢厂跟班劳动一个月，直到 1966 年 6 月 1 日停课。这时期开设的主要是基础课，有数学、物理、政治、英语、制图、体育和金属工艺学实习等。因为柯先生比较重视基础，所以各门课都是钢院非常优秀的教师给我们上课，课程是参考北大物理系。与往届不同的是，柯俊教授给我们这届开了一门课，叫"冶金概论"，主要介绍冶金生产过程和发展历史，好像是第一次给本科生开此课。

宋：您们这届是什么时候毕业的？以什么样的形式？

王：我们和 69 届一起都是 1970 年在湖南株洲毕业分配的。1969 年下半年，我们系战略疏散到湖南株洲硬质合金厂，同时也是接受工人阶级再教育，主要是跟班劳动，期间还被工厂派去修建战略公路、挖防空洞，还去农村支援插秧等。1970 年 7 月，中央下来文件，要求在校学生全部毕业，7 月底分配完，然后就直接到工作单位报到。所以我们实际上在学校时间是 5 年，真正上课、学习时间不到一年。

宋：金属物理专业学制是五年半吧？

王：是的。当时清华、北大学制是六年，其他重点大学是五年，北京师范学院，即现首都师范大学是四年。钢院的其他专业都是五年，只有金属物理专业因为学习课程内容比较多，定为五年半。

宋：您毕业时分配到哪个单位？

王：分配到鞍钢炼钢厂。我们那年分配到鞍钢的大学生有两千多人，包括不少清华、北大的毕业生，仅我们学校就有二百多人。当时工厂的生产一直没有停，但是 1966—1976 年没有招收新工人，而每年都有老工人退休，所以工厂劳动力严重不够。我们到工厂后都是分到生产一线班组里当工人。

宋：1978 年恢复招收研究生，您报考了钢院金属物理专业研究生，又考回钢院。复习备考过程不轻松吧？

王：复习备考还是很紧张、很辛苦的，因为多年没有招研究生，积压了好多届的学生，报考的人很多。而我大学仅上了一年课，好多课没有学过，都要补起来，所以要付出更多的努力。而且，我在工厂每天还要上班，只能利用下班后的业余时间学习。

但我还是很有信心的，我中学是在全国重点中学北京四中读的，基础还不错。上大学后觉得课程简单，一个学期下来不仅考第一，而且还自学了后面的课程，第二学期系里特别批准了我数学可以免修，英语到二年级去上课，课余时间到实验室和研究生一起做实验等特殊待遇，用现在话那时是个"学霸"。另外，到工厂后我也一直没有停止学习，每天下班以后都要学习一些。在学校时，教材科处理教材很便宜，我买了不少，这些书对我学习帮助挺大。

宋：当时金物专业研究生入学考试有几门？

王：考四门，包括外语、政治、数学和专业课，专业课就是金属物理。我们考研用的参考书是南京大学冯端①教授编写的《金属物理》，科学出版社出版，很厚的一本，这是金属物理很经典的一本书，也是挺难的一本书。考上研究生以后，我问老师，为什么考试选这么难的书？老师说，当时金属物理公开出版发行的书只有这么一本。

宋：当时硕士考试除了笔试，后来还有面试吗？

王：有的。

宋：您研究生导师是谁？

王：是肖纪美教授。那时候研究生导师是几位老先生，如柯先生、肖先生等，但他们工作太繁忙，可能没有时间对研究生进行深入细致的指导，因此每个研究生都安排一个中年教师协助老先生指导研究生，我们常称为二导师。我的二导师是褚武扬②老师。老先生把握大方向，二导师具体指导。

宋：1978年，金属物理专业具有招收研究生资格的导师有哪几位？

王：有四位校内教授招了研究生，柯俊教授、肖纪美教授、马如璋教授和吴兵③教授。实际上因为我们是第一届，当时并没有通过什么程序确定谁有资格招，只是学校认为这几位肯定应该是有资格的。此外，还从校外聘请了两位教授做导师，招研究生，一位是著名固体物理学家，中科院物理所钱临照教授，另一位是著名电镜学家，沈阳金属所郭可信教授。

---

① 冯端（1923—2020年），男，浙江绍兴人。凝聚态物理学家、教育家。1946年毕业于中央大学理学院物理系，获学士学位并留校任教。1985年任南京大学固体微结构物理国家重点实验室主任兼学术委员会主任，1991年任中国物理学会理事长。1980年当选为中国科学院院士。1993年当选为第三世界科学院院士。

② 褚武扬（1938—　），男，江苏宜兴人。北京科技大学教授，材料学家，博士生导师。1961年毕业于北京钢铁学院金属物理专业，后留校任教。

③ 吴兵，男，安徽歙县人。北京科技大学教授。1945年毕业于武汉大学，后到北京钢铁学院任教。

宋：分导师是在入学时吗？

王：是的。

宋：第一届研究生招了多少人？

王：金属物理招了14人，其中出国预备生3人，于1979年秋到1980年陆续出国攻读学位。在校的11名研究生在柯先生名下的有4人，肖先生名下的有3人，马如璋教授、吴兵教授、钱临照先生、郭可信先生名下各1人。

宋：研究生期间开设了哪些课程？

王：当时因为处于恢复阶段，第一学期课程开得不多，有外语、数学、金属物理、计算机、政治等，有一些补课的性质。那时中国科学院各研究所招的研究生成立了个研究生院，借用北京林业大学的教室上课，因为当时北林疏散走了，我们有时骑车到那里去听课。中国科学院有不少大师讲课，例如我当时就听了两弹元勋彭桓武教授讲的分析力学课，那课讲得真令我五体投地，至今记忆犹新。

宋：您硕士哪年毕业？

王：1981年上半年毕业。毕业后过了一段时间，我国才开始实行学位制，学位证是后来补发给我们的。

宋：您毕业时硕士论文做的是什么？

王：硕士论文研究的是铝合金的应力腐蚀开裂机理。

宋：您硕士毕业后，又跟肖先生继续攻读博士学位。您能谈谈吗？

王：我们硕士毕业的时候国家就说要招博士研究生，但是具体事情都没有确定，仅知道柯先生、肖先生肯定能招，所以我硕士毕业后就报了肖先生的博士研究生。毕业过了一段时间，才确定下来。我们那届硕士毕业的学生中有6人考取了我系第一批博士研究生，其中柯先生名下2人，肖先生名下2人，马先生名下1人，郭先生名下1人。

宋：当时博士入学有考试吗？

王：当时博士入学考试很简单，没有笔试，只是面试，因为全国也没有多少个硕士毕业生。

宋：您能谈谈博士期间的学习吗？

王：博士期间的课程也不多，有英语、政治等，主要就是在导师指导下在一个领域内选择一个具体方向和题目做研究，同时根据课题研究的需要自己去学习一些课程，我的研究方向是"氢致开裂机理"。博士期间具体指导我的导师还是褚武扬老师。

我读硕士和博士都是国内实行学位制以来的首届，所以一切都是"摸着石头过河"。以前国内没有培养过自己的博士生，我们根本没见过博士论文，老先生们都是在国外读的博士，所以读博士期间，我们总问柯先生，博士论文需要达到什么程度啊？柯先生说，只要成果意义大，有爱因斯坦论文的水平，两页纸也可以毕业。（笑）

我们第一批，很多事情都不知道该怎么做，加上当时条件也比较差，出现了好多现在学生难以想象的事情。比如，硕士毕业时，答辩评阅和存档需要有几份论文，当时复印才出现不久，要求我们不能复印要手抄，所以都是工工整整地抄了几份。到博士论文期间，复印机比较多了，可是复印的质量还不行，复印的照片不清楚，需要贴上原始照片。当时博士论文要求要有全国四十多位同行专家评阅，我的论文有四十多张照片，要洗印两千多张照片，整整洗了两天一夜。

答辩时也挺有趣，当时还没有投影仪，要把讲的内容写在好多张大纸上，挂在黑板上一张一张地讲。

我的博士论文答辩委员会更是现在无法想象的，包括四位科学院院士：师昌绪院士、柯俊院士、肖纪美院士、张兴钤院士；主席师先生后来是工程院院长，获得国家最高科技奖；还有原校长张文奇教授是国务院学位委员会委员。阵容超级豪华。

宋：您能谈谈肖先生和褚武扬老师吗？

王：肖先生知识面很宽、学术视野开阔，对研究方向和问题都能站在更高的高度，从宏观上把握。20世纪80年代，肖先生主持两次自然科学基金重大项目，当时经费是几百万元，非常难拿的。全国范围内很多单位，包括清华、北大、西安交大、科学院力学所等都有高水平专家参加，其中有好几位院士，像前不久去世的清华院士黄克智先生①也在其中。可见肖先生对宏观问题把握、对团队领导能力非常强。

我在读硕士、博士期间，一直都是褚武扬老师指导的，褚老师对学生非

---

① 黄克智（1927—2022年），男，福建福州人。清华大学教授，固体力学家。1947年毕业于中正大学，1952年于清华大学获硕士学位，毕业后在清华大学任教。1991年当选为中国科学院院士，2003年当选为俄罗斯科学院外籍院士。

常好，褚老师本人特别努力，刻苦钻研，取得了很多很重要的成果，是这领域首屈一指的专家。褚老师是金属物理专业 1956 年招收的首届学生，1961年底毕业，后来曾经到南京大学跟冯端教授进修了一段时间，主要学习晶体

1985 年王燕斌博士毕业答辩时答辩现场

（下图前排从左到右依次是：蒋恒、肖纪美、柯俊、陈南平、师昌绪）①

---

①　陈南平教授为答辩委员，清华大学教授；蒋恒教授时任北京钢铁学院物理化学系党总支书记。

位错理论，当时位错理论是国际上重要的新领域。褚老师数学基础和专业理论都很好，每天一上班就坐在那儿看文献、计算、写文章……，他的刻苦钻研精神为我们树立了楷模。褚老师培养的学生对金属物理的发展贡献很大。

宋：您哪年博士毕业？

王：1985 年，毕业后就留在金属物理教研室。

宋：这时金属物理教研室有多少位老师？主要研究方向是什么？

王：大概二十多人。这时金属物理教研室主要研究方向分成几大块：一是柯先生领导的运用电子显微镜研究材料微观结构及转变（相变）；二是肖先生领导的研究材料力学性能，包括材料断裂和环境断裂、疲劳断裂、强度等；三是马如璋教授领导的材料物理性能研究，特别是穆斯堡尔谱学在材料科学中的应用；四是吴兵教授对磁性材料的研究；五是 X 射线衍射分析组。张兴钤教授和方正知教授此前已经调离学校了。

宋：改革开放后，理化系进入快速发展时期，您能谈谈当时的情况吗？

王：1976 年后，大家的干劲儿非常足，为了尽快提高我系的学术水平，培养高水平的学术队伍，柯俊院士和肖纪美院士发挥自己在国际上的影响，邀请了一批世界上材料领域著名的科学家来我校讲学和交流，并聘为我系的名誉教授。同时，积极鼓励和支持中、青年教师到国外大学进修或研究。因此，当时系里大部分教师都有了在国外大学进修或工作的经历，对于我系达到国际一流水平起了重要的作用。

在几位老教授的带领下，我系的科学研究工作迅速开展起来。由于有多年的科研基础和高水平的学术队伍，在一些领域的研究中很快达到了国内领先和国际先进的水平。例如肖纪美院士领导承担了"应力腐蚀机理研究""氢致开裂机理研究"等国家自然科学基金重大项目；柯俊院士领导承担了"材料表面与界面研究"等国家重大项目；马如璋教授领导的材料穆斯堡尔谱学研究在国内也是首屈一指。其中肖纪美院士的"应力腐蚀机理研究"成果 1987 年获得国家自然科学二等奖。

这些工作成果确立了我系在国内的领先地位，同时通过这些科学研究，一批中年教师，如林实教授[①]、褚武扬教授、朱逢吾教授、贺信莱教授、曹

---

① 林实（1933—2023 年），男，北京人。北京科技大学教授，博士生导师。1956 年毕业于北京钢铁学院压力加工专业，后考入本校金属物理专业研究生，1961 年毕业留校任教。曾任机械工程学会失效分析工作委员会委员，航空学会理化测试委员会委员。

国辉教授、陈梦谪教授、吴杏芳教授、柳得橹教授等都成为了高水平的学科带头人。林实教授毕业于钢院压加系，后来考了张兴钤教授的研究生，林老师研究疲劳断裂，是全国水平最高的专家之一。朱逢吾教授毕业于北大物理系，在德国获得博士学位，是我国最早采用原子探针研究材料微观结构的，后来与物理所合作研究巨磁电阻材料，申请到了863重大项目。贺信莱、曹国辉、褚武扬教授都是金属物理专业第一届毕业生。第一届毕业生留教研室8人，给柯俊教授、肖纪美教授、张兴钤教授、方正知教授每人配2名助手。吴杏芳教授和柳得橹教授是金物62届、63届毕业留校的。他们都有很好的基础，很强的科研能力，不仅为提高我系的学术地位作出了重要贡献，而且通过他们，我系的优良传统得到了发扬光大，我系良好的学术氛围和严谨的学风得到了传承。

"材料的应力腐蚀和氢致开裂机理的研究"获1987年国家自然科学奖二等奖

国家实行学位制以后，1981—1987年，金属物理专业陆续被评为我国首批硕士点、博士点、博士后流动站和第一批国家重点学科。当时是全国大学中材料物理与化学唯一的国家重点学科。

宋：1987年，金属物理专业独立建系，命名为材料物理系。您能介绍一下更名原因吗？

王：当时国际上材料领域快速发展，已经大大超出金属材料范围，大批高科技新材料涌现出来，对于科技、军工和国民经济等有重大意义，这些材料中有很多物理问题亟须研究解决，必将成为新的发展方向。考虑到这种发展形势，以及我系历来的学术优势，我系领导、教师和各位老先生慎重研究，决定改系名为材料物理系，林实教授任系主任，成为我国最早的材料物理系。1997 年，学校组建学院，将材料物理系划归到应用科学学院，2000年，学校又将材料物理系划归到材料科学与工程学院。

在国务院学位委员会学科目录中，材料物理和材料化学同属一个"材料物理与化学"二级学科，材料物理与材料化学之间本来就有密切联系，肖纪美院士曾专门撰文论述二者密不可分的关系，因此，我系一直努力争取开办材料化学专业，并改名为"材料物理与化学系"。2001 年改名得到了批准，2003 年在何业东教授、杨槐教授等的努力下组建了材料化学专业，并开始招收本科生。

宋：您从 1996 年开始担任物理化学系主任，您能谈谈您的工作思路吗？

王：20 世纪 90 年代，我系继续参与了一批国家级的重大项目，包括肖纪美院士负责的断裂方面自然科学基金重大项目，贺信莱教授、褚武扬教授、乔利杰教授等承担的国家重大基础研究项目（973 项目）子课题等。并取得好多高水平成果，例如贺信莱教授领导的课题组在低碳贝氏体钢方面的研究，取得了在国际上很有影响的成果，同时产生了很大的经济效益，是 973超级钢项目中成果最突出的；曹国辉教授在高温超导体研究方面也取得了不少成果，发表了不少高影响因子论文。这些工作使得我系在全国仍能保持领先地位。但与此同时我们也认识到危机的存在：一方面是新材料快速发展，我们原有的优势研究方向有些陈旧，很多前沿领域没有进入，难以发表高影响因子论文；另一方面是其他学校的进步，如清华大学凭借他们学校的地位，广泛招揽人才，包括几位院士的加入，使清华在学科评估中可能要超过我们。所以，当时认为我们系的主要任务就是要努力保证我们在全国的领先地位。为此，在保证原有学科优势基础上，还要抓两点：一是开拓新的研究方向、研究领域；二是引进有发展前途的人才，这两个方面也是统一的。按照国务院学科划分，材料物理与化学是一个学科，根据学科发展方向，要开拓材料化学领域，着重引进有机功能材料、催化材料方面的人才，在材料物理领域引进研究巨磁电阻等新功能材料方面及计算材料学等方面的人才。那时引进了杨槐、姜勇、李立东、耿文通、詹倩等一批很有水平的青年学者，有几个后来成了长江学者，其实还有其他人也达到了长江学者水平，由于各种原因没能报上去。

关于引进人才，我不赞同通过给经费、给职位待遇等条件，去挖别的单位的人，这助长了一种很不好的风气。实际上这样做对国家、对学校发展也基本没有带来什么好处。我们的做法是选好有发展前景的学科方向，选择有发展潜力人才，引进以后热心帮助、培养，为他们创造条件，使他们更好成长。我们系的高水平人才（长江学者、杰青等）远比别的学院多，但所有这些人才都是我们自己培养出来的，反而是一些985学校来挖我们系的人。

这样一批充满活力的青年教师成长起来，成为了教学科研的主力，承担或参加了很多的高水平科研项目，科研领域得到很大的拓展。原有学科方向上，在尚成嘉教授、高克玮教授等的努力下也保持着优势，整个系的发展形势很不错。

特别还要说说张跃院士，他也是肖先生和褚老师的弟子，他开拓了纳米材料领域的研究，取得了很好的成果，是我们金物系的骄傲。

宋：作为全国最早创建的金属物理专业，经过50多年的发展仍然保持领先地位，您能谈谈它的特点和优势吗？

王：金属物理发展的特点，也是它的优势，首先是教师之间关系融洽和谐，大家团结合作，没有内耗，这在学校老教师中是都知道的。还有就是在系里历来讲传承、讲团队精神。金属物理专业创建早期，就以几位老先生为核心，形成了团队。老先生知识广博、经验丰富，从宏观上整体规划发展方向，并关心培养青年教师。年轻教师则发挥其精力充沛、思想活跃的优势，协助老先生很好地达成目标。这样既能够出高水平成果，又能够快出人才。老先生们的思想得到很好的落实、青年教师在提携下得以快速成长，完成了学术传承，这种团队合作传统一直保持到现在。学科发展讲系统性、整体性，这个系能够一直保持优势的关键在于优良传统的传承和团队合作精神。

再说几句金属物理的教学。我们系开设不少门专业课，我们的教学理念是要以科研带教学。教学不应该只是灌输一些书本上的"死条条"，而是应该教会学生哪些知识是有用的，以及如何应用这些知识去解决问题。如果没有搞过像样的科研，自己也没有用过这些知识解决问题，怎么能教会学生？所以我系安排讲授一门课的老师时，是要求有在该领域做过几年有水平的科研为基础的。对于所有知识，只有用过，知道如何用来解决问题，才能有深入的理解，讲课才不是照本宣科。

宋：非常感谢您对这段历史的详细介绍！祝您身体健康！

王：谢谢！

后记 本人（访谈者，宋琳）于 2023 年 2 月 23 日对王燕斌教授进行了访谈，访谈历时两个半小时，王燕斌教授详细地讲述了他在北京科技大学的学习和工作历程。

第六章 特种冶金系的创建与调整[①]

新中国成立后,党中央加强了国防现代化、军事工业现代化的建设,尤其是当时中苏关系破裂之后,更坚定了自力更生发展我国国防尖端科技的道路。军用冶金材料是发展我国军事工业的基础,为此,国家开始有计划地建立和发展我国军事工业材料方面的科研基地、生产基地和教育基地。正是在这个宏观背景下,根据冶金部的指示,北京钢铁学院成为进行军工材料建设的教育基地之一,并为此专门成立了一个系,即"特种冶金系"。

"特种冶金系"的创建及短暂存在(1960—1963年)有其特殊的政治背景和政治目的,折射出我国在特定历史时期政治对于教育的影响,以及教育对于国家政治、军事的意义。通过采访当年特种冶金系的创建人之一——特种冶金系副书记(书记一职空缺)王润教授,为我们详细地介绍了该系各个方面的具体情况,还原这段历史一个完整的概貌。

对王润教授的访谈

▼

王润(1929—2016年),北京人。北京科技大学教授,博士生导师,材料物理学家。1952年毕业于唐山交通大学冶金系,1953—1957年在苏联莫斯科钢铁学院攻读研究生,毕业获副博士学位。1957年回国后一直在北京钢铁学院(现北京科技大学)工作。先后任副教授、教授、博士生导师;北京钢铁学院教研室主任、院长,北京科技大学校长等职务。第八、九届全国人大代表,曾任国务院学位委员会材料学科第二、三届评议组召集人,原国家教委科技委第一、二、三届委员,全国高校设置委员会第一、二、三届委员,中国仪器仪表学会常务理事及副理事长,中国金属学会常务理事及副理事长,北京高教研究会副会长等职。

---

① 原文《1960—1963年北京钢铁学院特种冶金系的产生与调整》发表于《北京科技大学学报(社会科学版)》2013年第3期,在此稍作修改。

（一）

宋琳（访谈者，以下简称宋）：王老师您好！北京钢铁学院曾经在20世纪60年代初创建了一个"特种冶金系"，对于这个系的存在很多人并不清楚，您能谈谈它创建的缘由吗？

王润（被访谈者，以下简称王）：新中国成立后，1959年之前，苏联帮助我国建立了很多工业项目，其中也包括一些军事方面的项目。1959年，中苏关系破裂，苏联撤走了之前派往我国的全部专家，由此我国开始走上自力更生发展自己军事工业的道路，研究、生产国防方面的金属材料，包括高温合金、精密合金、粉末冶金材料、稀有金属材料，成为其中的任务之一①。国家相关部门意识到，想要在这个领域持续地发展，不仅需要建立军工方面的研究和生产单位，也需要培养军工材料方面的专业人才。因此，上级部门决定在高等院校中设立特种冶金系及相关专业，进行科学研究和培养人才。所以，北京钢铁学院设立特种冶金专业不是学校自己或某个人决定的，而是国家根据当时的国际和国内环境制定的任务，并把这项任务派给北京钢铁学院。

宋：当时从全国范围看，除北京钢铁学院外，还有哪些大学设置了特种冶金系？

王：根据冶金部指示，除我们学校外，还有东北工学院（现东北大学）设置了这个系②。全国就这么两所大学，涉及范围很小。

---

① 据《冶金工业部军工史丛书（九）军用冶金电子材料史（1956—1985）》（书封面注有"秘密"二字）（上海钢铁研究所、首钢冶金研究院出版，1988年12月，第144页）记载：由冶金工业部党组撰写的报告，报告摘要如下：

《关于解决国防尖端工业所需的金属材料问题的报告（1960年7月16日）》（摘要）

贺、聂副总经理并报李、薄副总理、总理：

我们希望有关部门把高温合金、精密合金、稀有金属等研究和生产，都放在"国防尖端"这一概念中和"国防尖端"所包括的范围中。

对需要量的估计，精密合金60吨。安排60个重点建设项目，这些项目完成以后，精密合金（产量）可达500吨。

冶金工业部党组

② 据《冶金工业部军工史丛书（九）军用冶金电子材料史（1956—1985）》（上海钢铁研究所、首钢冶金研究院出版，1988年12月，第17页）记载：东北工学院1960年9月，成立了308研究室，主要研究精密合金等军工材料，第一任负责人是郝屏奋和苏士权。1961年7月经冶金部、教育部批准，我院正式建立了精密合金等专业，成立精密合金教研室，孙庭烈任主任。

宋：您能具体谈谈特种冶金系在北京钢铁学院的创建过程吗？

王：1958 年，是全国各方面"大跃进"年代，冶金部等为了打破国外对国防军事工业所急需的航空航天领域先进合金材料的封锁，建议在北京钢铁学院由科研部领导组建国防所用材料研究室，即高温合金研究室、精密合金研究室，并抽调专职人员进行科学研究。1960 年 10 月，根据冶金部指示，先是成立了精密合金、高温合金专业和教研室，其中精密合金专业由我来负责筹建①。接着，在 1961 年成立了特种冶金系，将这两个教研室归入特种冶金系。

宋：当时新成立的特种冶金系除了这两个专业，还有其他专业吗？

王：除此之外，还有稀有金属、粉末冶金、特殊压力加工三个专业。

宋：设置什么样的专业也是由冶金部指定的吗？

王：是的。

宋：为什么称为"特种冶金系"，它特殊在哪里？

王：北京钢铁学院当时有一个钢铁冶金系，包括炼钢、炼铁、电冶金三个专业，这些专业涉及的主要是钢铁材料，不包括军工方面的材料，成立特种冶金系主要是从事有关军工方面的特殊金属材料研究与教学。这些材料主要应用于飞机、舰船、仪表等领域，生产这些材料的很多都是国防军工方面的对外保密单位，这就使得我们的专业和系带有了涉密性质。因此，与我们打交道、带学生去实习的这些保密单位，审查都非常严格。有一次，带学生去上海钢研所实习，走之前学校还专门办了保密的介绍信，但是到了上海以后，研究所还是不同意，坚持要来实习的话必须到上海冶金局去审批。我就与一个年轻教师到上海冶金局去申请，结果告知我们保密厂不接纳任何人去实习。我突然想到，来上海时在火车上认识的当时冶金部副部长，就去找他，经过他的授意才最终同意我们进厂实习。每次去这些单位调研或带学生实习都要带上每一个老师和学生的人事档案，到厂后要一个一个地审查，所以称特种冶金系也包含了当时政治任务的特殊需要。

宋：对于这些带有保密性质的专业和组织建制，是否采取了一些保密措施？

---

① 据《冶金工业部军工史丛书（九）军用冶金电子材料史（1956—1985）》（上海钢铁研究所、首钢冶金研究院出版，1988 年 12 月，第 16 页）记载：北京钢铁学院根据冶金部的指示，于 1960 年 10 月由王润负责筹建精密合金专业，并成立精密合金教研室。当时精密合金属于"尖端材料"范围，因此是保密专业。

王：是的。比如每个教研室在当时都不能直呼其名，而是用数字来指代，这样外人就搞不清楚了。当时，11 教研室是指稀有金属教研室，12 教研室是指粉末冶金教研室，13 教研室是指高温合金教研室，14 教研室是指特殊压力加工教研室，15 教研室是指精密合金教研室。

宋：有了这种保密的措施，外人就不知道了吗？

王：多多少少还是知道一些，但是在那个年代知道跟政治有关的，大家自然也就不多过问了，怕承担责任。

宋：当时特种冶金系的组织建制如何？具体领导是谁？

王：这个系的组织任命都是由院党委来决定的，系总支来领导系。系总支的副书记是我，系副主任是董德元，我们两个人都是副职，正职没有设，也就是说书记和主任都是空的。当时对这个系领导要求比较高，我们也都年轻，我那时三十岁刚出头。

宋：系里五个专业的负责人都是谁？

王：当时任命我作精密合金专业工作的负责人，因为我正好是 1957 年从苏联刚回来，在苏联学习时，我的导师是从事精密合金方面研究，所以我在做论文时也涉及这方面的问题，对这方面我还是比较了解的，就让我来组织这项工作。

此外，高温合金教研室主任是陈国良[①]，稀有金属教研室主任是段淑贞[②]，粉末冶金教研室主任是赖和怡[③]，特殊压力加工教研室主任是董德元。

宋：学校对特种冶金系在政策层面上有没有什么倾斜？

王：还是有一些的。刚成立特种冶金系时需要教研室、实验室，学校都给予了积极的支持。当时学校正在筹建金属物理楼，主要是金属物理教师申请、设计的，正赶上成立我们这些专业，好多地方就划给了我们，金属物理专业的教学科研用地就缩小了。再有，在设备的采购、使用方面也给予了一定的照顾。各个专业每一年根据学科发展所需都要向学校申报需要的设备，

---

① 陈国良（1934—2011 年），男，江苏宜兴人。金属材料专家。1955 年毕业于北京钢铁工业学院，后留校任教，历任北京科技大学教授、博士导师、材料系主任、新金属材料国家重点实验室主任及学术委员会主任等职。1999 年当选为中国工程院院士，2005 年获得美国金属学会杰出成就奖，2009 年获得何梁何利基金科学与技术进步奖。

② 段淑贞（1931— ），女，北京人。北京科技大学教授，博士生导师。1952 年毕业于清华大学，后到北京钢铁工业学院任教。

③ 赖和怡，男，湖南醴陵人。北京科技大学教授。1952 年毕业于唐山交通大学冶金系，后到北京钢铁工业学院任教。

然后由学校来统一安排，究竟是如何审批的我们也不清楚，但是我们提出的要求都给予解决了，基本满足了我们的需求。当时教学用的设备有些是学校自己制作的，学校当时有个附属工厂，这个修配厂不仅是为了学生实习，还是为了教学、科研而设置。我们提出的各种要求，通过科研部下达任务，都及时地给我们解决了。总之，遇到各种困难，大家就会从各个方面想办法来解决难题，学校给予了很大的帮助。

（二）

宋：当时特种冶金系师资队伍如何？

王：刚开始人比较少。我们精密合金专业大概有五六个人，有从苏联留学回来的大学生杨国斌，还有年轻教师周寿增、俞静等，后来有优秀的毕业生就留下，扩大到十几个人。

宋：教师队伍的职称结构是怎样的？

王：精密合金专业整个教师队伍中，只有我一个人是副教授，其他人都是讲师，或者助教。其他专业情况也差不多，大多数是刚毕业或者是留学回来的年轻人。

宋：对于这种涉及国防军事的专业，在选拔教师时有没有什么特殊要求？

王：当时挑选教师要求还是相当严格的，由学校党委组织选拔。要求出身要好，必须是党员或者团员，并且要求表现积极、思想要求进步、业务能力突出。

宋：当时留学回来的教师主要来自哪些国家？

王：主要是留苏回来的，比如我、董德元、杨国斌、鹿守礼、李慧英、孙恭宽，还有从捷克留学回来的谢锡善，没有从英美国家回来的。

宋：特种冶金系的老师待遇上与其他系的老师有区别吗？

王：没有特殊的地方。困难时期对教师的照顾是分级的，正教授分一、二、三级，我们叫"糖豆干部"，每月配售些白糖、黄豆，这是超出一般居民范围之外的，这种待遇是按统一级别划分给的，与是否进入特种冶金系无关。

宋：当时这些专业的生源来自哪儿？

王：根据上面指示该专业成立一年后要有毕业生，所以当时就从相近专业的学生中挑选，比如就我们精密合金专业来说，就从金相热处理专业各年级学生中选拔，然后改学精密合金，加速培养，经过一年紧张学习和培训，马上毕业，送到生产军事材料工厂或者是研究单位工作。其他专业情况大概也类似。

宋：等于是这些学生在精密合金专业学习了一年？

王：第一届就学了一年，以后各届在该专业学习的时间逐年增加，前提是要保证每年都有毕业生。以后各届的生源一部分是从在校学生中选拔，还有一部分是从高考中招收。

宋：由于这种专业的特殊性，如何把它列入当时高考的招生计划？

王：我印象中，好像真的就是在招生计划中写 11 专业、12 专业，后面用括弧再标注一下。

宋：有学生报考这些专业吗？

王：有。社会上有一种普遍心理，加上代号表示了它的特殊性，考上了感觉更光荣。

宋：挑选学生的标准是什么？

王：政治觉悟和学习成绩都很重要，缺一不可。挑选学生在政治思想方面的要求跟选拔教师是一样的，要求很严格，同时学习成绩也必须要突出。

宋：学生进入特种冶金系之后，对他们的思想政治要求是否也很严格？

王：是这样。当时系里除了我一个副书记，还有一个副书记，叫刘凤英，她是一位参加革命比较早的老同志，负责政治思想工作，对学生要求很严格。

宋：从什么时候开始有毕业生的？

王：1962 年，我们就有了第一届精密合金专业的毕业生①。在精密合金专业，我们前后共培养了近五百名毕业生，包括本科生和研究生②。因为当

---

① 据《冶金工业部军工史丛书（九）军用冶金电子材料史（1956—1985）》（上海钢铁研究所、首钢冶金研究院出版，1988 年 12 月，第 175 页）记载：1962 年 7 月，北京钢铁学院、东北工学院首届精密合金专业毕业生分配到各精密合金科研、生产单位。

② 据《冶金工业部军工史丛书（九）军用冶金电子材料史（1956—1985）》（上海钢铁研究所、首钢冶金研究院出版，1988 年 12 月，第 91 页）记载：1962 年，我们就有了第 1 届精密合金专业的毕业生。到现在为止，已经培养出近 500 名大学生，10 多名硕士和博士。编者注：这里统计时间节点应该为 1985 年。

时咱们国家还没有学位制度，学校里老师可以带研究生，学生完成相应的学业毕业以后注上是研究生毕业。

宋：这些专业的毕业生工作去向是不是在设置专业时，上级部门就已经设想好了？

王：对，是这样的。每年冶金部都会下达指令，定好各个专业的招生人数。计划经济时代，招生计划和毕业分配方案都是由国家统一制定的，这些招生的具体数字都是根据冶金部之前在全国进行的调查和研究基础上确定下来的，预测每个专业能容纳多少人，四年以后社会需要多少人。

宋：特种冶金系各个专业的毕业生都去了哪些单位？后来的发展情况如何？

王：大部分都分配到工厂生产第一线了，基本都属于保密单位，比如大部分毕业生分配到重要的科研单位从事研发国防军工产品和工艺技术，如：高温合金专业大部分分配到410、420、430航空发动机厂，以及航天领域与两弹一星有关单位。此外，还有北京冶金研究所、上海冶金研究所、大连特殊钢厂、陕西特钢厂、重庆特钢厂等单位。

据后来反映，分配到各个单位工作的学生都干得不错，有的成为该领域的技术骨干，有的走上了管理领导岗位。比如我带的学生李东升，研究生毕业后分配到天津的冶金研究所，在材料科学领域工作突出，成为精密合金战线上的骨干力量，曾被授予"全国劳动模范"称号。

（三）

宋：当时对于这个新建立的系，各类课程是如何设置的？

王：这些专业还是属于材料科学，不过是钢铁材料之外的种类。以我所在的精密合金专业为例，过去北京钢铁学院有个钢铁热处理专业，与精密合金专业在基础课，包括数理化等都是一样，到技术基础课，像电工、力学、机械学、金属学也都是一样，等到专业课时候就不一样了。钢铁热处理的专业课包括热处理、金属学，合金钢等，重点在于研究钢的力学性能，而精密合金则重点在于研究金属的磁性、电性等物理性能，专业课包括精密合金、金属的物理性能、精密合金的生产工艺、精密合金性能测量这四门。此外，包括实验技能，特殊冶金工艺方面的知识也需要重新设置。

特种冶金系的其他专业也类似，基础课和技术基础课与邻近专业相同，到高年级，即第四年级时学的专业课就不一样了，如高温合金专业学的是高温合金专业方面的课程，稀有金属专业学的就是稀有金属方面的课程。这样，这些专业就可以从邻近专业的学生里来选拔，在高年级，即第四年级时抽调出来学习专业课就可以毕业了。

宋：这种课程设置是否参考了其他国家相同专业的教学模式？您是从苏联留学回来的，是否受到苏联模式的影响？

王：没有，因为当时苏联还没有设置这些专业，这纯粹是中国特有的模式。苏联对我们的影响恐怕主要是在科研资料上，当时采用了很多苏联的科研资料，把它们编到教材里面。因为我们学校建校时聘请了好多苏联专家，也有一些留苏回来的学者带回的资料。当然，也有一些来自欧美的资料。

宋：在当时中国的特殊意识形态下，对于这些来自不同国家，具有不同意识形态背景的科研资料是否有意识地加以区分，是如何取舍的？

王：各个专业可能不太一样。刚一开始用苏联的东西多一些，后来则主要从英美的杂志、书籍来选资料。

宋：这些专业应该来说都是在我国高等教育中第一次设置，资料和教材都是从哪儿来的？

王：没有现成的教材。国外的图书、教科书和期刊资料都是翻版的。在当时的新华书店专门有一个内部部门，它收集了许多国外资料，大部分都是影印的，我们经常去那儿查找资料。后来，我们学校图书馆的资料也开始多起来，但一般也都是影印的。

宋：那您们是如何组织教学内容、编写教材的？

王：这些专业在全国来说都是开创性的，每一门专业课都是老师根据自己的认识和知识去选择材料、编写教材。我那个专业的教材基本就是我来编写，有几个新进校的年轻老师帮我查找资料。比如精密合金这门课我印象很深刻，我上课之前赶紧写讲义，写得很乱，有个老师再帮我来整理，整理好后拿到学校印刷厂，那个时候还是刻蜡版的，印好后发给学生。所以当时上课用的资料很简陋，没有书，只有这种油印的讲义。

当时，教师每上一节课要花 10 倍、20 倍的时间去查阅资料。一门精密合金课程要由两三名教师合开，才能来得及讲授。不过，经过几年的教学实践与摸索，逐步完善了精密合金专业基础理论课和专业课教材，这些教材包括《金属与合金的物理性能》《铁磁学》《精密合金学》，以及《物理性能检测技术》等。由我和马如璋等合译的《金属与合金的物理性能》一书对我国早期精密合金的教学、科研、生产曾起过重要作用吧！

宋：由于这些学生是国防建设急需的人才，因此在教学中是否也很注重实践能力的培养？

王：是这样。为了培养学生分析问题和解决问题的能力，我们带领学生到工厂、科研单位去实习。记得 1962 年我们带领学生到上海进行毕业实习。当时是用非真空感应炉冶炼铁姆合金，铸锭常发生"冒涨"问题。我们带领学生，运用所学理论，分析"冒涨"产生的原因以及解决的可能办法。这使得我们的教学更加生动，学生也能学以致用，此后我们一直是坚持理论联系实际的教学方针。我们专业的学生在教师带领下曾到过大连钢厂、上海钢研所、上海铜仁合金厂、哈尔滨电表厂、北京冶金研究所、北京 798 厂等精密合金生产、科研单位实习，并进行现场教学。我们的宗旨就是要教给学生"点金术"，启发他们掌握分析和解决问题的思路，而不是把知识简单地塞给学生。

宋：当时成立特种冶金系除了承担培养军工方面人才这一教学任务外，还有其他的科研任务吗？

王：也有一些科研任务[①]。大项目主要是上级部门，包括军工部门给国家科委，或者冶金部，冶金部列了项目下达给有关的单位，像学校、研究院或者工厂，根据项目大家一起开会、分工，每个单位负责其中的哪个部分。这些研究也都是保密性质的。很多项目与钢铁研究院联合来做，学校主要承担理论方面的工作，工艺、成品则由钢铁研究院或工厂来做。

宋：一般由哪些单位负责牵头工作？

王：主要是由最终拿出产品的单位负责，所以学校很少能作为牵头单位。

宋：这种科研模式，学校相对来说是不是比较被动？情况一直是这

---

① 据《冶金工业部军工史丛书（九）军用冶金电子材料史（1956—1985）》（上海钢铁研究所、首钢冶金研究院出版，1988 年 12 月，第 16 页）记载：北京钢铁学院承担了精密合金和科研任务，为国防军工工作出了贡献。1959 年至 1965 年期间，研制的 Ni65 坡莫合金及铁-钴-钒软磁合金，制成大功率变压器在远程雷达上获得应用。研制的 Ni42CrTi 恒弹性合金，成功地用于反导弹的仪器中。并与上钢所合作，在国内首次研制出柱状晶 AlNiCo8 铸造永磁合金。1960—1985 年共承担了精密合金科研课题 24 项，其中 9 项通过国家级鉴定。在国内外发表论文 100 多篇。

样吗?

王:是的,后面学校也开始主动去与工厂联系,20 世纪 60 年代初,已经开始慢慢地由被动变成主动,但是情况跟现在还不太一样。那时候保密的科研任务都由学校的科研部门统一负责,下达任务。

(四)

宋:特种冶金系仅存在四年左右的时间,后来为什么被取消了?

王:具体情况我也不太清楚。1963 年,我们接到院里的通知,告诉我们系被撤销了。

宋:那么,与北京钢铁学院同时建立特种冶金系的东工(东北工学院,现东北大学)是不是也遇到同样情况?

王:是的,时间是同样的。

宋:系被取消了,那么各个专业后续发展情况如何呢?

王:专业没有动,只是行政管理一层撤销了,不存在特种冶金系的设置了。因为 1963 年后国家实行八字方针,高等教育部也跟着此方针对各校专业进行调整,加强基础课和应用基础课,克服专业知识面过窄、过尖的问题,把特种冶金系各专业按学科范畴重新调整至原来学科里。各个专业被分配到相近的专业里,像高温、粉末、精密专业被分配到金属学系,我也就被分到金属学系当副书记,稀有金属专业被编到理化系,压力加工划到压力加工系。

宋:原来由特种冶金系负责的军工方面科研项目怎么办?

王:涉及军工方面的科研任务由学院的科研部来下达、管理。

宋:这些专业的学生毕业分配如何?

王:像高温、精密专业的学生还是到保密单位去得多,跟特种冶金系存在时情况一样。

宋:您怎么看这种变动对于这五个专业发展的影响?

王:我认为,各个专业被分到跟其学科性质更接近的系里,把更相近的专业放一起,从学术角度上看更利于它的专业发展。

宋:特种冶金系取消后,这些专业也就不存在保密性质,那么其他高校有没有成立相同的专业?

王：没有。因为这些专业适用范围不广，社会需求量也并不是很大。今天来看，这些专业，包括原来的热处理、高温材料等专业都存在知识面过窄的问题，这样学校培养起来很快，但是学生的思路会过于狭窄。国家后来也意识到这个问题，这些专业到大材料科学建立后就被取消了。

宋：您作为亲历者，对这样一个曾经短暂存在过的特种冶金系如何看待？

王：我认为是必要的，也确实发挥了作用。在当时国家急需人才的情况下，这种快速培养人才方式还是有效的。

宋：特种冶金系是中国特殊历史情况下的产物，是否存在政治对教育的影响问题。

王：是这样。在20世纪五六十年代的中国，政治对教育的影响还是比较大的。教育脱离不了政治，一个教师可以不问政治，一个学校办教育怎么也脱离不了政治，政治怎么都会影响学校，设立特种冶金系就是当时中国所处的国际与国内环境所决定的；与此同时，学校反过来也会影响政治，二者之间存在必然的联系。

宋：非常感谢您！让我们了解了那段鲜为人知的历史，也通过这个缩影管窥到那个时代政治与教育之间的密切关系。祝您身体健康！

王：也谢谢你们！让这段历史以文字的形式呈现出来，让更多的人了解。

后记 本人（访谈者，宋琳）于2012年9月20日在王润教授家中对他进行了长达两个半小时的访谈，同时参加访谈的还有学报编辑马胜利老师。王润教授把我们带回到了那个特定的时代，讲述了这段鲜为人知的历史。

第七章 冶金与材料史研究所的
创建与发展[①]

冶金与材料史研究所的创立可追溯至 1974 年北京钢铁学院成立的《中国冶金史》编写组，由此开启了系统研究中国冶金史的工作，成为我国最早开展科学技术史研究并建制化的高校之一。该研究团队在科学技术史学家柯俊院士的领导下，从深耕中国古代冶金术开始，在稳轧稳打的同时不断革故鼎新，在学科发展的内涵与外延上同时发力，于 1990 年和 1996 年分别获得科学技术史学科硕士和博士学位授予权，成为国内第一个科学技术史（工学）博士点。学科方向从早期的中国冶金与材料史单一方向，发展为冶金与材料史、科技考古、文物保护、传统工艺、科技与社会、技术史与工业遗产等多个方向，并形成了鲜明的学术风格和研究特色。2014 年在该研究所基础上成立了科技史与文化遗产研究院，科学技术史已纳入国家世界一流学科建设。

本部分通过对该研究所前期的三位领导者：丘亮辉教授、韩汝玢教授、孙淑云教授的访谈，讲述了早期创建历史、发展过程及工作特色，使我们从中体会到创业初期栉风沐雨的艰辛和创业者砥砺奋进的精神。

一、 对丘亮辉教授的访谈

丘亮辉（1935—   ），广东大埔人。教授。1957 年毕业于北京钢铁学院金属热处理专业后留校。历任马列主义教研室自然辩证法教学组组长、学校冶金史研究室主任兼冶金部冶金史编写组组长、党委宣传部部长。1985 年调任中国科协中国自然辩证法研究会副秘书长，1986—1995 年任副理事长兼秘书长。创办中国金属学会《金属世界》杂志社，主编《中国冶金简史》（合作）、《技术史研究》等。

① 原文《中国冶金史研究的前行者（三）—1974—2004 年北京科技学冶金与材料史研究所的创建与发展》发表于《北京科技大学学报（社会科学版）》2012 年第 2 期，在此稍作修改。

（一）

宋琳（访谈者，以下简称宋）：丘老师您好！北京科技大学冶金史研究工作的开始很有些历史色彩，是从最初的一个讨论古代"儒法斗争"，带有政治色彩的"盐铁论"批判小组，演变为研究型的冶金史编写组，您能谈谈当时的情况吗？

丘亮辉（被访谈者，以下简称丘）：1972 年，北京钢铁学院政治部成立了"批林批孔"的"理论组"，组长是高淑珍和朱新均。"理论组"包括两个小组，即"盐铁论"批判组和"教育史"批判组。我是"盐铁论"批判组的组长，副组长是黄务涤，包括张长生、董喜林、刘震山等几个工人师傅，一共有四五个人。《盐铁论》是一本书，记录了汉朝时儒生和丞相关于煮盐和冶铁业是官营好，还是民营好进行辩论的内容。我们研究这段历史的初衷是批判儒家的思想，写了一些批判文章都没有机会公开发表，可谓成绩不佳。1974 年大批判搞不下去了，"盐铁论"批判组就转变到"冶金史编写组"，人员有所增加。

宋：您能具体谈谈是什么因素促成最终决定搞冶金史研究的吗？

丘：选择冶金史作为研究方向，有主观和客观两个方面的因素。首先，跟我个人的治学经历有一定关系。1958 年，学校派我到中央党校自然辩证法研究班去学习。这个班是由北京大学陆平校长建议，中共中央书记处决定，由党校校长杨献珍和艾思奇、孙定国、陈康白、于光远、钱学森等著名学者亲自执教，组织北大、清华等高校的理工科年轻的共产党员教师去学习自然辩证法。由于高芸生院长认识中央党校这个班的班主任孙定国，要了四个名额，派我和另外三位年轻老师去学习。

在中央党校学习中，我就一直在思考这样一个问题，"科学中有哲学问题，那么技术中有没有哲学问题呢？"他们告诉我，技术是诀窍，是不可言传的技能，没有哲学问题。但是，我认为技术比科学要复杂，技术的应用就有了社会效果，技术的发展必然包含着社会因素、经济因素和哲学问题。

学习结束后我没有留在党校任教，坚持回到了钢院，按照我们毕业时集体编写的全国第一本《自然辩证法讲义》开课，根据工科院校的特点，确定重点开展技术辩证法（即现在的技术哲学）的研究。为了研究技术辩证法，我选择了两个突破口：一个是技术方法论，调查老教师的科研经验，总结徐宝陞老师弧形连铸机的发明、朱觉老师电渣炉冶炼新技术和杨永宜①、陶少杰老师的大风、高温高炉操作新技术等技术研究方法；另一个是技术史。技术史很庞大，包括机械、电力、水利、农业、医药、建筑历史等，我斟酌了一下，确定由点到面先搞冶金史，我对冶金史的研究情有独钟。

其次，就是有一个偶然的客观因素。当时科学出版社派资深的编辑来找我，他说你们的文章写得很好，不如编写《冶金史》，这是你们钢铁学院义不容辞、应当完成的正业。他还说，过去我们出版社通过你校图书馆，曾经组织胡庶华、赵锡霖、陈大受、石心圃、刘景芳等教授编写《冶金史》，花了八年时间，查阅了整部《二十四史》等历史经典，把其中所有带金字旁的文字抄录下来了，足足有两尺厚的稿子都在我那里，是很珍贵的资料，可惜"有料无史"，不能出版。如果你们接下来搞冶金史是非常有基础的。

这种主观和客观情况结合起来，成为走上冶金史研究的一个契机。

宋：您在接下来的冶金史研究中都具体地开展了哪些工作？

丘：我和黄务涤等小组同志接受了编写《冶金史》的任务后，首先面对我们的老师留下的这批珍贵的资料，思考出版社提出的"有料无史"的问题，史在哪里？在这些史料中能够找到史吗？为什么老师找不到史？实在令我们困扰。史从哪里开始？中国什么时候有铁？老师的材料说最早的"铁"字出现在几十种古书上。这些书还有托古写的不能算，史学界考证年代比较可靠的书最后剩下七八种，范围缩小了。其中《诗经·秦风》记载的"鐵"（铁的繁体书写）字不是金字旁而是马字旁，郭沫若说是"马色如铁的意思"，断定就是古代的"鐵"字，有人不同意这种推测，怎么办？老师说古代冶铁都是服刑的"卒徒"从事的行业，作为正史的《二十四史》是反映朝廷大事的书，能找到"卒徒"如何冶铁的资料吗？我们开始怀疑光靠这些资料真的找不到冶金史。怎么办？这时我学的自然辩证法帮了我的大忙。唯物辩证法告诉我们，书本上的是第二性的资料，现实的东西才是第一性资

---

① 杨永宜（1923—1987年），男，江西萍乡人。北京科技大学教授，博士生导师，炼铁专家。1947年毕业于唐山交通大学冶金系，作为我国第一批直接由苏联教授培养的研究生，1950—1952年在哈尔滨工业大学、1953年在东北工学院，主修炼铁专业。1958年任北京钢铁学院炼铁教研室主任。

料。史在哪里？应该到现实中去找第一性的资料。史的现实在哪里？就在出土的年代确凿的金属文物里面，它才是当时的现实的冶金产品。所以，史在博物馆，在冶金考古的现场。

面对珍贵的出土金属文物，怎么才能知道当时的工艺水平呢？我学的金属学原理又帮我们一个大忙，通过成分、结构的检验和金相组织的分析，应用成分、组织、性能关系的金属学原理，可以推测金属文物的性能和加工工艺，冶金工艺史就展现在眼前[①]。于是我们找到了研究冶金史的一条新途径[②]。由于过去没有人这样做，所以我们每做一次都有新的材料，都有新的发现，新的观点。可谓方向明、方法对、决心大，成果累累，在中国冶金史这块未开垦处女地上走出了一条新路。从此，杂志编辑催要稿件，再也不愁论文没处发表了。

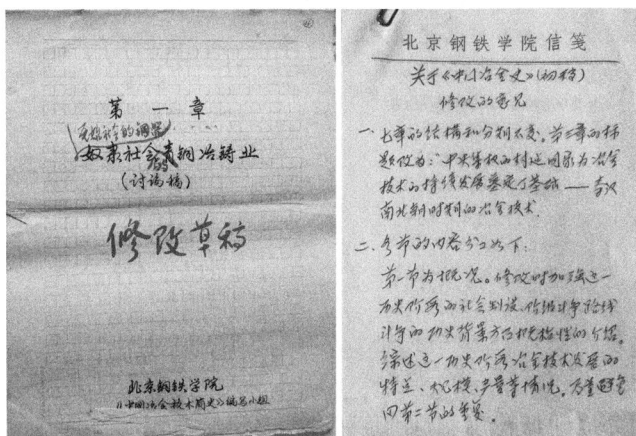

《中国冶金简史》书稿

我们的具体工作是调查研究、实验分析、撰写论文、出版著作。除了那本《中国冶金简史》外，1976 年还出版《古代叠铸》和《中国古代冶金》等小册子。

我们还办培训班。当时我是中国科学技术史学会常务理事兼技术史专业委员会主任，我和国家文物局合作，在钢院开办了全国第一期文物保护培训班，还办了技术史培训班，影响较大。

---

① 中国冶金史编写组.《从古荥遗址看汉生铁冶铁技术》,《文物》, 1978 年第 2 期。
② 丘亮辉.《试论冶金史研究方法》, 中国科技史学会第一次代表大会会议论文, 1981 年。

1976年冶金史编写组

（二）

宋： 您作为冶金史的早期创建人之一，虽然后来离开了冶金与材料史研究所，但一直关注着它的发展，您认为它成功的因素有哪些？

丘： 我在研究所成立30周年纪念大会上有一个发言，总结了以下几点：

第一是选择正确的学术方向。一方面要有思想准备去捕捉稍纵即逝的机遇，另一方面要扬长避短综合一切有利条件，寻找创新之路。

第二是建设学术团队。要有一个人才结构合理、小巧实干的团队，能够和有兴趣的学校师生以及国内外社会学术组织的大团队相结合。学术团队要树立自由讨论风气，允许保留不同意见，不要"戴帽子""打棍子"，这一点特别重要。

第三是要有高水平的学术带头人。柯俊教授是我们研究团队的学术领袖，学术带头人的水平一定程度上决定了学术队伍的发展。

第四是筹措科研经费。主要是冶金部科技司、文物局的支持，各省和地方博物馆、国家有关科研院所和我校各研究所、教研室、实验室的帮助。

第五是坚持科学精神。有权威的领导对藁城铁刃铜钺的铁是陨铁的结论不满，要我们修改为人工冶炼的铁，我们巧妙地坚持科学精神，避过了一场风波。

研究所这五条经验我在中国科协学会工作研讨会上也做过介绍，大家认为具有一定的普遍参考意义。事实上，这些经验对我后来领导中国自然辩证法研究会工作，以及退休以后创建东方国际易学研究院、国际易学联合会的工作也极具参考价值。

宋：您能就每个方面展开谈谈吗？

丘：首先谈谈学术方向的问题。我学习自然辩证法的经历对选择学术方向有着重要影响。搞研究工作一定要选择最重要、社会上需要和认可的课题来做。比如对技术史的研究而言，中国的农业史、医学史、建筑史、冶金史等是我国为数不多的在世界范围内叫得响的。中国冶金有几千年的历史，我们老祖宗从战国时代就发明两步法炼钢工艺，到现在还在沿用。什么叫原创性发明？这是典型的中国原创性发明。尽管我们现在能生产几亿吨钢，但仍然是用两步法炼钢。我们有很多冶金史方面的文字资料、古迹，而且钢铁学院已有八个教授搞了那么多资料，但中国在当时竟没有一本冶金史方面的学术著作，社会需要我们开展这方面的研究，这也是历史赋予我们的任务。

我们要组织编写《中国冶金简史》，搞冶金史研究，重要的是寻找突破口。突破口就是到考古、历史、文物界，去寻找历史上的第一手材料作根据。

要到历史博物馆去请教，和他们建立联系。他们也很高兴跟我们合作，因为彼此都需要对方，他们提供年代确凿的金属文物样品给我们研究，我们把文物的性质、用途、制作过程、重要意义告诉他们，互相联手，一加一远远大于二。中国最早的铁器是什么时候的？他们说，最早的铁是河北省藁城县墓葬出土中一个镶在铜钺（斧头状兵器）上的铁刃，古人对性能优于铜的铁是很珍贵的，所以把它用在"铜刃"上。这块铁到底是人工冶铁，还是陨铁？目前还有争论，急需找你们这些专业工作者帮我们鉴定。我们征得他们的同意，拿这块几千年前的很小的铁片回来鉴定。由于是国家一级文物，非常珍贵，所以后来就请柯俊教授来做，用最先进的电子探针做无损检验。这就是我们选择了从文物鉴定入手，而不是从文字到文字，从古籍到古籍的研究套路。

　　再有就是研究视角的确定。在技术上，我们确定了用金属物理方法（条件许可也用化学方法）研究古代文物的成分、结构、工艺和性能。这样，往小里面研究，就会精、深、专，写出很有学术水平的论文；但同时不能忘了大的方面，即冶金技术对社会经济、文化和政治发展的影响。因为铸铁技术的发明对中国古代社会的影响远远大于指南针、火药、造纸和印刷术这"四大发明"。为什么四大文明古国中，其他三个国家的历史都中断了，而中国古代文明却五千年绵延不断呢，这是世界之谜。但是通过对冶金史的研究，知道这可能与我国古代的冶金技术的进步有关。一个社会，按照历史唯物主义的观点来看，社会的存在包括生产力和生产关系两个方面，生产力影响生产关系和上层建筑，甚至影响意识形态和文化政治制度。我们中国为什么五千年历史不断，从生产力上讲，我们的研究发现战国时候就会炼钢了，比一般的中国通史说汉代会炼钢要早几百年。据说英国剑桥大学计划出版的《中国通史》为此推迟出版，就是等着我们的正式结论。我国古代从战国以来就大量使用铁器、铁农具、铁兵器，战国时燕国大量的墓葬出土的铁剑都很长，这种铁兵器比罗马史诗记载的剑要先进得多，罗马时的剑刺杀以后就变弯了，需要在地上捋直后再战。同时，战国时期郑国渠等许多著名的农田水利工程都是用铁工具来做，这关系到基本的国计民生。我们的竖炉炼铁和铸铁领先西方足足两千年，因为铸铁跟小铁炉和炒钢炉不同，可以大批量生产。现在大批量生产钢铁是液体炼钢，在古代加热条件下，不可能达到进行液体炼钢的温度，于是发明了固体炼钢法。中国古代各种可能的固体成钢的办法都作出来了，诸如灌钢、炒钢、团钢、百炼钢、七十炼、三十炼、柔钢、渗碳、淬火等不胜枚举。最神奇的莫过于我们发现河南登封冶铁遗址出土类似现代可锻铸铁的铁镢，其中有的石墨呈球状，性能甚至可以和球墨铸铁相媲美[1]。类似的甚至更完整的球状石墨还发现在河南渑池出土的铁镢的金相组织中[2]。可见，战国时期炼钢技术的发明对中国古代生产力提高产生重要的影响。据《汉书》记载，汉代一个农业的劳动生产力可以养活七个人，正是因为铁器的使用，中国古代的生产力领先世界两千多年，中国古代农业生产力能够养活五千万人口，铁兵器武装起来的军队能够保卫一千万平

---

　　[1]　丘亮辉．《关于"河三"遗址的铁器分析》，《中原文物》，1980 年第 4 期。
　　[2]　李众．《从渑池铁器看我国古代冶金技术的成就》，《文物》，1976 年第 8 期。注："李众"是"中国冶金史编写组"的笔名，意即理论组的群众。

方千米的疆土。这些问题和先进的冶金技术的关系都应该深入去研究。

记得美国冶金史专家麦丁教授曾告诉我，成分、组织结构和功能之间关系是事物发展的普遍规律，社会问题也是这样。这个见解出自金属专家之口，让我这样专门搞哲学的人感到震惊。从此我形成了金属学的成分、组织结构和性能关系的理论在一定程度上可以用于社会、经济、文化领域研究的观点。这对我后来用成分、组织结构和功能关系的理论作指导，从事社会、经济问题的研究很有指导意义。

总之，研究冶金史，冶金与社会的关系应该是一个重要的方向，从社会视角对冶金史的研究，也是一个重要的研究方向。这是我们研究所过去做得不够的地方，在一定程度上制约了研究所的发展。我和黄务涤等老师都有同感，今天我们研究所已经把这个课题作为三大研究方向之一是很有必要的，提出来供大家参考。

宋：柯俊教授作为这个学术团队的领袖，您能谈谈他的工作吗？

丘：学术领袖对一个学术团队的发展，发展到什么水平有非常重要的影响。没有学术领袖，冶金史也很难发展到今天的规模和水平。1974 年，河北省藁城县商代晚期墓葬出土的铁刃铜钺的鉴定，像我这样水平是搞不出来的，只有柯俊院士这样水平的人才能完成这个重任，于是聘请了柯俊教授当编写组的顾问，他欣然同意并且非常重视这项研究。柯俊老师提出来用电子探针做，不破坏文物。当年我们学校还没有这种设备，需要到洛阳的海军研究所去做。柯俊教授亲自做的，用了一个多月的时间，鉴定结果是陨铁，而不是人工冶铁。这件事意义重大，夏鼐①先生亲自过问，它涉及中国炼铁历史的起点问题。因为这块铁是墓葬出土的器物，根据墓葬判断年代是比较确凿的，不像根据地层断代判断年代不是很准确，因此柯先生的鉴定结果否定了商代晚期就有人工炼铁的说法。

柯俊作为这个学术团队的领袖在以下几个方面的工作是功不可没的：一是研究方向的把关，尤其是在技术方面；二是在国内有着比较高的学术影响和学术地位；三是在国际学术界有广泛的人脉，他认识很多国外专家，跟他们都有密切的联系，组织了国际冶金史系列会议；四是对研究成果的最后审

---

① 夏鼐（1910—1985 年），男，浙江温州人。考古学家、社会活动家。早年毕业于清华大学历史系，1935 年去伦敦大学留学，获埃及考古学博士学位。回国后曾任浙江大学教授、北京大学教授、中国社会科学院考古所所长等职。1955 年当选为中国科学院哲学社会科学部学部委员。是新中国考古工作的主要指导者和组织者，中国现代考古学的奠基人之一。

定，我们每一项研究成果出来，柯先生都要亲自过问并做详细的修改。我在学术上有时不够严谨，曾受到他的批评和教诲。柯先生对我的关爱和批评，使我受益匪浅，终生不忘。作为学术领袖、学术权威、学术带头人，柯先生是非常称职的。

宋： 一个学术团队的发展，除了领袖发挥重要作用，还需要一个精干队伍的配合，您是如何建设的呢？

丘： 要做成一件事单凭一个人的力量是有限的，要有一支短小精干的队伍，必须一点点去做、要耐住性子不怕坐冷板凳，持久不断地去做。否则柯先生有很多好的想法，但是没人去执行也是一句空话，还是纸上谈兵。这个学术队伍不需要人多，但要特别团结，每个人都自觉地干活，不惜时间地干活，并且每个人都有自己的学术研究重点，几个重点互相支撑把课题做大。

我们这个学术团队早期的重要成员还有黄务涤老师、吴坤仪老师、韩汝玢老师、孙淑云老师。黄务涤老师是副组长，我的得力助手。他是搞炼铁的，而且一直从事专业教育，很有才能和经验，一些重要的事情我们都是一起商量的。吴坤仪老师是学机械的，专攻古代铸造，在铸造史、文物保护和复制方面作出了杰出的贡献。她长期担任研究室党支部书记，有重要的贡献。

宋： 有了学术领袖和学术队伍，您是如何进行组织建设的？

丘： 学术方向选定后，要全面落实工作。持久的学术研究不能"打游击"，要有自己的"根据地"。学术组织要订立制度，制订规划和计划，分工合作，成为有机的整体，否则就没有了依托。我是分三块来做的：一是研究、写书、写文章；二是普及、宣传、办培训班；三是争取研究经费。最困难的是搞钱，简直是跑断腿、磨破嘴，我们除了工资和机构、场地由学校提供外，所有的科研经费都是自己筹集的，所以我真羡慕现在科研经费那么多。另外，研究工作不能光做不宣传，不宣传外面很难知道我们的新发现，也很难取得社会的支持。新华社曾专门写了一篇内部参考消息，介绍我们的工作，题目是《冶金史研究中的八大发现》，介绍最早的生铁是什么时间、两步法炼钢的生产工艺，以及冶金历史阶段的划分、陨铁的发现和使用等，对扩大冶金史研究的社会影响、争取社会支持帮助很大。

宋： 20 世纪七八十年代，科研单位的科研经费很多都是捉襟见肘，您是如何解决的？

丘：的确是这样。没有科研经费，尤其像我们做研究需要很多设备、做很多实验，没有经费，工作很难开展。所以，我和柯先生拿着新华社内参到科技司去申请经费，由于我们前期已经有了一些成果，加上柯先生的学术影响，科技司胡兆森司长很支持我们的工作，拨给我们十万元，以成立冶金部冶金史编写组的名义拨的款，和钢铁学院冶金史编写组合署办公，两个编写组的组长都是我，冶金部冶金史编写组的副组长是有色院著名的朱寿康高级工程师，还有胡文龙和首钢的刘云彩工程师、冶金部矿冶研究院的杜发青工程师。后来中国科学院科学史研究所搞铸造史的华觉民老师（冶金部编写组副组长），搞炼铁和炼钢史的何堂坤老师也参加进来。这笔经费一直维持到1985年我调离学校。

当时的经济观念没有现在这么强，虽然条件很艰苦，设备也有限，但是做实验很多时候都是不要钱的，这也为我们节省了一些经费。像一些老师和实验技术人员对我们的研究也很感兴趣，给了我们无偿无私的支持。比如化学系的马肇曾，材料系的吴承建、王克智，图书馆的常乃懂等老师都曾无偿帮助过我们做实验和查资料，我们是不能忘记他们的。

当时我们没有经营创收的概念。1976年，常州市宗教局局长为了铸钟带一帮人去北京大钟寺考察。大钟寺管理人员说我们是保管文物的，不知道钟是怎么铸的，钢铁学院有一帮教授在这里爬上爬下研究过，可以去问问。于是他们找到我们冶金史组，说要复制大钟。常州天宁寺有一口大钟，安徽安庆迎江寺也有一口大钟，1966—1976年期间都被破坏了，宗教政策落实以后要复制大钟，但是铸了几个，敲出的声音都发哑。我们帮助他们找到了问题的症结，他们铸的大钟是灰口铁的，所以不响，应该铸成白口铁的钟就响了。我们就这么简单把铸钟的诀窍无偿奉送了。我们不仅帮他们复制了钟，还带了铸造系的两个本科毕业生做结业，也扩大了我们的影响。后来我想是不是太傻了，因为我们是花钱化验几百个成分才掌握这个诀窍的。技术这种东西就是这样，一句话就把秘密给出去了，可是要取得秘密是要有成本的。我们的科研经费这么紧，收一点费用也是应该的。当时主持这项工作的吴坤仪老师就是不好意思开口收钱，她机智地把有些实验带到现场去做，也算占一点便宜回来。现在想起来也觉得好笑，当时的思想就这么保守。后来投资人见复制文物有市场，找柯先生提出复制马踏飞燕等文物等。1985年，吴坤仪、孙淑云在首钢铸造厂复制铜鼓，在学校铸工实验室复制马踏飞燕等文物，但是最终也没有赚到什么科研经费，当时的知识分子实在不是创收这块料。

宋： 您谈到科学研究坚持科学精神，这是您的切身感受吧？

丘： 一项研究工作能够长期坚持下来，需要持之以恒的精神和实事求是的态度，这就是坚持科学精神吧。当时搞研究条件很艰苦，比如那时候到外面调研，出去都是坐公交车，连柯先生这样的大专家也都是坐公共汽车，到外地出差我们住的都是二十几个人的大通铺，柯先生实在无法忍受又脏又臭的被窝，就自带被单把被子包起来睡，从来也没有人有半句怨言。这些还都是次要的，当时搞研究最大的困难就是舆论的压力，我们用电子探针搞研究，学校里边就有一些风言风语，说最浪费的就是冶金史组，他用最先进的设备研究破铜烂铁。那么多冶金现实的问题他们不去研究，研究破铜烂铁有什么意义，当时各种论调都有，心理压力还是很大的。如果没有献身科学的精神，是不可能坚持下去的。

后来有两件事情转变了学校对我们研究工作的看法。第一件事，改革开放以后，很多外国专家到学校来参观，对我们的冶金史研究产生了浓厚的兴趣，详细了解我们的工作并且称赞我们的工作，陪同参观的领导才知道我们工作的意义，真是应了那句"墙内开花，墙外香"的话；第二件事，各个学科都要编写教材，比如炼铁学、采矿学，在撰写绪论时要追溯它的历史，就找到我们这儿来。因为这两件事，我们的冶金史研究变成了钢院的特色。所以搞新东西，不能太过于关注别人的看法，要是那样的话，就什么也做不成了。还有一件事情，1975年时，柯先生鉴定河北藁城出土的铁器是陨铁。这个成果新华社内参报道了。很快新华社记者拿着介绍信找到我，一共来了三次，说有位领导的意思是这块铁鉴定结果最好是人工炼的铁，因为商代晚期就有人工炼的铁，说明春秋战国时生产力就发展了，奴隶社会转变为封建社会，评法批儒就顺理成章了，否则，儒法斗争怎么产生呢，所以一定要是人工炼的铁。我们根据柯先生的鉴定报告反复和这位领导派来的人解释，检验出来的结果表明有较高的镍、钴分布，还有陨铁特有的分层结构，这种分层结构是在很慢的冷却速度才能形成的，相当于一万年冷却一度的速度才能形成这种分层结构，地面上人工不可能控制这种速度，只有在天体运行中才可能有这样的冷却条件，这是科学的东西。派来的人说我先把文章拿回去给这位领导看看。等他第三次再来时说，这位领导看过了，既然是有科学根据的，就按你们的意见发表吧。记者还说这位领导问你们还需要什么帮助？我们说谢谢，学校对我们很重视，不需要什么。第一个重大研究成果就这样在《考古》学报上发表了①。现在回过头来看，如果不坚持科学精神，按照那位领导的要求修改报告，再要求那位领导关照一下，就说不清楚了。

以上几条，我认为，任何一个学术团队要想做出高水平的工作，持续地发展，每一方面都是不可或缺的。

宋：您总结得非常好，值得每一个想要长足发展的学术团队去认真体会和实践。谢谢您接受访谈，祝您身体健康！

丘：这是我经历过的故事，有的记不太准，好在你们还要采访其他老师，大家互相补充，互相修正，还是很有必要的。因为历史传统对于现实创造潜力的发挥有重要作用，历史惯性的传统，在时代转折的关头也可能成为创造的源泉，所以，传统成为我们必须尊重的、创造新文明的必要条件。这是我退休以后坚持到现在，仍然力所能及地从事人类最古老的易学哲学和最前沿的工程哲学研究的出发点。最后祝具有我校特色的研究所越办越好，祝后继者们取得更大的突破性的成果。谢谢你对我的采访！

后记 本人（访谈者，宋琳）于 2011 年 7 月 7 日对丘亮辉教授进行了访谈，让我们和他一起回忆了那段光辉的峥嵘岁月。文章形成初稿后，得到了丘亮辉教授精心的修改和润色。

---

① 李众．《关于藁城商代铜钺铁刃的分析》，《考古学报》，1976 年第 2 期。

二、 对韩汝玢教授的访谈①

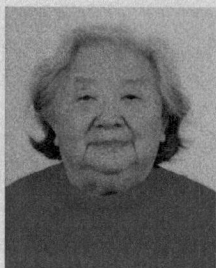

韩汝玢（1934—　　），河北清苑人。北京科技大学教授，博士生导师。1956年毕业于北京钢铁学院金相热处理专业，毕业后留校任教于金属物理教研组，1977年调入北京钢铁学院冶金史研究室（后更名为冶金与材料史研究所），历任研究室主任、所长。曾任中国科学技术史学会常务理事、中国科学技术史学会金属史专业委员会主任、中国科学技术考古学会常务理事。出版《中国科学技术史·矿冶卷》等多部著作。

（一）

宋琳（访谈者，以下简称宋）：韩老师您好！您早年毕业于北京钢铁学院金相热处理专业，后来为何转向冶金史研究？

韩汝玢（被访谈者，以下简称韩）：我大学就是在北京钢铁学院上的，学的是金相热处理专业，1956年大学毕业后留在金属物理教研组做老师，同时做柯俊教授的教学秘书。1975年，我被分配到"理论组"下设的"教育史组"工作。这个组是跟北京师范大学、首都师范大学和位于沙滩的出版社的教师一起搞"中国教育史"中的"儒法斗争"，有一年左右的时间我每天到沙滩的出版社去上班。后来，"教育史组"解散了，把我们就调回来了。这时，"理论组"已经转成"中国冶金史编写组"，正在编写《中国冶金简史》，基本上快写完了，正在校对。"冶金史编写组"的负责人丘亮辉老师让我参加其中一章的一节修改工作，也就是想考验我一下吧。写完之后，丘亮辉老师看我还行，文笔也不错，就同意我留在冶金史编写组，我自己也很喜欢这个工作。

宋：从学习金相热处理到从事科技史研究，学科跨度还是很大的，您认为您的优势和不足在哪里？

---

① 原文《中国冶金史研究的前行者（二）—1974—2004年北京科技学冶金与材料史研究所的创建与发展》发表于《北京科技大学学报（社会科学版）》2011年第4期，在此稍作修改。

韩：我当时决定留下来，也是具体分析了一下我的条件。我觉得我的优势是研究方法。我留校后，分配到金属物理教研组做助教，担任了金相实验方法和 X 射线两门实验课的教学任务，同时兼任柯俊教授的教学秘书。1958年，我参加了柯先生领导的铁铬铝耐热合金的课题研究。为节约我国的镍，用铁铬铝合金来代替，为此到大连钢厂去实习，整个生产过程我都参加了，有了在钢厂搞科研的实践经验。1961 年，我又跟柯先生攻读金属物理专业的在职研究生，理论和方法都得到了进一步的提高。同时我还参加了一些实践工作，在实践中得到了提高和锻炼。1972 年，一个单位购买了一台日立公司生产的电子探针大型仪器，借用我们学校的实验室进行安装、调试。学校安排我和谢逸凡老师参加了安装、调试，同时到北京钢铁研究总院电子探针实验室实习了 3 个月，学习了一些电子显微学的理论和使用。从我的基础和工作经历看，搞冶金史，研究方法上是有基础的。当然我的缺点也很多，比如古汉语、古代史，另外考古知识也不足。

宋：那您是如何补课的呢？

韩：补救的办法，一是查阅文献，弥补专业和史学知识的不足。我按照柯先生的要求和指导，把"Chemistry""化学文摘"，从 20 世纪 50 年代到80 年代对其中与考古有关的文摘按年份全部抄录下来，做了三本笔记。看看人家在考古与年代、考古与金属、考古与田野调查等领域是怎样研究的。我觉得这个工作是很重要的。同时，我通过备课、讲课补充我在古汉语、古代史方面的知识。

二是走出去，到现场调查。走出去的第一站就是到云贵。1979 年 1 月，丘亮辉、胡文龙、朱寿康、张长生和我组织了一个五人小分队，去了贵阳、麻姑、会泽、东川、楚雄、昆明、个旧等地，那次的目标是调查有色金属和合金的传统技术。当时的条件非常艰苦，没有像样的道路，就用矿上的车把我们运过山，带到要去的地方，老百姓的生活仍是刀耕火种。这次出访收集到了很多宝贵的资料，包括文字资料和样品，比如炼锌的坩埚，还有一些传统工艺的照片和对一些老工匠的采访。我们去了两个多月，感觉冶金史大有搞头。

三是在课题任务中实践。1979 年之后，我接受了三个任务，包括对河北省磁县出土的元代铁器的鉴定，对吉林榆树老河深出土的金属器和广州南越王汉墓出土的铁器的鉴定。

宋：您一直孜孜不倦地追求，在您 50 岁的时候到澳大利亚作了为期 1 年的访问学者，您能具体谈谈吗？

韩：我是 1985 年到澳大利亚卧龙港大学做访问学者的，搞冶金史研究，当时我已经 50 岁了。这是在澳中文化协会资助下的一个国家级项目，我也是他们那儿头一个来自中国的访问女学者，因此规格较高，有专门的资金支持我去参加学术会议和外出参观。

我在那儿有个 master key，可以随时出入，我就以实验室为家，早出晚归，每天早上八点半给他们开门，晚上五点半给他们关门，有时晚上再加加班。那儿的仪器设备非常先进，我就把带去的样品拿到他们实验室做。我自己动手进行金属文物样品的制备和照相，包括装胶卷、冲洗、打印等，统统自己干。我还学习了扫描电镜、金相图像分析仪等设备的使用。我带了两名毕业生作毕业论文，发表了两篇文章，又和冶金系的老师一起做了三个冶金史的课题，效率还是挺高的。他们那儿的实验员都对我特别好，给柯先生写了信表扬我，说以后有像韩女士这样的人，我们还要（笑）。再有就是到他们的图书馆去复印资料，回国的时候，我自己带回来一箱，他们还帮我邮寄了两箱。

宋：您抓住一切可以学习的机会不断地提高自己，这是您成功的重要因素吧。

韩：是吧。我的性格不死板，多方面都有求知的愿望，有比较强的好奇心，而且我同周围人关系相处都比较好，这对我的工作是极为有利的。在卧龙港大学，我除了做科研，还接受了卧龙港大学的采访，到墨尔本中澳广播电台接受采访，接受妇女学会邀请讲中国的妇女政策等。在留学期间，他们组织各种活动邀请我，我都参加，包括参加他们的教会活动、圣诞节活动、学生联欢活动，和大家融合在一起，也使研究工作中的关系更融洽。

（二）

宋：您研究工作的重点之一是古代钢铁冶金技术，并且取得了相当多的成果，您能具体谈谈吗？

韩：对古代钢铁文物的研究有几个课题对我的成长很重要。一个是铁生沟冶铁遗址的再研究。铁生沟汉代冶铁遗址是汉代河南郡铁官的三号作坊。

1958 年 12 月、1959 年 9 月，河南省文物考古队两次在铁生沟发掘，并于 1962 年出版了发掘报告《巩县铁生沟》，引起了国内外学者的极大重视。后来，随着对汉代冶铁遗址，特别是郑州古荥冶铁遗址和南阳瓦房庄冶铁遗址的发掘，以及我们对有关中国封建社会前期冶铁技术的进一步了解，发现原来对铁生沟冶铁技术的解释有些问题。该项研究由于受到当时认识的限制，今天来看有不少不确切的地方，对该遗址有必要进行重新研究。1980 年，柯俊教授派我去郑州，联合河南省文物研究所的发掘者赵青云和李京华等人，重新研究原考古发掘记录。我和李京华把原始记录和出土的东西统统再翻了一遍，最终对铁生沟遗址的冶炼性质有了比较准确的认识，完成的《巩县铁生沟汉代冶铸遗址再探讨》，发表在 1986 年《考古学报》上。

另一个是对百炼钢的研究。柯先生根据他对古文献和出土的三十炼刀的认识，向考古工作者预定了鉴定百炼钢的要求，考古专家徐州博物馆的王恺先生记住了先生的话。当他在徐州发现了有铭文的五十炼钢剑后，立刻找到柯先生进行检测。柯先生把鉴定的任务就交给了我。五十炼也是百炼的系列，我用钼丝线切割仪切下一小块，研究后可以再镶回去。我做了相当系统的研究，每出一个结果都跟先生请示。我们合写了文章，发表在《自然科学史研究》上，影响较大。我们对百炼钢的理解就是折叠次数，按照 2 的 n 次方来折叠。文章发出去后，有一位外国学者专门来找我们讨论和研究这个问题。

这两项工作给我的感触是在冶金考古研究中一定要尊重考古工作者，遵守考古的规矩。柯先生教导我们学术是有连续性的，后来人可以对前面的工作再做重新认识、再努力，但是不要把前人的工作全否了，把自己突出来，抢头功。所以我们在冶金考古研究中一定要尊重考古工作者。尽管很多工作由我们来完成，但在署名方面坚持将原发掘者放在前面，直到现在我们还有 20 年前的研究成果尚未发表，这点也赢得了考古界的赞许。柯先生给我们树立了非常好的学风。

宋：20 世纪 80 年代，您除了对古代钢铁冶金技术的研究外，对青铜器的研究也产生了很大的影响。

韩：是对秦始皇墓出土的箭镞表面是否有镀铬问题的研究。柯先生曾经对秦始皇墓出土的一件箭镞表面做过分析，明显含铬，不光秦始皇墓有，满城汉墓也发现了一件，都有致密的含铬氧化层，因此认为是当时秦始皇有意进行的镀铬处理，这个结论记载到了《中国冶金简史》中①，震动了世界。但是，我们对这个结论认为有进一步研究的必要。我与化学教研室的马肇曾等老师进行了重新研究。我们又找来表面乌黑的八件青铜器进行分析，都没有铬，说明那一件可能是偶然的。古代为什么会有这种偶然，我们做了一系列模拟实验，发现铬用一般的方法是得不到致密含铬的氧化层，这个箭镞不是有意形成的，可能是污染或偶然的东西。我们的研究结论等于把《中国冶金简史》的研究给否了，先生不仅接受，而且还叫我于1984年在昆明召开的科技史大会上去讲。钱临照先生对此非常肯定。他认为，你们自己的事，自己通过研究说得更清楚，更有分寸，这样的学风影响非常好。这种科学态度和学风一直传承了下来。

宋："中国古代钢铁技术发展的历程"项目，在1987年同时获得了国家自然科学三等奖和国家教委科技进步奖二等奖，您是主要的完成人之一，这项工作得到了哪些具体的结论，产生了什么样的影响？

韩：这是柯先生作为课题负责人申请的国家自然科学基金项目。这个项目能够获奖，首先是冶金史创业阶段，1978年前已经奠定了研究基础；再有就是研究工作在一些关键点上有了突破。我们对当时已经出土的古代铁器进行技术分析，实验结果说明，我国古代钢铁的发展大致经过了以下历程：大概在春秋晚期，即公元前6世纪末，古代劳动人民创造了低温固体还原法或块炼铁制品；战国晚期，冶铁工匠已经掌握了把上述块炼铁固态渗碳制钢的方法；战国初期或稍早一些，我国比其他各国早2000年制造了生铁并用来铸成工、农具。为了改善这种性脆而硬的"白口铁"性能，大概在战国早期，发明了将白口铁加热，使碳化铁分解为铁素体和石墨的柔化处理方法，这种制造"可锻铸铁"也称"展性铸铁"的工艺现在仍在世界各地使用。随着冶炼技术的发展，西汉中叶，公元前2世纪末，已经把灰口铁用作工程材料。西汉中叶以后，竖炉的应用与发展使生铁生产得到进一步提高，为炼钢提供了丰富的原料。西汉至东汉早期，出现了炒钢和百炼钢技术。东汉末

---

① 《中国冶金简史》，北京钢铁学院《中国冶金简史》编写小组编写，科学出版社1978年出版。书中第121页写道，"秦始皇陵东侧陶俑坑发掘的青铜剑和大量箭镞，有的至今毫无锈蚀。铜镞表面黑色，经金相及电子探针检查，镞的表面有一层致密的氧化层，起着良好的防锈作用，其中含铬约2%，而在此保护层内部的青铜中则不含铬。这表明表面黑色氧化层是用含铬化合物人工氧化得到的……铬酸盐或重铬酸盐可以用铬矿和火硝焙烧后浸出制备，焙烧温度为800~1000℃。中国早在两千多年前秦朝的劳动人民就创造了类似的工艺，这的确是冶金史上的又一奇迹！"

年或至迟在魏晋时期，发展到利用生铁铸成器形，然后通过热处理控制脱碳，使其不产生石墨，这样就"以铸代锻"，获得了夹杂物很少、性能与铸钢相近的铸件，为获得复杂钢件创造了简易而经济的方法。在南北朝时期或更早一些，开始把生铁先炒成熟铁，然后用液体生铁进行增碳，以获得钢料，称为灌钢法。至此，我国劳动人民已把古代各种炼钢方法发展到了基本成熟的阶段。

后来，从柯先生那里得知，因为我们的工作，英国剑桥大学组织编著的《剑桥中国史》需对书稿进行修订而推迟出版计划。应当指出，以上结果仅仅是当时的认识，现在又二十多年过去了，关于古代钢铁技术的研究又有了新的进展，对于上述的认识又有了修订。

宋：20 世纪 90 年代以来，您的研究领域进一步拓展，您能再具体谈谈吗？

韩：其中一项是对三门峡虢国墓地出土文物的研究。三门峡虢国墓地出土了 6 件铁刃、青铜的兵器和工具，这是公元前 9 到公元前 8 世纪，西周晚期的物件，铁刃是人工冶铁，还是陨铁？由于锈蚀得很厉害，鉴定难度很大。实验结果表明有 3 件是人工冶铁，3 件是陨铁，说明在当时人工冶铁与陨铁已同时存在，陨铁主要用于斧、锛等工具，人工冶铁作为新材料主要用于兵器。此后又做了登封阳城、徐州北洞山、狮子山等出土铁器的金相学研究。再有，我们在多年关于中国古代钢铁冶炼技术研究成果的基础上，总结出中国古代钢铁技术的"十大发明"，即生产出白口铁铸成实用器物，用退火生产韧性铸铁农具，用铸铁模成批生产农具、工具，用生铁炒炼熟铁，生铁固体脱碳成钢，铸铁板脱碳、叠锻成型，百炼钢法制造名刀剑，水排鼓风用于冶铸，发明"灌钢法"——用液态生铁对熟铁渗碳成钢，用煤/焦作为炼铁燃料，活塞式木风箱鼓风用于冶铸。成果发表在 1998 年为纪念《文物》500 期的专辑上。后来，在日本学术会议上交流时，得到了同行专家的一致肯定。

宋：您除了在钢铁冶金领域的杰出工作，在其他许多方面也做过很多探索，做出了很好的工作。

韩：我的优势是研究方法，因此对这方面都很关注。比如硫印、磷印、显微硬度、炉渣黏度、熔化温度的测定等传统方法在考古上的应用。我们还和地矿所等单位联合开发了同位素源手提 X 光荧光分析仪，对考古文物做定性分析。穆斯堡尔谱刚开发出来时，我就尝试着如何应用到出土烘范窑温度测定的研究中去。20 世纪 90 年代，我还和美国的埃玛·邦克博士对鄂尔多斯出土的青铜器进行镀锡表面处理方法的研究。总结了电子显微学在冶金考古中的应用等。

我对矿物颜料也曾做过研究。20 世纪 80 年代，我和谢逸凡老师对秦始皇陶俑坑出土的 9 种颜料进行了 X 光的衍射分析。为了解谱请教了方正知教授，谢逸凡老师还自己建立了数据库，才把谱解释出来。后来一位丹麦学者看过后非常震惊，要我们的 X 光谱图，他想帮助我们解谱，在当时是不可能给他的。

（三）

宋：20 世纪 70 年代末，柯俊教授对铁刃铜钺的鉴定工作在国内外同行中引起极大的震动，也把北京钢铁学院冶金与材料史所推上了国际的舞台，您能具体谈谈吗？

韩：这是柯先生对河北藁城出土的铁刃铜钺的鉴定工作，这项工作具有划时代的意义。河北藁城出土的铁刃铜钺是商代末期的物件，锈得很厉害，因此很难鉴定。当时一些国内较权威机构经过分析都认定是人工冶铁，但是夏鼐先生不太相信，1975 年找到柯先生。先生与夏鼐是在北京欧美同学会相遇的，因为他们同在英国留过学，后来就保持着联系。柯先生确定这不是人工冶铁，结论发表在 1978 年的《考古学报》上，很快国外就知道了，美国《东方艺术》杂志找到柯先生约稿，1979 年国外英文就发表了，影响很大。我现在找到柯先生 1975 年前的笔记本，关于河北藁城的鉴定做了很多次，用了很多的方法，查了大量的资料，前后大概做了有半年，工作非常细致，令我钦佩。

宋：柯先生是什么时候加入"冶金史组"的？

韩：1974 年理论组成立时，柯先生就在"理论组"，接受再教育，被监督劳动。1978 年，柯先生调到校里工作，但是一直作为指导并领导我们的工作，没有离开过。

宋：柯先生在冶金史领域，除了早期对铁刃铜钺的研究工作外，还有很多很好的想法和杰出的工作。

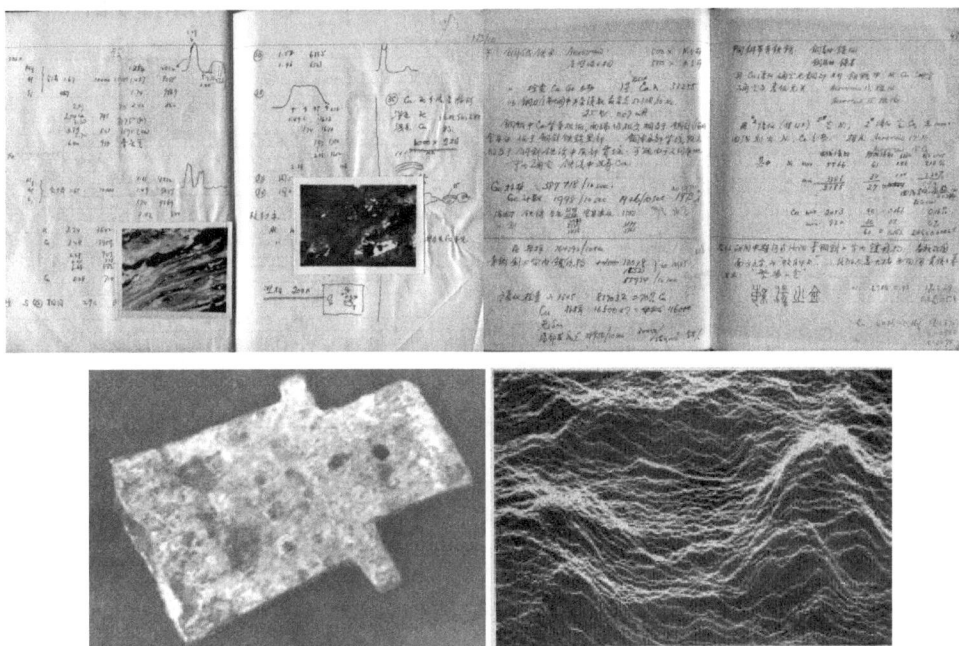

柯俊教授对河北藁城出土的商代铁刃铜钺的鉴定工作

（上图：实验记录本；下图：铁刃铜钺及其层状镍分布图）

韩：鉴定了铁刃铜钺后，我们与许多考古单位建立了合作关系，在柯先生带领下对一系列考古发掘出来的东西都进行过研究，其中柯先生对江苏宜兴西晋周处墓疑为铝合金金属带饰的分析和研究工作再次轰动了国内外。此外，柯先生对新石器时代的黄铜、云南的镍白铜、黑漆古等的研究工作，也取得了很好的成果。

宋：柯先生对于冶金史所的发展功不可没，即使在调走之后，也一直支持并领导冶金史所的发展。您是在 1986 年接任主任的，这前后也是冶金史所完成学科建设的重要时期，请您谈谈您和柯先生是如何筹建冶金史所未来发展的。

韩：我是从 1984 年开始做研究室副主任，丘亮辉做主任，吴坤仪做支部书记。1986 年从澳大利亚回国后，原研究室主任丘亮辉教授调走后，我接任主任，一直到 1999 年孙淑云教授接任主任。

应该来说，在学科建设方面，柯先生是总体的设计者，我是具体的实践者。从"中国冶金史编写组"成立到 2000 年，我们一直归科研处管。由于科研处没有教学的职能，这对于冶金史所的发展是不利的，我们就和研究生院直接联系，按要求作学科建设的各种事情。首先考虑到这个问题的是柯先生，20 世纪 80 年代初我们就开始筹备硕士点。先生领导，我、吴坤仪、孙淑云开始做具体的工作，设置了钢铁、加工和有色三个专业方向。1984 年，我们开始招收硕士研究生，梅建军①是柯先生的开门弟子，研究的是镍白铜，很有创意。当时我们专业没有硕士授予权，1986 年之前，都是到合肥中国科学技术大学答辩，授予学位。学生要参加两次答辩，先是在钢院，后到中国科学技术大学，这是得到了钱临照先生和中国科学技术大学同意的。1986 年之后，继续招生，但学生很少，到 1991 年我们申报科学技术史专业硕士点，一次通过。接下来开始着手博士点的学科建设，我们设置了包括古陶瓷史、冶金史、科学技术与社会三个方向，1996 年经批准具有博士学位授予权。我们在"科学技术史"博士点的三个方向设置上，有意识地加进了科学技术与社会，因为以前对中国古代冶金史的研究很深入，但缺少一个更宏观的视角。科学技术的发展与人类社会文明的进程是密不可分的，应该加强这方面的工作。发展新的研究方向都是柯先生带头进行完成的。

学科建设除了研究方向的设置，还与学校的支持和内部梯队的建设密切相关。当时学校对我们冶金史的发展是积极支持的，在教师职称评定上，考虑到我们专业的特殊性，评定职称是戴帽下达。系统顺畅，内部还必须团结，没有一个核心坚持住，学科建设等于零。我们这个团队每个人都有一定的方向，并且非常热爱，互相配合，雷打不动。

宋：20 世纪 80 年代起，冶金史所筹办和召开了一系列在冶金史领域很有影响的国际会议，通过这些会议进一步扩大了对外交流和影响，是推动冶金史所发展的重要工作。

韩：的确是这样。柯先生与美国麻省理工学院的史密斯教授和宾夕法尼亚大学的麦丁教授有密切联系，两位教授都是世界著名的金属材料学的专家，后来又做冶金史研究。改革开放后，1978 年，麦丁到中国找"李众"②，

---

① 梅建军（1962— ），男。科技考古专家、科学技术史家。1987 年毕业于北京科技大学科学技术史专业，1988 年获中国科学技术大学理学硕士学位。2000 年毕业于英国剑桥大学考古学系，获哲学博士学位。先后在英国剑桥大学麦克唐纳考古研究所、日本东京国立博物馆、东京国立文化研究所、英国剑桥大学李约瑟研究所和伦敦大学考古学院从事研究工作。曾担任北京科技大学科技与文明研究中心主任、教授、博士生导师，现任英国剑桥大学李约瑟研究中心主任。

② "李众"是"中国冶金史编写组"的笔名，意即理论组的群众。1978 年柯俊在《考古学报》上发表的铁刃铜钺的研究，就用的是"李众"的名字。

这是基于共同的兴趣,我们首先与美国的冶金史学者建立了密切联系,后又与欧洲和亚洲等多个国家的冶金史研究者建立了合作关系。在三位泰斗的倡议下,组织召开了国际冶金史会议(BUMA),现已成功地举办了七届,其中前三届(1981年、1986年、1994年)及第六届(2006年)在中国召开,另外三届分别在日本(1998年)、韩国(2002年)和印度(2009年)召开,现已成为世界研究冶金史的例会。

我和我的同事们组织了中国的四届会议,付出的心血可以说是非常多的,特别是前三届会议,当时的经济条件比较差、交通状况说不上好,但为了让外宾能够住好、会开好、遗址参观好,我们克服了种种困难,获得很大成功,交了很多朋友。比如1986年在郑州举办的会议,规模很大。会后要到敦煌去参观,会议组织者协调派出军用飞机专程接送与会中外专家去敦煌参观,这只有柯先生出面坐镇才可以办得到。

学校还支持我们出版了第一本冶金史论文集,每一篇都由柯先生亲自批改或撰写的英文摘要。BUMA会议是宣传我们研究工作的一个良好契机,其中有很多合作项目就是在这期间和随后的交流中促成的。随后,学校支持又出版了四本论文集,现在正在编著第五本。

1994年研究所参会人员在BUMA-Ⅲ上的合影

宋:您在20世纪80年代任主任时,科研条件很有限,您是如何展开工作的?

韩： 扩大与我校各专业实验室的合作、虚心向人学习。我们室总共才五六个人，七八杆枪，但是我们与学校的很多专业，比如化学、地质、机械、材料物理、物理化学、钢铁冶金等专业，我算了一下，十二三个专业的老师建立了密切的联系。我土生土长，人比较随和，与各实验室的老师关系都非常好。比如金相教研组陈如圭老师，她制备的金相样品又快又好，她把她的经验告诉我，我又告诉我们室的刘建华和姚建芳，她俩也都有绝活。再比如金属物理和金相教研室负责扫描电镜的老师，与我们的关系也非常好。一是尊重人家，虚心向他们学习，遇到问题共同想办法，有个非常好的态度；二是我们对自己要做的工作做到心中有数。每次我们去实验室之前都做充分的准备，效率极高，给他们留下了很好的印象，因此关系很融洽。我们最困难的时候，他们都帮助了我们，给我们做实验开绿灯。我们被国外称作最大的团队，我们没有什么设备，都是用人家的，比如到矿业学院去学习和使用扫描电镜能谱无标样成分分析方法；去我们学校化学分析中心用原子吸收测定古代铜合金中成分，因为他们只做现代的碳、硅、锰等钢铁材料，我们就帮助购买原子吸收灯。互相配合、补充，共同提高是非常重要的。

宋： 当时经费问题也是您面临的一个很大的难题吧，您是如何解决的？

韩： 算是吧。为解决研究资金问题，我们想了各种办法。我们研究室当时是挂靠在科研处，直到 2000 年，他们每年给我们一定的办公室活动基金；同时，我们也积极地去申请国家级、冶金部、教育部的各项基金，当时科研经费强度十分有限，我们也想到了自筹资金，比如与有关工厂合作仿制铜鼓、制作铜镜、铁画，1988 年还开办过文物鉴定与保护学习班。虽然经费紧张，但还能维持正常研究工作。这也跟我们集体团结、功利心少有关系，大家在一起像一个大家庭，有困难一起想办法。同时学校和柯先生也大力支持我们，比如，当时学校拨给我们 1 吨高纯铝和 1 吨电解铜，我拿其中的 1 吨铝换了一台 386 电脑，这在当时是很先进的，李延祥做结业时候已经有计算机了。1 吨铜藏在暗室间里，直到 2006 年搬家的时候才处理。

同时，我们也积极扩大与校外的联系。美国丹佛艺术博物馆的埃玛·邦克女士，1989 年时曾经到中国来，是我一个非常好的朋友，1995 年以我的名义给了 5000 美元。我在 1991 年、1996 年两次去美国，发现美国变化非常快，1996 年再去时计算机已经普及了，上网发现国外有个冶金考古的群体，但上面没有我们钢铁学院什么事，而我们建立比他们早多了，回来之后有点受刺激，花 1000 美元换了一台 486 电脑，加入了互联网，加入了国际冶金考古（Archaeometallurgy）讨论组，这对于了解该领域的最新动态，加强国际联系是非常有利的。剩下的钱支持周忠福、李秀辉、潜伟出国参加国际会议，发挥了作用。

宋：您认为一个团队发展的最重要因素是什么？

韩：领导的带头作用，要从整个中心的角度去考虑发展，是责任心的问题。要有一个目标，要把这个所建成世界一流，有了目标就非得朝这个目标去努力，要全力以赴。

宋：对于后学者，成为一个合格的科技史工作者，您认为哪些是最重要的。

韩：一是要热爱，二是执着地热爱。经验的积累很重要，不执着就没有经验积累，10 多年前，铁质文物锈蚀中金相组织痕迹我不认识、看不见，现在我看见了，为什么呢？这是经验的积累，是几十年的经验积累，我的眼睛还是很厉害的，很多东西不是一说就能懂的。我说起来也是很难受的，我 2018 年培养了三个人，由于种种原因都没在学校留下（语音哽咽），我希望能有人继承我的经验。这个方向还有好多空白点没有做，以前是没有经费，现在是人必须有执着的热爱和强烈的兴趣。

宋：非常感谢！让我们分享了您的经历和感受，很多思想对后来人来说都值得慢慢地去领会并实践。祝您身体健康，永远保持一颗年轻的心！

韩：谢谢。

后记 本人（访谈者，宋琳）于 2011 年 10 月 5 日、11 月 8 日先后两次在韩汝玢教授家中对她进行了访谈。韩教授精神饱满、精力充沛，仍活跃在冶金史领域，于当年 4 月、11 月，先后参加了"秦文化研究"和"全球视野下青铜文化的研究"两次国际学术会议，并做了学术报告。

三、 对孙淑云教授的访谈①

孙淑云（1945—　），山东烟台人。北京科技大学教授，博士生导师。1969年毕业于北京师范大学生物化学专业，1972年到北京钢铁学院工作，1974年起从事科学技术史研究，1999—2004年担任冶金与材料史研究所所长。曾任中国文物保护学会理事、中国铜鼓研究会理事、中国甲胄研究会理事、中国社会科学院古代文明研究中心专家委员会委员。主编学术专著9部。

（一）

宋琳（访谈者，以下简称宋）：孙老师您好！您是北京科技大学冶金与材料史研究所早期创建人之一，可是听说您大学学的是生物化学专业，后来怎么进入了冶金史领域？

孙淑云（被访谈者，以下简称孙）：是这样，我1964年考入北京师范大学生物化学专业，1969年毕业，1972年到北京钢铁学院基础部化学教研室做助教。不久基础部就解散了，我被分到材料系金相教研室。当时教学改革要求把课堂搬到工厂，在实践中学习，于是我与李静波②等老师一起带学生到南口机车车辆厂和北京汽车制造厂的热处理车间，边劳动边教学，这使我有机会接触到金属学概念和热处理实践。

我开始冶金史研究，其实非常偶然。1974年暑假，金相教研室主任李静波老师找到我说："学校要求各教研室派人参加学习班，你是我们教研室最年轻的老师，你就去学习一下吧"，于是我就去报到了。这个学习班分"教育史组"和"冶金史组"两个组，统称"理论组"。"教育史组"研究教育

---

① 原文《中国冶金史研究的前行者（一）—1974—2004年北京科技大学冶金与材料史研究所的创建与发展》发表于《北京科技大学党报（社会科学版）》2011年第2期，在此稍作修改。

② 李静波（1932—　），男，1952年院系调整前就读于唐山交通大学，院系调整时来到北京钢铁工业学院，1954年毕业于钢院金相热处理专业，后留校任教。1990—1993年任北京科技大学校长，1992—1995年任北京科技大学党委书记。

史上的儒法斗争，"冶金史组"研究冶金史上的儒法斗争，我被分到冶金史组。当时的任务是从西汉桓宽写的《盐铁论》看儒法两家思想对冶金技术发展的不同影响，换句话说就是找出儒家思想如何阻碍冶金的发展，而法家思想如何促进冶金发展。

我们的工作先从查阅冶金史料开始。我们学校图书馆存有很多珍贵的冶金史资料，这是20世纪50年代图书馆馆长胡庶华等几位老先生从《二十四史》和其他史书中摘录出来的。我们在阅读这些冶金史料中，发现冶金领域儒法斗争与中国冶金技术的兴衰并无必然联系，所以我们决定不局限于所谓的"批儒评法"，而是编一本《中国冶金简史》。因此暑期学习班结束后，我们暂时没回原单位工作，都留了下来，这就是"冶金史组"的由来。我也从此开始了一干就是三十多年的冶金史研究。

宋：“理论组”成立时，您们的组织关系在哪儿？参加"冶金组"的老师都是来自哪些专业的？

孙：1974年"理论组"刚成立时，我们几个人的行政关系都留在原单位，党员的组织关系在"理论组"。"理论组"党总支书记是朱新均，他后来调到教育部，曾任教育部党组成员。我们当时办公地点就在图书馆二楼。

"冶金史组"这边由来自校党委宣传部的丘亮辉老师任组长，他毕业于我校金相及热处理系。成员有我校冶金系炼铁专业的黄务涤老师，还有董喜林、张长生、姚建芳等校工厂的工人师傅。不久，大约是10月份，吴坤仪老师和刘建华同志也加入进来。吴坤仪老师来自我校党委组织部，担任冶金史组副组长，兼"冶金史组党支部"的书记，她毕业于我校机械系。当时我们钢铁学院还有一些专业教研室的老师业余参加研究工作，如金相教研室吴承建、胡梦怡等，压力加工教研室王克智，地质教研室也有教师参加。

宋：一般人看来，研究历史就是查阅历史文献资料，但是，您们并没局限于此，从一开始就很重视文献与实践的结合，因此有了后来的一段"周游列国"之行。您能详细地谈谈吗？

孙：（笑）你也听说了，这是一段让人难忘的经历。编写冶金史的过程中，我们就意识到，光靠文献资料是不行的，还需要有考古样品的检验支撑。所以1974年年底，我和黄务涤、王克智、姚建芳一起去河北、河南、陕西、山西进行考古冶金调研，开始了我们的"周游列国"之行。在当地博物馆、文物工作队、文物管理所的文博人员协助下，参观考察了滑县、林县、巩县、侯马等地冶金铸造遗址，在河北省博物馆、河南省博物馆、郑州市文物管理所、新乡市文物管理所、陕西省博物馆、咸阳市博物馆、中科院考古研究所安阳工作站和侯马工作站等十多个文博单位库房翻找、挑选了一大批古代金属样品。也因此结识了李京华、于晓星、韩伟、张万忠等考古专家。这次考察历时近三个月，1975年元旦我们是在新乡度过的。我记得当我风尘仆仆回家后，我1岁8个月的女儿见到我都躲着我，似乎不认识我了。

这次考察是我们"冶金史组"首次出访，与文博单位和文物考古工作者建立起密切的合作关系，使他们第一次知道了北京钢铁学院还有一个专门研究冶金史的小组，也为《中国冶金简史》的编写提供了丰富的素材。

在考察、实验和编书过程中，我发现我国古代冶金技术是相当先进的，那些奇特的发明创造，令人惊叹不已，这引起我极大的兴趣，觉得冶金史值得我一辈子去研究。

宋："理论组"的成立是一个时代的产物，1976年后，"冶金史组"去向如何呢？

孙：1977年，"理论组"解散，"教育史组"的人员基本都回到原单位，而"冶金史组"不但没有解散，反而增添了新的力量，其中就有韩汝玢老师由教育史组转到我们这边来。这一年，中国科学院自然科学史研究所提出编写"中国冶金技术史"的提议，经我们"冶金史组"和中国科学院自然科学史研究所等各方面的努力争取，冶金部科技司决定为"中国冶金技术史"的编写、出版，牵头组织研究队伍，并提供经费资助。于是由我校和中国有色金属研究院、中国科学院自然科学史研究所三家单位组成"中国冶金史编写组"，编写人员以我校冶金史组的人员为主，增加了中国有色金属研究院的朱寿康①、胡文龙，自然科学史研究所的华觉明②和何堂坤③。中国冶金史的编写过程中，先后还有来自冶金系统新疆阿尔泰的杜发青工程师、首钢的刘云彩工程师，我校科研处副处长高武勋教授也参加过研究工作。

对后来"冶金史组"发展至关重要的是，柯俊教授从"中国冶金史编写

---

① 朱寿康，男，浙江绍兴人。1952年毕业于浙江大学化学系，分配到北京有色金属研究总院工作，教授级高级工程师。曾任中国科学技术史学会理事，技术史委员会副主任。

② 华觉明，男，江苏无锡人。1958年毕业于清华大学机械系，中国科学院自然科学史研究所研究员。中国传统工艺研究会理事长，国家文物局文物科技专家组成员，国家非物质文化遗产保护工作专家委员会委员。

③ 何堂坤，男，广西富川人。中国科学院自然科学史研究所研究员。

组"成立后,就一直担任我们的顾问。他的这个顾问可不是一般意义上的名义顾问,而是对冶金史的研究和学科的发展作出了实实在在的巨大贡献的学术引领者。柯先生早在1974年开展了河北藁城商代中期遗址出土铁刃铜钺的研究,这是受中国社会科学院考古研究所夏鼐所长和河北省考古研究所委托进行的一项涉及中国冶铁起源的重要工作,研究论文于1979年在美国学术杂志 Art Orientalis 发表后,在国内外产生很大影响。

宋:"中国冶金史编写组"同"冶金史组"一样,也应该不是一个独立的科研单位吧? 它在行政上归属于哪个部门?

孙:是这样,30余年,我们冶金史组的名字几经更改,在校内行政归属上也发生了变动,1981年,"中国冶金史编写组"更名为"冶金史研究室",1993年成立了"冶金史研究所",1996年更名为"冶金与材料史研究所"。2000年以前,在校内归属上,一直归行政单位科研处代管,2000年行政上由科研处转到冶金学院。

宋:作为一个学术部门,没有一个明确的名分,在发展中是不是会遇到很多困难?

孙:的确如此,我们时常感到有一种"被人收养、寄人篱下"的感觉。我们在科研经费、实验设备、人员配置、职称评定、提职提薪等方面,长期处于困境,经常自嘲是"总共只有七八个人,五六杆枪""舅舅不疼、姥姥不爱""墙内开花、墙外香"。但我们的团队始终保持着旺盛的精力,不离不弃、持之以恒,埋头冶金史研究。

宋:是什么力量使您们安下心来专心于冶金史研究?

孙:我们"冶金史组"单位小,无论怎样窘迫,却始终站立不倒。分析原因有多种,其中主要是三点:一是大家对冶金史研究价值的认识和热爱,大家有一种事业的成就感、集体的自豪感;二是由柯俊院士引领的学术团队,长期形成的良好学风和科研机制,使得我们在学术上形成优势及工作上取得显著的成绩;三是团结、奋进的冶金史小集体,温暖的人际关系,是一种无形的力量,把大家凝聚在一起。别看我们在图书馆的办公室陈旧、简陋,但那是我们温暖的家。就连外单位与我们有工作联系的人,也都喜欢我们的老办公室。上海博物馆的廉海萍说,我每次想到你们老办公室都有一种温暖的回家的感觉。我们的学风和传统始终保持不变,这是一种无形的力量。

宋："冶金史所"取得今天这样的成绩，除了您前面总结的三点之外，在研究特色和研究方法方面有哪些独到之处吗？

孙：在研究方法上，采用文献与实验相结合的方法，是我们冶金史研究的独特之处。

一是文献的收集整理方法。在我们冶金史组开展研究之前，国内外冶金史研究主要采取对古代文献进行整理研究的方法，包括李约瑟研究所在内，这是进行科学技术史研究必不可少的重要方法。中国古代文献中有关冶金的记载虽然不多，但为我们了解和研究古代冶金技术提供了宝贵的资料。我们在重视古文献的同时，还注重我国近代开始到 20 世纪初的地质矿产调查，这些调查多是由受了科学教育的地质、冶金工作者进行的，因此调查报告和资料的获取，较之古文献具有较高的科学性，不仅对发展我国的采矿冶金工业具有重要意义，也为今人研究古代冶金提供了宝贵的资料。

二是调查研究的方法。包括矿冶遗址考察与研究和传统工艺调查与研究。矿冶遗址保留有古代采矿冶金的大量信息，如古矿洞、矿石、采矿工具、残炉壁、炉基、炉渣、风管、坩埚、陶范等遗物，是今人研究古代冶金技术的珍贵资料。与考古工作者合作对遗址的年代、性质进行考察，收集冶

1989 年考察牛河梁遗址

（左起：孙淑云、郭大顺、柯俊、闻广、韩汝玢、孙守道）

金遗物做进一步的分析是冶金史研究的重要方法。另外，我国是一个具有很强传统继承性的国家，许多工艺技术往往是代代相传，经世不绝。因此，调查研究现存的传统工艺对了解古代技术成果有着十分重要的价值。

三是检测与实验的方法。包括样品的检测分析和实验模拟。样品的检测分析是指利用现代分析仪器和方法对古代金属器物的成分、组织和炉渣、炉壁、陶范等冶铸遗物进行分析检测研究，是冶金史研究的重要方法和特色之一。实验模拟是指为了探求古代金属冶炼与铸造技术，在理论研究的基础上，有选择地进行必要的模拟实验是冶金史研究的又一重要方法。通过实验有助于了解古代技术的奥秘、解决考古学上有争论的问题。

总体来看，文献和实验相结合的方法突破了以往单纯文献法的局限，提高了科研的水平。

宋：作为史学研究，除了技术方法的特色之外，广阔的社会研究视角也是不可或缺的吧？

孙：的确，我们冶金史研究，还有就是冶金技术与社会发展结合的方法。科学技术的进步与人类社会的发展密不可分，冶金史研究的一个重要内容，就是剖析我国古代冶金技术产生、发展的社会背景以及对社会发展的影响。通过技术与社会的综合研究可以更深刻地了解冶金技术创新的背景、历史价值及对人类文明进程的影响。例如，我国春秋战国时期生铁技术、生铁经退火制造韧性铸铁，以及以生铁为原料制钢技术的发明，标志着生产力的重大进步，对中国乃至世界社会、历史和文明的发展都具有重大影响。

（二）

宋：冶金史研究是一个综合性很强的领域，您从生物化学转向冶金史，是如何通过不断学习来提升自己的？您能具体谈谈您的经历和体会吗？

孙：我在北师大学习的第二年下半学期还没结束，就受到了1966年事件的冲击，使我在生化专业只学了两年基础化学，外语学的是俄语。要搞冶金史，我的知识结构是远远不能适应的，为此我做了自学、补课的规划，边工作边学习。那几年，我一方面在钢院旁听冶金、铸造、金相、材料等专业课，另一方面在北师大旁听历史系的课程。1977年又参加了北师大化学系举办的"回炉班"，共学习了两年，系统补充了化学专业的课程。同时，我抓紧一切时间和机会学习英语。1986 年，学校从美国请了外语老师开设教师英语培训班，时任冶金史研究室主任的韩汝玢老师非常支持我报名参加学习。除了上课外，每天晚上听英语磁带，还自录自听，有时半夜醒了也戴上耳机听，上班坐在公交车上也在背单词，学英语入了迷。一年下来，我英语听力、口语有很大进步。1988 年，柯先生写信推荐我去澳大利亚乌龙岗大学冶金系进行学术访问研究，在那里工作了一年，使我的专业研究水平和英语能力有了进一步提高。在澳大利亚期间与 J. Dune，N. Kenon 等冶金材料学家密切合作，并有幸结识了 N. Banard 和 R. F. Tylecote 等冶金史专家。回国后与他们一直保持通信联系，得到很多信息。有一次，R. F. Tylecote 托回国的叶杏脯带给我很厚一叠冶金史外文资料，他是把资料从英国寄到比利时，当时叶杏脯在那里工作，让我非常感动。

宋：冶金史所在对中国古代钢铁冶金技术、青铜冶金、中国早期铜器研究等领域做出了许多在国内外都有重要影响的工作，形成了一个整体相对集中的研究方向，但每个人又都各有自己的专长，您能讲一下您自己的研究课题吗？

孙：对中国古代铜镜"黑漆古"形成原因的研究是一个非常有吸引力的课题。在考察大量出土的铜镜和兵器表面"黑漆古"时，我发现有很多迹象表明"漆古"的形成是自然腐蚀生成的，而不是像国内外一些研究者所说的"人工有意所为"。比如，出土的有些破碎铜镜，不仅镜面、镜背，而且其断茬都为"漆古"。如果"漆古"是人工所为，不可能把断茬也制作成"漆古"，更何况铜镜作为陪葬物，不可能把破碎的埋入坟墓。铜镜破碎肯定是在地下受应力作用的结果，所以"漆古"是受自然环境中某些腐蚀剂的作用而形成的。从 1986 年开始，在柯先生、韩老师指导下，我和化学教研室马肇曾老师一起合作指导研究生金莲姬开展"黑漆古"的腐殖酸腐蚀形成研究，1994 年又协助柯先生指导博士生周忠福进行"黑漆古"更深入的形成机理研究。

综合运用了多种分析方法和多种检测手段，我发现在铜镜表面透明的矿化层即"漆古"中，保留着原高锡青铜铸造组织的各相形貌，称之为"痕像"，但其成分由原来的铜锡合金变为以二氧化锡为主的组成，这表明"漆古"不是沉积在铜镜表面的附加物，而是铜镜自身腐蚀矿化了的部分。对于这层"痕像"的形成可以从自然界矿物"假象"的生成得到启示，如木化石虽保留着原木材的形貌和纹理，但成分已经不再是碳氢化合物，而被二氧化硅所替代。自然腐蚀生成的铜镜表面的这种矿化层与自然界矿物"假象"的生成过程一样，经历了一系列氧化、水解、凝胶析出及脱水的复杂过程。

"黑漆古"的研究成果发表后在学术界产生了一定影响。1992年，研究所派我参加在美国加州大学洛杉矶分校举行的第28届科技考古国际会议，我提交并在会上宣读了关于土壤中的腐殖酸对"黑漆古"形成影响的英文论文，引起与会学者们关注，研究"黑漆古"的美国华盛顿弗利尔艺术馆的T. Chase立即出资邀请我访问他们研究所。麻省理工老教授H. Lechtman随后在写给柯先生的信中，对我的研究给予充分肯定，并加以赞赏。我深知这不是对我个人的肯定，是对柯先生带领下的我们这支研究队伍的信任和评价。

宋：您对"黑漆古"的研究工作做得非常漂亮。除此之外，您在冶铜史方面也做了很多重要的工作，您能再讲一讲吗？

孙：对中国早期铜器和冶金遗物进行分析检测，并把结果置于世界冶金起源和发展的大背景下进行研究，对探讨我国冶金技术起源和早期发展的轨迹具有很重要的意义。我从事冶金史研究的重点就集中在这方面。30多年来，我自己和指导研究生做的早期铜器研究样品近300件，还有一些炉渣、炉壁、坩埚壁等冶铸遗物样品。年代从约公元前3000—公元前1500年，地域分布主要在新疆、甘肃、陕西、河南和山东的新时期晚期遗址。研究结果初步揭示出中国早期铜器的总体特征，以及不同地区的差异，阐述了中国铜冶金技术的产生和早期发展不同阶段的技术水平，探讨了各地区之间以及与西亚早期铜冶金技术的互动关系。这项研究是中华文明探源的基础性工作之一，其中有些研究在国内外都具有影响，如对大约公元前2740年的甘肃东乡林家马家窑文化遗址出土的青铜刀和铜渣研究、公元前2300—公元前1800年山东胶县三里河龙山文化遗址出土黄铜锥的模拟实验研究。

宋：关于中国早期遗址出土的黄铜锥问题曾引起考古界的关注和争论，您在其中的工作得到了学界同行的充分肯定。您是如何解决这个问题的呢？

孙：因为金属锌的冶炼比较困难，锌的沸点低，只有906℃，氧化锌在950~1000℃才能较快还原成锌。还原温度高于锌的沸点，得到的是锌蒸汽，如果没有特殊的冷凝装置，在还原炉冷却时，锌蒸汽被炉气中的CO_2再氧化成氧化锌，则得不到金属锌。因此，在四五千年前的古代，不可能冶炼出金属锌。那么早期黄铜是怎样得到的呢？我们采用了模拟实验的方法进行尝试。实验表明，在古代炉温不高的原始条件下，冶炼温度在 9500~12000℃ 用碳还原铜锌混合矿或共生矿都可得到黄铜。这种冶炼温度在新石器晚期烧陶技术水平下是可以达到的。所以早期黄铜锥是古人炼铜初始阶段，在原始冶炼条件下偶然得到的产物。黄铜在中国早期出现原被美国著名冶金学家 John W. Cohn 视为不可能，在了解实验过程和结果后完全信服。模拟实验结果作为论文"中国早期铜器的初步研究"重要内容，发表于 1981 年《考古学报》，在学术界产生重要影响，1983 年由美国 Julia Murray 全文翻译刊登于美国的 *Early China* 杂志。

宋：除了上面介绍的研究工作，您还关注哪些领域？

孙：30 多年来，我研究较多的是中国古代有色金属及其合金。对商周青铜器、铜镜、铜鼓、铜锣做过较系统的研究，包括成分、组织、锈蚀、制作工艺等；近几年对铅、锡、铅锡合金，以及青铜焊接和表面镀锡技术也做了不少工作。

（三）

宋：您不仅从事研究，从 1994 年开始还担任硕士生导师，1999 年开始担任博士生导师，至今为科技史界培养了许多优秀的后继人才，您能谈谈人才培养的方法和心得吗？

孙：我的感受就是"教""学"相长，"师""生"共进。"学为人师，行为规范"这是北师大的校训，我把它作为我的座右铭，伴随我 30 余年从教生涯。校训告诫我，做一名合格的教师，必须要毕生学习。不但要学习新知识，不断充实自己；学习新技术，掌握新的科研方法；还要学习如何施教，不断改进教学方法。做一名合格的教师，一言一行都要为人师表，成为世人所遵循的行为典范。研究生教学主要是培养学生独立科研的能力。我在教学中从选题的确定，文献的收集，到实验的设计，论文的撰写，都为学生的自主创新留下空间，又不放任，随时讨论研究的进展和存在的问题，在关键之处做一些具体的指导。他们要进行调研，我尽力帮助联系，亲自带他们下去考察，有国际会或出国开会、考察的机会也带上他们。我把修改学生们的论文当作一种教学手段，不管是平时发表的，还是学位论文都给予一字一句的修改。对自己不熟悉的领域，就抓紧读书、看文献、请教专家，同时向学生学习。如文物保护方面一些学生，他们来冶金史所读博士前都在文物保护单位工作过，在所从事的领域独有专长。我从他们那里学到不少东西，"教学相长"不是一句空话。

宋：您自 1999—2004 年担任冶金史所所长，这段时期也是冶金史所进一步发展的转折时期，在您的领导下，研究所在整体发展方向上做了比较大的调整，您能具体谈一谈吗？

孙：首先，我要感激冶金学院 2000 年收留了我们，从此冶金史研究所有了家，我担任所长期间所做的改革，都离不开学院的支持。

我虽然最早参加研究所工作，但在年龄结构上，很长时间是处于小字辈的。研究所开始是丘亮辉做所长，吴坤仪做副所长、支部书记，后来很长时间是韩老师做所长，他们为研究所的建设和发展，花费了好多心血，做了很多工作。很多研究所事情都是他们在考虑，我是大树底下好乘凉，基本上是让我做什么我就努力去做。自 1999 年我接手做了研究所所长后，才深刻体会到"不当家不知柴米油盐贵"的道理和苦楚。我们北京科技大学冶金与材料史研究所的科研成果在很长一段时间都得不到国内重视，甚至无所依附。原因很多，其中有一条就是研究领域狭窄，与现实联系不紧密，不能产生直接的经济和社会效益。因此在招收研究生、申请大的科研课题方面都很困难，没什么经费来源，教师的待遇也低，研究所陷入一种苦苦挣扎的境地。我和大家意识到，如果这样"抱残守缺"，就可能自生自灭，我们所热爱的事业也无法继续。研究所要生存、要发展，必须改革。我们有硕士点、博士点的优势，为什么抱着金饭碗讨饭吃呢？为此，我确定了自己担任所长的 12字指导思想："承前启后，改革创新，促进发展"。经与柯先生和研究所全体老师商议，决定在以冶金史研究为基础和特色的基础上，聘请校内外专家做兼职教授，引进高端人才，增加"文物保护"和"科学技术与社会"两个研究方向，扩展科研领域，扩大招收研究生规模。

在学校和学院领导的大力支持下，2004 年引进梅建军教授作学科带头人和所长，李晓岑博士留校任教授，提拔李延祥、潜伟等学有所长的年轻人，建设好学术梯队。实践证明，这种改革增加了研究所的活力，招生规模逐年增加，拓展了研究经费申请渠道。毕业的文物保护方向研究生学术水平有了进一步提高，在文物保护界发挥了更大的作用。2004 年在学校和学院支持下，我们召开了冶金与材料史研究所成立 30 周年庆祝会，并成立了北京科技大学科学技术与文明研究中心①，中心的成立是我在任的最后一件大事。回顾担任所长 5 年，我为能够为冶金史学科的建设和发展做一点贡献，没有辜负研究所对我的培养而感到欣慰。

宋：非常感谢跟您一起回忆了那段让人难忘的岁月，分享了您的感受。祝您身体健康！祝冶金史所明天更美好！

孙：谢谢你的采访。

后记 2011 年 1 月 5 日，冶金与生态工程学院为孙淑云教授安排了一次"荣休报告"。会上，孙教授回顾了自己从事冶金史研究 36 年的生涯和冶金与材料史研究所的发展历程，带我们一起走进那段艰难却充满着激情的岁月。本篇口述史就是在她"荣休报告"的基础上，又进行访谈补充而完成的。

---

① 2005 年在原冶金与材料史研究所的基础上，成立了科技与文明研究中心。该中心充分整合了校内相关资源，中心主任由当时负责联系冶金学院工作的权良柱副校长兼任，并成立了由国内外知名学校和研究机构的著名教授、研究员组成的理事会，理事长由我校党委书记罗维东教授兼任。

参 考 文 献

[1] 北京科技大学纪事编辑组.《北京科技大学（北京钢铁学院）纪事 1952—2012》（内部资料）.

[2] 北京科技大学编委会.师韵——从北科大走出的院士［M］.北京：冶金工业出版社，2012.

[3] 石新明.满井村：北科大校园人文录［M］.北京：冶金工业出版社，2007.

[4] 吴石忠，姜曦.魏寿昆传［M］.北京：科学出版社，2011.

[5] 韩汝玢，石新明.柯俊传［M］.北京：科学出版社，2012.

[6] 吕旗，谭淑红.张兴钤传［M］.上海：上海交通大学出版社，2015.

[7] 陈墨.口述史学研究：多学科视角［M］.北京：人民出版社，2015.

[8] 方正知，等.20 世纪中国科学口述史［M］.长沙：湖南教育出版社，2018.

[9] 李向平，魏扬波.口述史研究方法［M］.上海：上海人民出版社，2010.

[10] 陈旭清.口述史研究的理论与实践［M］.北京：中国社会出版社，2010.

[11] 吴焕荣.攀枝花铁矿发现人刘之祥及其学术研究成果［M］.成都：四川大学出版社，2019.

[12] 本书编写组.钢铁摇篮　机械雄鹰——北京科技大学机械工程学院七十年历程［M］.北京：冶金工业出版社，2022.

[13] 党委宣传部.北京科技大学文化建设系列丛书《校史资料》，2018.

[14] 高澜庆.北京科技大学矿业学科的建立与发展历史沿革回顾（1952—1966）（内部资料）.

[15] 童光煦.采矿系的建立和发展.校史资料第 2 辑.

[16] 孙维灼.北京科技大学采矿系志（1952—1993），校史资料第 11 辑.

[17] 曹诺农，袁怀雨.北京科技大学地质系志.校史资料第 13 辑.

[18] 吴永强.对高等工科院校专业结构调整的思考［J］.中国高教研究，2008（7）：92-93.

[19] 陆爱华，骆光林.对转型期工科院校学科群构建问题的探讨［J］.中国高教研究，2005（4）：85-86.

[20] 王丽莉，潜伟.1952—1957 年苏联专家与北京钢铁工业学院的学科建设［J］.北京科技大学学报（社会科学版），2010（6）：1-5.

[21] 章梅芳，陈瑶.新中国 X 射线学的领行者——北京钢铁学院 X 射线学的创建与发展（1950—1963）［J］.北京科技大学学报（社会科学版），2016（6）：60-67.

[22] 石新明. 高水平大学精英人才培养规律研究——以北京钢铁学院（1952—1966）为例 [J]. 北京科技大学学报（社会科学版），2016（10）：72-91.

[23] 向阳. 北京钢铁学院组织师生学习毛主席著作的做法和收获 [J]. 自然辩证法研究通讯，1964（4）：14-18.

[24] 史宸星. 连铸历史回顾与未来 [J]. 炼钢，2016（8）：1-11.

[25] 徐宝陞. 连续铸钢技术的发展 [J]. 炼钢，1979（9）：49-56.

[26] 孙爱仙. 轧钢过程控制系统王国里的追梦人——记北京科技大学信息学院孙一康教授 [J]. 中国创业投资与高科技，2003（9）：42-43.

编 后 语

本书终于完稿付梓了。回首整个过程竟然历时十年有余，不禁感慨万分。遥想 2011 年，时任《北京科学大学学报（社会科学版）》编辑的马胜利老师找到我，看能否在学报开辟的"口述史"专栏中写写北京科技大学科学技术史专业的学科发展史，一是科技史专业已成为一级学科国家重点学科，有着优良的学风与传统；二是我博士毕业于科技史专业，师从柯俊院士。我认为这件事非常有意义，也有责任去做，就欣然应允。接下来就有了对科技史专业的前辈丘亮辉教授、韩汝玢教授、孙淑云教授的访谈，以及后面对学校前院长王润教授的访谈。但是，此后由于种种原因，再次对学校老教授们进行访谈已是多年以后了，并且时断时续，直到今天结集成书。

在整个访谈、整理、编撰过程中，对于口述史工作感触颇深的有两点：一是口述史工作的独特性。以口述的方式还原历史、记录历史、评价历史，具有一定的主观性。但是讲述者对历史的亲历、亲见与亲闻，会使历史更具有鲜活性和生动性。正如科技史家樊洪业所说：历史因细节而生动，往事因亲历而鲜活。这也使口述史具有了独特的魅力与价值。如采访王燕斌教授时，他讲道："读博士期间，我们总问柯先生，博士论文需要达到什么程度啊？柯先生说，只要成果意义大，有爱因斯坦论文的水平，两页纸也可以毕业。"此话一出，柯先生的音容笑貌立刻浮现在眼前，这就是口述史的独特魅力吧！二是口述史工作的紧迫性。本人曾在 2014 年对王润教授做过最后一次访谈，两年后王润教授去世，后来不断有人告知曾阅读过我对王润教授访谈的那篇《北京科技大学"更名始末"》文章，使我更加感到当时访谈的意义。此外，因新冠疫情或其他原因原定访谈的工作有的没有成行，也成为了一个遗憾。

在做访谈前后十多年时间里发生了太多感人的故事。胡正寰院士所做的零件轧制技术对于我这个外行来说比较晦涩难懂，录音转换成文字就出现不够准确的地方，胡院士为了使我更好地理解整个技术，亲自带我到实验工厂去观看、讲解；任天贵教授饱受病痛困扰，但依然坚持亲自修改，文稿上复杂的涂改痕迹和补充的文字是任教授严谨求实、认真负责精神的写照，任教授多次跟我说的一句话就是："我要核实具体情况，我要对写上的每一人、每一项工作负责"；高澜庆教授已经95岁高龄，依然精神矍铄、思维缜密，在修改访谈稿时针对我出现的表述错误，高教授严谨地查找、核实、修改，并多次将他的书籍借给我使用；李怀宇教授在修改稿件之时眼睛已患有白内障，每次看十多分钟就会出现眼花，但依然不断与我讨论如何修改；还有徐业鹏教授、潘毓淳教授、丘亮辉教授、韩汝玢教授、柳得橹教授、孙淑云教授、王燕斌教授，每一位教授都是逐字逐句地修改文稿，这些经修改的文稿我已珍存，它是科学家精神最具体的诠释和体现。可以说我是整个访谈工作的最大获益者，老教授们身上所体现的爱国情怀、奉献精神、高尚品格、深厚学养，一次次地涤荡着我的心灵，这就是科学家精神的价值和意义。在此，向我前面提到的每一位教授致以最真诚的谢意和祝福！祝身体健康！生活幸福！特别要再次向我的恩师韩汝玢教授表达最深沉的谢意！韩教授一直以来对我的校史口述史工作给予了极大的帮助与鼓励，竭尽所能地提供给我各种信息和资源，是我能够坚持做下来的坚强后盾。同时，还要向接受了访谈而没有在这本书中呈现出来的暨朝颂教授、康祖立教授表达我深深的谢意！

　　本研究工作得到北京科技大学马克思主义学院大力支持，获得北京市首批重点建设马克思主义学院经费（北京科技大学）资助，从而得以顺利出版。一直以来学院对于我的校史口述史研究给予了充分的鼓励和肯定，在此向给予本研究工作极大支持的各位领导与同仁表示由衷的感谢！

　　由于作者水平所限，书中不妥之处，恳请广大读者批评指正。

宋　琳

2023 年春于北京